Sistemas de Información Contable II

Apolinar García

Alfaomega

Buenos Aires • Bogotá • México DF • Santiago de Chile

García, Apolinar Edgardo

Sistemas de Información Contable II / Apolinar Edgardo García. - 2a ed . - Ciudad Autónoma de Buenos Aires : Alfaomega Grupo Editor Argentino, 2018.

218 p. ; 27 x 20 cm.

ISBN 978-987-3832-31-4

1. Contabilidad Nacional. I. Título.

CDD 657.61

Edición: Damián Fernández
Diseño de tapa: Melina Daffunchio

Internet: http://www.alfaomega.com.mx

Av. Córdoba 1215 Piso "10", Buenos Aires, Argentina, C.P. 1055
ISBN 978-987-3832-31-4
Queda hecho el depósito que prevé la ley 11.723

Empresas del grupo:

Argentina: Alfaomega Grupo Editor Argentino, S. A.
Av. Córdoba 1215 Piso "10", Buenos Aires, Argentina, C.P. 1055
Tel.: (54-11) 4811-7183/0887
E-mail: ventas@alfaomegaeditor.com.ar

México: Alfaomega Grupo Editor, S. A. de C.V.
Dr. Isidoro Olvera 74, Col. Doctores, Cuauhtémoc, Ciudad de México, México, C.P. 06720
Tel.: (52-55) 5575-2420 – Fax: (52-55) 5575-2420/2490. Sin costo: 01-800-020-4396
E-mail: atencionalcliente@alfaomega.com.mx

Colombia: Alfaomega Colombiana S. A.
Calle 62 N° 20-46, Bogotá, Colombia
Tel. (57-1)7460102 - Fax: (57-1) 2100415
E-mail: cliente@alfaomega.com.co

Chile: Alfaomega Grupo Editor, S. A.
Av. Providencia 1443, Oficina 24, Santiago de Chile, Chile
Tel.: (56-2) 235-4248/2947-5786 – Fax: (56-2) 235-5786
E-mail: agechile@alfaomega.cl

Contenido

Prólogo ... VII

BLOQUE 1
Distintas formas de asociatividad

Capítulo 1: **Sociedades comerciales**

Introducción ... 1
La sociedad comercial ... 1
Naturaleza ... 1
Constitución de la sociedad ... 3
¿Quiénes pueden ser socios? ... 4
Relaciones de los socios con la Sociedad ... 4
Documentación y contabilidad ... 4
Disolución ... 5
Liquidación ... 5
Ejercicios de autoevaluación ... 7

Capítulo 2: **Sociedades de personas**

Sociedades colectivas ... 9
Características ... 9
Responsabilidad de los socios ... 9
Breve concepto sobre el régimen legal ... 10
Sociedad en comandita simple ... 11
Características ... 11
Breve concepto sobre el régimen legal ... 11
Sociedad de capital e industria ... 11
Características ... 11
Breve noción sobre el régimen legal ... 12
Sociedad accidental o en participación ... 12
Objeto ... 12
Socio gestor ... 13
Sociedad de responsabilidad limitada ... 13
Características ... 13
Breve noción de su régimen legal ... 13
Denominación ... 13
Capital ... 14
Cesión de cuotas ... 14
Administración y fiscalización ... 15
Decisiones sociales ... 15
Derecho de receso ... 16
Balances y reservas ... 16
Ejercicios de autoevaluación ... 17

Capítulo 3: **Sociedades de capital**

Sociedad anónima ... 19
Características ... 19
Constitución ... 19
Fundadores y promotores ... 21
Concepto ... 21
El capital de la sociedad anónima ... 22
Concepto ... 22
Características ... 22
Participación en los beneficios ... 23
Registro ... 23
Diferentes clases ... 24
Morosidad de suscriptores ... 25
Asambleas ... 26
Clases ... 26
Convocatoria ... 27
Publicación ... 27
Asistencia ... 28
Contralor de la calidad de accionista ... 28
Quórum ... 28
Derecho de receso ... 29
Administración y representación ... 29
Número de directores ... 29
Designación de directores ... 30
Remuneraciones al Directorio ... 30
Derechos y obligaciones ... 30
Fiscalización ... 31
Introducción ... 31
Contralor por parte de los accionistas ... 31
Consejo de Vigilancia ... 32
Síndicos ... 32
Fiscalización estatal ... 33
Autoridad de contralor ... 33
Sociedad en comandita por acciones ... 34
Características ... 34
Ejercicios de autoevaluación ... 35

Capítulo 4: **Otras formas societarias**

Asociaciones civiles ... 37
Conceptualización ... 37
Tipos de asociaciones ... 38
Funcionamiento ... 38
Asociaciones imples o simples asociaciones ... 38
Fundaciones ... 39
Conceptualización ... 39
Patrimonio inicial ... 39
Constituciones ... 40
Responsabilidad de fundadores y administradores ... 40
Gobierno y administración ... 40
Sociedades cooperativas ... 41
Concepto ... 41
Distintas clases ... 41
Régimen legal ... 42

Características 42
Denominación 43
Constitución 43
Capital 43
Balances 43
Asambleas 44
Administración 44
Fiscalización 44
Ejercicios de autoevaluación 45

Capítulo 5: **Registro contable**

Introducción 47
Constitución de la empresa 47
Cuentas particulares 51
Retiros mensuales de los socios 51
Distribución del resultado 52
Ejercicios de autoevaluación 55

BLOQUE 2
La gestión de las operaciones básicas

Capítulo 6: **Actividades de las organizaciones**

Distintas actividades 57
Las operaciones básicas 58
Introducción 58
Comprobantes involucrados 58
Documentos comprendidos 59
Ejercicios de autoevaluación 61

Capítulo 7: **Compras y Ventas**

Introducción 63
Elementos de la compra-venta 63
Precio de la compra-venta 64
Bonificaciones y descuentos 64
Compras 65
Conceptualización 65
Características del mercado organizacional 66
Ventas 70
Generalidades 70
Ejercicios de autoevaluación 74

Capítulo 8: **Pagos y Cobros**

Introducción 77
Información financiera 78
Pagos 78
Cobros 79
Seguridad 79
Ejercicios de autoevaluación 82

Capítulo 9 **Inventarios**

Introducción 83
Objeto 84
Modelos 84
Demanda de insumos 85
El almacenaje en las empresas industriales 85
Control de ingresos y egresos 86
Ejercicios de autoevaluación 88

Capítulo 10: **Los recursos humanos**

Introducción 93
Preselección y Contratación de los Recursos Humanos 93
Coordinación de la capacitación y el desarrollo del personal 94
Administración del personal 94
Ejercicios de autoevaluación 96

Capítulo 11: **Formas de registro**

Introducción 97
El registro de los Bienes de Cambio 98
Características de la operación de venta 99
El registro de la venta de mercaderías 100
La contabilización de las ventas y el IVA 101
El Impuesto al Valor Agregado 101
Registro de facturas o doc. equivalentes 102
Posición mensual 102
Contabilización del impuesto 102
Ejercicios de autoevaluación 104

BLOQUE 3
La información en las organizaciones

Capítulo 12: **Los informes contables**

Concepto 105
Análisis de la información 106
Metodología a utilizar 106
Diagnóstico 107
Análisis de los estados contables 108
Análisis de carácter general 108
Reservas ocultas 108

Aguamiento de capital 109
Otras informaciones que proporcionan los Estados Contables 110
Situación patrimonial 110
Variaciones patrimoniales 111
Situación económica 112
Situación financiera 112
Relaciones porcentuales 113
Ejercicios de autoevaluación 116

Capítulo 13: **Información específica**

Introducción 119
Índices de liquidez 119
Concepto 119
Cálculo de los índices de liquidez y de sus variaciones 120
Índices de rotación 122
Introducción 122
Cuentas a cobrar 122
Índice de rotación de Cuentas a Cobrar 123
Cuentas A Pagar 123
Índice de rotación de Cuentas a Pagar 124
Mercaderías 124
Índice de rotación de mercaderías 125
Índices de rentabilidad 125
Concepto 125
Índice de rentabilidad o rendimiento 126
Rentabilidad o rendimiento económico 126
Rendimiento o rentabilidad financiera 127
Efecto palanca 130
Ejercicios de autoevaluación 131

Capítulo 14: **Índices de gestión**

Introducción 139
Tasa de retorno de la inversión 139
Diagrama de punto de equilibrio 142
Cálculo del punto de equilibrio 143
Ejercicios de autoevaluación 146

Capítulo 15: **Exposición de los estados contables**

Necesidad de información contable útil 151
El modelo contable y las normas contables profesionales 151
Normas comunes a todos los estados contables 153
Estado de situación patrimonial o balance general 154
Estado de resultados 155
Ejercicios de autoevaluación 156

Capítulo 16: **El uso de la información**

Fines que se persiguen 159
Destinatarios 160
Ejercicios de autoevaluación 161

Capítulo 17: **Las decisiones empresariales**

Introducción 163
¿Qué es una decisión? 163
¿Quiénes toman las decisiones en una empresa? 164
Problemas y oportunidades 164
El proceso decisorio 165
Evaluación del impacto de las mismas 166
Tipos de decisiones 168
Introducción 168
Decisiones individuales 168
Decisiones en grupo 169
Tipos de información 171
Relación e incidencia 172
Información relevante para la toma de decisiones 173
Ejercicios de autoevaluación 174

BLOQUE 4
Nuevas tendencias en la contabilidad

Capítulo 18: **Contabilidad ambiental**

Introducción 177
Contabilidad ambiental 178
Conceptualización 178
Ámbitos de aplicación 178

Capítulo 19: **La Contabilidad Presupuestaria**

Introducción 181
Objeto 181
¿Qué es el Presupuesto? 182
¿Cómo elaborar un presupuesto? 182
Presupuesto financiero 185
Variaciones presupuestarias 185
Presupuesto participativo 186
Conceptualización 186
Participación ciudadana 187

Características del Proceso 188
Ejercicios de autoevaluación 190

Capítulo 20: **Contabilidad de gestión**

¿Qué es la gestión empresarial? 193
Control de la gestión 193
Costo basado en la actividad (activity based costing) 194
Generalidades 194
Antecedentes 194
Situaciones del mercado 195
¿Qué es el Costeo Basado en Actividades? 196
Activos intangibles 197
¿Qué son los activos intangibles? 198
Características 199
La contabilidad tradicional y los activos intangibles 199
Las normas contables internacionales 200
El capital intelectual 204
Conceptualización 204
Cuadros de mando 206
Generalidades 206
El Cuadro de Mando Integral 208

Prólogo

En nuestro primer curso hemos tenido la oportunidad de conocer la operatoria del registro de las operaciones de la empresa y, en base a ella, realizar su clasificación y agrupamiento con el fin de producir informaciones respecto del patrimonio y de los resultados habidos, a través de la elaboración de estados contables ajustados a la realidad económica.

Al presente curso se han trasladado todos aquellos conceptos que se refieren a las distintas formas de asociatividad, a las operaciones básicas y al análisis e interpretación de dichos estados contables como productor de informaciones destinadas a la mejor toma de decisión de las empresas y organizaciones, tratando de brindar un desarrollo que contenga los elementos necesarios para que el alumnado pueda introducirse en el campo laboral en forma inmediata y completar así un área del conocimiento que no debe faltar en aquellos que han elegido la Modalidad de Economía y Administración, a la cual se dirige esta obra.

Por lo tanto, la formación del alumno en esta especialidad nos obliga a lograr en su preparación el aprendizaje de los conceptos de mayor relevancia en los Sistemas de Información Contable dado que han de ser aquellos que le han de permitir desempeñarse con la mayor eficacia en la vida profesional y empresaria, como productores de las informaciones básicas necesarias para la adopción de las decisiones más acertadas en la vida de los negocios.

Nuestro extremado cuidado en el desarrollo de las operaciones básicas lleva implícito el deseo de fijar con la mayor claridad su composición y operatoria, dado que serán aplicables a cualquier tipo de empresa u organización. sea por su actividad u organización societaria, complementándola con el análisis e interpretación de los estados contables.

Deseosos de mantener una permanente actualización en cuanto al desarrollo cada vez más dinámico de todo lo concerniente a la producción de informaciones empresarias hemos agregado a los conceptos incluidos en los programas de estudio del Bloque 4, posicionamientos como Contabilidad Ambiental, Contabilidad Presupuestaria y Contabilidad de Gestión y las modificaciones producidas por la Ley 26944 (Código Civil y Comercial Unificado) en Asociaciones y Fundaciones y en la Ley 19550 (Sociedades) respecto de la cantidad mínima de socios.

EL AUTOR

Material en la Web

Estimado profesor:
Si desea acceder a las presentaciones (PPTs) de cada capítulo, por favor contacte al representante de la editorial que lo suele visitar

Sobre el autor

Apolinar E. García. Graduado en la Facultad de Ciencias Económicas de la Universidad de Buenos Aires en 1952. Ex asesor y auditor general de grupos empresariales. Ex director general y gerente de importantes empresas. Ex profesor del Instituto Nacional del Profesorado Técnico. Ex profesor de la Escuela Superior de Comercio Carlos Pellegrini de la Universidad Nacional de Buenos Aires. Ex profesor de la Escuela Industrial Otto Krause. Ex profesor de la Escuela Nacional de Comercio Manuel Obarrio de San Isidro. Docente especializado en la Educación Polimodal y autor de más de 70 títulos publicados con diversas editoriales. Ex vicepresidente de Kapelusz Argentina S. A. y Presidente del Grupo Cincel Argentina (México, España, Colombia, Venezuela, Uruguay y Argentina). Socio-Gerente de Sainte Claire Editora y colaborador en la Autoría de textos en Editorial Libros Básicos y Editorial Troquel.

Introdujo el texto electrónico y el sistema Power Point en la elaboración de textos escolares del nivel secundario y creó los Tests Interactivos con evaluación automática para la comprensión y control del aprendizaje en las asignaturas del nivel secundario.

CAPÍTULO 1

Sociedades comerciales

INTRODUCCIÓN

Para la satisfacción de sus necesidades, tanto de orden físico como espiritual, la naturaleza proporcionó al hombre los elementos básicos (alimentos, abrigos, materiales para construir armas primitivas para su defensa), pero para procurarse dichos elementos éste debió realizar muchos esfuerzos por medio de su trabajo (cazar, pescar, construir armas, etc.).

A medida que la civilización fue avanzando, las necesidades humanas fueron creciendo, de tal modo que con su único trabajo el hombre no podía procurarse todo lo que necesitaba; recurrió entonces al trabajo de otros hombres para obtener los elementos que satisficieran sus nuevas necesidades.

Nace entonces la asociación de hombres para la mejor división del trabajo, volcando en esa forma cada uno su esfuerzo en la realización de lo que se sentía más hábil y capaz de hacer y especializándose en actividades distintas.

La asociación del hombre a un semejante, para llevar a cabo un objeto o fin determinado, dio nacimiento al concepto de *sociedad* cuando dicha asociación se realizaba con fines de lucro.

Las distintas comunidades incorporaron a sus respectivas normas legales disposiciones específicas que se refieren a las sociedades, a efectos de reglar su nacimiento, funcionamiento y extinción, asignándoles una personalidad distinta de los individuos que las forman.

La sociedad

La **Ley 19.550** modificatoria de los artículos 282 a 449 del Código de Comercio ha fijado el concepto de *sociedad* en su artículo 1o. modificado a su vez por la Ley Nro. 26.994 (unificatoria de los Códigos Civil y Comercial) lo define así:

> Habrá sociedad cuando una o más personas en forma organizada, conforme a uno de los tipos previstos en esta ley, se obliguen a realizar aportes para aplicarlos a la producción o intercambio de bienes o servicios participando de los beneficios y soportando las pérdidas. La sociedad unipersonal sólo se podrá constituir como sociedad anónima y no puede constituirse por una sociedad unipersonal.

Naturaleza

Las características más salientes de la sociedad surgen de la propia definición legal:

- La existencia de una o más personas.
- Dichas personas se obligan a realizar aportes.
- Se constituyen en forma organizada conforme a uno de los tipos de sociedad previstos en la ley.

- Los aportes serán aplicados a la producción o intercambio de bienes o servicios.
- Participarán de los beneficios o soportarán las pérdidas que hubiere.
- Pasemos a analizar cada una de dichas características.

1. CONTRATO ENTRE UNA O MÁS PERSONAS

Las sociedades se formalizan mediante la celebración de un contrato, o sea una manifestación escrita, por medio de la cual todos los socios se han puesto previamente de acuerdo y esté destinada a reglar sus derechos y obligaciones respecto de la sociedad que constituyan; el requisito de la existencia de dos o más personas distingue a la sociedad comercial del negocio unipersonal y es esencial para su subsistencia.

2. PRESTACIONES RECÍPROCAS

Una de las ventajas de la sociedad estriba en la obtención de una mayor afluencia de capital, permitiendo abordar empresas de difícil realización en forma individual.

Lógico es suponer, entonces, que cada uno de los socios se compromete a efectuar aportes a la sociedad, sean en dinero, efectos o créditos, como así también en brindar su habilidad o capacidad personal para desarrollar algún comercio o industria.

La obligación de aportar algo constituye, entonces, un requisito esencial de la sociedad comercial y es inherente a su naturaleza particular.

3. TIPICIDAD

La constitución de una sociedad debe ser un acto por medio del cual se fije una clara posición en cuanto a su naturaleza jurídica, a efectos de la aplicación de las normas legales en materia de interpretación del contrato de sociedad.

Por ello, su constitución debe encuadrarse en alguno de los siguientes *tipos de sociedad* legislados y organizarse como tal para el desarrollo de su actividad económica.

COLECTIVAS	Son aquellas en las que los socios responden en forma solidaria (cada uno responde por el total) e ilimitada (con sus bienes personales) por las deudas que contraiga la sociedad.
EN COMANDITA SIMPLE	Existen dos tipos de socios: los comanditados que responden por las deudas de la sociedad en igual forma que los socios de las sociedades colectivas y los comanditarios que responden por el capital aportado solamente.
CAPITAL E INDUSTRIA	Existen dos tipos de socios: los capitalistas que aportan el capital y son solidaria e ilimitadamente responsables por las deudas de la sociedad y los industriales aportan su trabajo o actividad y no tienen responsabilidad alguna.
RESPONSABILIDAD LIMITADA	Todos los socios responden por las obligaciones de la sociedad hasta el capital aportado a la misma (ilimitadamente).
ANÓNIMAS	Es una sociedad de capitales en la cual el capital se encuentra dividido en acciones de igual valor y son administradas por un Directorio designado por la Asamblea de Accionistas.
EN COMANDITA POR ACCIONES	Es similar a la sociedad en comandita simple, salvo que el capital comanditario se encuentra dividido en acciones y los socios comanditarios responden por las deudas de la sociedad.

4. PRODUCCIÓN O INTERCAMBIO DE BIENES O SERVICIOS

La exigencia de que las sociedades persigan la producción de bienes o de servicios trata de encuadrarlas en una actividad económica que persigue fines de lucro, rasgo distintivo de este tipo de sociedades que las diferencia de las asociaciones y fundaciones.

5. PARTICIPACIÓN EN LOS RESULTADOS

Los socios concurren a la sociedad aportando bienes (dinero, efectos, créditos) o industria (habilidad o capacidad personal) con el fin de obtener un beneficio para la sociedad por ellos constituida y dividirlo entre ellos en la forma convenida en el contrato social.

El ánimo de lucrar es un rasgo distintivo de la sociedad, pero ello no obsta que toda empresa o actividad mercantil lleva implícito un riesgo, y el hecho de que esos resultados previstos sean negativos (pérdidas) no anula la intención original de los socios.

Constitución de la sociedad

El contrato entre una o más personas es el acto formal que da nacimiento a la sociedad y la **Ley No. 19.550** ha establecido la forma escrita del acto constitutivo, así como sus modificaciones, pudiendo optar para su realización alguna de las siguientes formas:

- Instrumento privado.
- Instrumento público.

El contrato de sociedad es *privado* cuando se realiza personalmente entre los socios, sin intervención de funcionario alguno; es *público* cuando interviene en su formalización un *escribano público,* quien transcribe el contrato en un registro especial denominado *protocolo* y expide a cada una de las partes una copia fiel del mismo, llamada *testimonio.*

Sin embargo, la sociedad sólo se considerará regularmente constituida una vez inscrito el correspondiente contrato en el *Registro Público de Comercio.*

La inscripción en el *Registro Público de Comercio* del contrato de sociedad comercial deberá ser efectuada dentro de los 15 días de la fecha de su otorgamiento y, en el caso de haber sido formalizado por instrumento privado, dicha inscripción se hará previa ratificación de los otorgantes ante el juez que la disponga.

Dicha ratificación podrá ser exceptuada si las firmas han sido autenticadas por escribano público u otro funcionario competente o si el contrato se hubiese formalizado mediante escritura pública.

Con su inscripción en el Registro Público de Comercio la sociedad se considera regularmente constituida.

En realidad, todos estos trámites administrativos y judiciales, de necesario cumplimiento para que la sociedad comercial quede legítimamente constituida, encuadran en la categoría de instrumentos públicos a todo contrato privado; de allí la no exigencia de elevar a escritura pública el contrato de sociedad, en razón de que el control de la legalidad del instrumento compete, en forma exclusiva y excluyente al órgano jurisdiccional.

Sin embargo, es importante destacar que cuando se trata de la constitución de sociedades por acciones y de responsabilidad limitada la inscripción en el *Registro Público de Comercio* sólo será procedente *previa publicación* del contrato constitutivo en el diario de publicaciones legales correspondiente.

¿Quiénes pueden ser socios?

En realidad, la ley, introduce una serie de soluciones a casos que, anteriormente, se presentaban en la práctica mercantil y que, por falta de un ordenamiento adecuado y claro no podían ser resueltos.

Entre dichas soluciones dadas por el nuevo cuerpo legal pueden mencionarse:

1) *Los esposos pueden integrar entre sí cualquier tipo de sociedad legislada por la ley No. 19.550 modificada por la ley No. 26.994.*
2) *Las sociedades anónimas y en comandita por acciones sólo pueden formar parte de sociedades por acciones.*
3) *Ninguna sociedad, excepto aquellas cuyo objeto sea exclusivamente financiero o de inversión, puede tomar o mantener participación en otra u otras sociedades por un monto superior a sus reservas libres y a la mitad de su capital y de las reservas legales.*

Relaciones de los socios con la Sociedad

Los derechos y obligaciones de los socios en la sociedad comienzan desde la fecha fijada en el contrato constitutivo de la misma, y las disposiciones de la **Ley Nro. 19.550** se refieren en particular a lo relativo a:

- ***La integración del aporte y su mora.***
  En lo que respecta a la *mora en el aporte,* ésta se produce por el solo vencimiento del plazo y, en caso de que no se hubiera fijado plazo para el aporte, éste será exigible desde la inscripción de la sociedad.

- ***Lo atinente a bienes susceptibles de ser aportados o forma del aporte.***
  En cuanto al *aporte de bienes*, la nueva ley ha fijado que los requisitos a cumplir en estos casos dependerán de la naturaleza de los mismos, legislando en particular cuando se trata de derechos, créditos, títulos cotizables, bienes gravados, fondos de comercio, etcétera.

  A tal fin la ley establece las normas dentro de las cuales debe operarse la valuación de los bienes aportados y el procedimiento de impugnación a dichos valores cuando los mismos no se encuentren de acuerdo con la realidad, dado que con ello puede infringirse un perjuicio a la sociedad, privándola de medios para su desenvolvimiento al sobrevaluar los aportes en especie.

- ***El contralor de los negocios sociales.***
  Los socios pueden *examinar los libros y papeles sociales*, y recabar del administrador los informes que estime pertinentes; sin embargo, este derecho no puede ser ejercido en las sociedades de responsabilidad limitada y en las sociedades por acciones cuyo capital exceda el mínimo establecido por la ley.

Documentación y contabilidad

Respecto de las sociedades, las normas contenidas en la **Ley Nro. 19.550** han previsto disposiciones relativas a la documentación y contabilidad que complementan lo dispuesto para los comerciantes en general.

En ese sentido, se destacan:

- ***Normas de carácter general*** a todas las sociedades entre las cuales merecen señalarse:

1. La facultad del juez para autorizar el empleo de medios mecánicos u otros para la contabilización de operaciones en reemplazo o complemento de los libros exigidos, excepto el de inventarios y balances.
2. La registración de asientos globales en el libro Diario que no excedan de períodos mayores de un mes.

3. Dejar constancia en sus balances de ejercicio la fecha en que se cumple el plazo de duración.

Como *norma general* las disposiciones legales establecen que el método de contabilización debe permitir la individualización de las operaciones, así como también sus correspondientes cuentas deudoras y acreedoras y su posterior verificación.

- ***Previsiones de carácter limitativo*** a determinadas sociedades para la formulación de balances generales y estados de resultados o cuentas de ganancias y pérdidas.

Respecto de las *normas relativas a la presentación de los estados contables*, éstas serán obligatorias para las sociedades de responsabilidad limitada y las sociedades por acciones cuyo capital alcance la suma establecida por ley ajustada periódicamente con el fin de asegurar el derecho de información a todos sus socios o accionistas.

Entre los estados contables mencionados se incluyen el *Balance General, el Estado de Resultados o Cuentas de Ganancias y Pérdidas* del ejercicio, complementándose con el *Estado de Evolución del Patrimonio Neto*.

En cuanto a las *sociedades controlantes*, deberán presentar como información complementaria, *estados contables anuales consolidados*, confeccionados con arreglo a los principios de contabilidad generalmente aceptados y a las normas que establezca la autoridad de contralor.

Con ello se trata de que el socio o accionista puedan conocer la situación patrimonial de la sociedad en sus aspectos estático y dinámico, o sea tanto en su faz económica presente como en su perspectiva a través de una información objetiva que proporcione todos los datos necesarios para ello.

Se ha establecido también la obligatoriedad de mantener en la sede social copias de los estados contables a disposición de los socios o accionistas por lo menos durante 15 días anteriores a la fecha en que sean considerados de acuerdo a las disposiciones sociales.

En los casos de sociedades por acciones, dichas copias se extenderán a otros documentos como memoria del directorio o el de los administradores y de los informes del o los síndicos.

Disolución

En el contrato constitutivo de la sociedad los socios pueden preverse las causas por las cuales se opere la resolución parcial y/o la disolución de la misma, que no estén previstas por la ley.

Así, en las sociedades colectivas, en comandita simple, de capital e industria y en participación, la muerte de un socio resuelve *parcialmente* el contrato, pero, sin embargo, en las colectivas y en comandita simple es lícito pactar que la sociedad continúe con sus herederos, pudiendo condicionar éstos, en el caso de las en comandita simple, su incorporación a la transformación de su parte en comanditaria a efectos de limitar su responsabilidad.

La *resolución parcial* puede tener lugar también a raíz de la *exclusión de un socio* siempre que mediase justa causa, considerándose como tal el grave incumplimiento de sus obligaciones, su incapacidad, su inhabilitación o su declaración de quiebra o concurso civil.

Liquidación

La liquidación es una consecuencia de la disolución y como su mismo vocablo lo dice, significa *concluir las operaciones* pendientes y en curso, sin iniciar ninguna.

Disuelta la sociedad, los socios que estuviesen autorizados para administrarla durante su existencia, o un liquidador designado por éstos, procederán a su liquidación, conservando la sociedad su personalidad a ese efecto.

La liquidación consiste en realizar todos los bienes de la sociedad, o sea:

- Vender todos sus bienes.
- Cobrar todos sus créditos.
- Pagar todas sus deudas.

Para ello, los liquidadores están obligados a confeccionar dentro de los 30 días de asumido el cargo un inventario y balance del patrimonio social, que pondrán a disposición de los socios, e informar periódicamente a los mismos, por lo menos cada tres meses, sobre el estado de la liquidación.

Una vez extinguido el pasivo social, los liquidadores:

- Confeccionarán el balance final y el proyecto de distribución.
- Reembolsarán las partes de capital.
- El excedente se distribuirá en proporción a la participación de cada socio en las ganancias, salvo disposición en contrario del contrato.

El balance final y el proyecto de distribución aprobados serán agregados al legajo de la sociedad en el *Registro Público de Comercio* y se procederá a su ejecución.

Los importes no reclamados dentro de los 90 días de la presentación de tales documentos en el *Registro Público de Comercio*, se depositarán en un Banco Oficial a disposición de sus titulares y una vez transcurridos tres años sin que sean reclamados, serán destinados a la autoridad escolar de la respectiva jurisdicción.

Terminada la liquidación se cancelará la inscripción del contrato social en el *Registro Público de Comercio* y no existiendo acuerdo entre los socios el juez de registro decidirá quién conservará los libros y demás documentos sociales.

EJERCICIOS DE AUTOEVALUACIÓN

Cuestionario

1) ¿Qué entiende por sociedad?
2) ¿Cuáles son las características más salientes de una sociedad?
3) ¿Qué entiende por prestaciones recíprocas?
4) ¿A qué fin deben dedicarse los aportes integrados a una sociedad?
5) ¿Cómo debe constituirse una sociedad?
6) ¿Cuándo tiene lugar la resolución parcial de una sociedad?
7) ¿A qué da lugar la resolución total de una sociedad?
8) ¿Qué entiende por liquidar una sociedad?

CAPÍTULO 2

Sociedades de personas

SOCIEDADES COLECTIVAS

Características

En su artículo 125, la **ley Nro. 19.550** caracteriza a la sociedad colectiva como aquella en que los socios contraen una responsabilidad *subsidiaria, ilimitada y solidaria*, por las obligaciones sociales.

Tal es la amplitud legal en cuanto a este tipo de sociedad que cualquier pacto en contrario entre los socios que tratará de limitar o reducir dicha responsabilidad, no tendrá ningún valor frente a terceros.

Dado la importancia que tiene el conocer los alcances de dicho concepto, trataremos de puntualizar debidamente sus derivaciones, a efectos de comprender con mayor amplitud las características de este tipo societario.

Responsabilidad de los socios

El objetivo principal que caracteriza a la empresa comercial o industrial es el de incrementar el capital aplicado a ella, mediante utilidades o ganancias producidas en el ejercicio de sus actividades.

Las sociedades comerciales se distinguen precisamente del comercio unipersonal en que dicho capital es aportado por dos o más personas y el producto o beneficio social obtenido es repartido entre éstos, incrementando sus respectivos bienes personales.

Sin embargo, los bienes personales de los socios son distintos de los bienes de la sociedad y sólo una parte de aquéllos han sido afectados al giro social en concepto de aporte de capital.

Ahora bien, puede suceder el caso eventual de que los negocios no se desarrollen dentro del rumbo previsto, produciéndose quebrantos o pérdidas en sus actividades que disminuyen el capital originalmente aportado por los socios.

En este caso, si se desea conservar el capital original en razón de las necesidades de los negocios, los socios deberán realizar nuevos aportes recurriendo a sus respectivos bienes personales.

Idéntica situación se plantea cuando, por vicisitudes de los mismos negocios, la sociedad por ellos formada no puede satisfacer las deudas contraídas con terceros, en cuyo caso los socios deberán responder por ellas recurriendo a sus bienes personales.

Esta responsabilidad de los socios de responder con sus bienes personales por deudas contraídas por la sociedad comercial a que pertenecen, independientemente del aporte que hubieran realizado para constituir su capital, se conoce con el nombre de *ilimitada*.

O, dicho en otros términos, que son responsables por las deudas de la sociedad con todos sus bienes sin limitación alguna, tanto por los aportados a la sociedad como con los bienes personales que no han aportado al giro comercial.

Sin perjuicio de ese principio general nuestra Ley de Sociedades ha establecido algunos tipos de sociedades comerciales en las cuales los socios pueden limitar su responsabilidad hasta cubrir las deudas sociales, solamente con los bienes aportados a la misma *(limitada)*.

Por su parte, la *solidaridad* que nuestro Código de Comercio asigna a los socios colectivos implica la responsabilidad *individual de cada socio,* por los actos realizados por los otros o por la falta de respaldo de éstos (bienes personales) para afrontar las obligaciones sociales, que no puedan ser cubiertas con recursos de la sociedad.

Solidaria significa, entonces, que los socios responden en forma conjunta o individual con sus bienes personales por las deudas contraídas por la sociedad que ellos forman, en tanto los recursos de esta última no alcancen a satisfacer aquéllas y los restantes socios no dispongan de bienes para responder por ellas.

Por último, la *responsabilidad subsidiaria* atribuida a los socios en la sociedad colectiva no es otra cosa que el acto por el cual la responsabilidad de ésta por las deudas sociales es suplida por la de aquéllos, refirmando con ello los principios de solidaria e ilimitada ya enunciados.

No debe confundirse subsidiaria con confusión de bienes personales y sociales, sino que aquéllos se encuentran comprometidos a las obligaciones sociales como si fueran propias.

Breve concepto sobre el régimen legal

Entre las disposiciones de carácter especial para las sociedades colectivas incluidas en la **Ley Nro. 19.550** merecen citarse las siguientes:

DENOMINACIÓN	La denominación social se integrará con las palabras sociedad colectiva o su abreviatura, y en caso de actuar bajo una razón social, ésta se formará con el nombre de alguno, algunos o todos los socios; en este último caso, si en ella no figurasen los nombres de todos los socios se aditará el término "y compañía".
ADMINISTRACIÓN	La administración de la sociedad colectiva estará a cargo de cualquiera de los socios indistintamente, salvo que en el contrato social se indicara un régimen de administración distinto, sea a cargo de alguno o algunos de los socios o de un tercero no socio.

En estos últimos casos, el administrador que se designe podrá ser removido por decisión de la mayoría de los socios, en cualquier momento, sin necesidad de invocar causa alguna para ello.

Igualmente, el administrador designado, aun cuando fuese socio, podrá renunciar, también en cualquier momento, salvo pacto en contrario, pero responderá de los perjuicios que ocasione su renuncia si fuese dolosa e intempestiva.

Las resoluciones sociales serán tomadas por mayoría, entendiéndose por tal la mayoría absoluta de capital, excepto que el contrato social fijase un régimen distinto.

La sociedad colectiva es un ente eminentemente personal, de allí que un socio no pueda realizar por cuenta propia o ajena actos que importen competir con la sociedad, salvo que sus otro u otros socio(s) hubieran prestado su expreso y unánime consentimiento para ello.

En caso contrario, la violación de dicha prohibición autorizará la exclusión del socio que hubiese incurrido en dicha falta, incorporando a la sociedad los beneficios obtenidos por el mismo y el resarcimiento de los daños ocasionados.

SOCIEDAD EN COMANDITA SIMPLE

Características

Respecto de la sociedad en comandita simple, nuestro régimen legal ha establecido que el o los socios comanditados responden por las obligaciones sociales como los socios de la sociedad colectiva y el o los socios comanditarios sólo con el capital que se obliguen a aportar.

De dicha distinción que efectúa la **Ley Nro. 19.550** surge que esta sociedad se encuentra formada por dos clases de socios:

- ***Comanditados.***
  Asumen una responsabilidad *subsidiaria, ilimitada y solidaria*, al igual que los socios de una sociedad colectiva; tal condición les asigna el derecho al manejo o dirección de los negocios de la sociedad y estar incluidos en la razón social.

- ***Comanditarios.***
  Son aquellos que figuran como simples aportantes de capital y, por lo tanto, no responden sino con los fondos declarados en el contrato, esto es, con los fondos aportados a la sociedad; tienen su responsabilidad limitada al capital aportado, no respondiendo, en consecuencia, con sus bienes personales por las deudas contraídas por la sociedad que no puedan ser satisfechas con los fondos sociales.

Breve concepto sobre el régimen legal

Las distintas disposiciones legales que reglan el funcionamiento de las sociedades en comandita simple tienen en cuenta principalmente la distinta característica de los socios que la forman.

Entre ellas nos referimos a las siguientes:

- ***Denominación social,*** se integra con las palabras sociedad en comandita simple o su abreviatura y en caso de actuar bajo una razón social ésta se formará exclusivamente con el nombre o nombres de los comanditados.
- ***Administración y representación,*** será ejercida por los socios comanditados o terceros que se designen y se aplicarán a este efecto las normas para las sociedades colectivas sobre remoción y/o renuncia.

Es importante destacar que los *socos comanditarios* (aportantes de capital) no podrán ejercer la administración y representación de esta sociedad, y si lo hicieren serán *responsables solidariamente* por las obligaciones así contraídas, y su responsabilidad se extenderá a los actos en que no hubieran intervenido cuando su actuación administrativa fuese habitual.

Esta situación en que puede verse comprometido el comanditario es similar al caso que su nombre figurase en la razón social.

SOCIEDAD DE CAPITAL E INDUSTRIA

Características

En este tipo de sociedad comercial el o los socios capitalistas responden de las obligaciones sociales como los socios de la sociedad colectiva y quienes aporten exclusivamente su trabajo, capacidad o habilidad personal responden hasta la concurrencia de las ganancias no percibidas.

Al decir de la caracterización legal, la sociedad de capital e industria se encuentra constituida por las siguientes clases de socios:

- ***Capitalistas***
  Asumen una responsabilidad subsidiaria, ilimitada y solidaria, al igual que los socios de una sociedad colectiva; tal condición les asigna el derecho al manejo o dirección de los negocios de la sociedad y estar incluidos en la razón social; dicho en otros términos, responden con sus bienes personales por las deudas sociales que no fueran satisfechas por la sociedad.
- ***Industriales.***
  En cambio, estos socios se incorporan a la sociedad con su trabajo personal solamente, es decir que *no asumen ninguna* responsabilidad desde el punto de vista económico, salvo con la parte de las utilidades que no hubieran percibido.

Breve noción sobre el régimen legal

Pasaremos revista a continuación sobre algunas disposiciones legales referidas a la sociedad de capital e industria.

- ***Denominación social*** se integrará con las palabras *sociedad de capital e industria o su abreviatura* y, en caso de actuar bajo una razón social, no podrá figurar en ella el nombre del industrial; en el caso de violación de esta última disposición, el industrial se hará responsable solidariamente al firmante por las obligaciones contraídas.
- ***Representación y administración,*** podrá ser ejercida por cualquiera de los socios, tanto capitalistas como industriales, sin incurrir estos últimos en responsabilidad ilimitada y solidaria.
- ***Resoluciones sociales,*** serán tomadas por mayoría absoluta de capital, participando el industrial en las mismas, computándose su voto por el monto de capital correspondiente al capitalista con menor aporte.

De acuerdo con el principio general, se requerirá el consentimiento de todos los socios para toda modificación del contrato e incluso la transferencia de la parte a otro.

SOCIEDAD ACCIDENTAL O EN PARTICIPACIÓN

Objeto

La sociedad en participación es la reunión accidental de dos o más personas para una o más operaciones de comercio determinadas y transitorias, trabajando uno, algunos o todos en su nombre individual solamente, sin firma social y sin fijación de domicilio.

Según se desprende de dicha definición, esta sociedad en razón de constituirse para la realización de una o más operaciones determinadas y transitorias, según lo rezan expresamente nuestras normas legales, no es sujeto de derecho, carece de denominación social y no está sometida a requisitos de forma.

En consecuencia no se inscribe en el Registro Público de Comercio y su existencia y validez se prueba por las normas generales inherentes a los contratos comerciales.

Esta sociedad funciona y se disuelve, a falta de disposiciones especiales, por las reglas de la sociedad colectiva.

En este tipo de sociedades, dadas sus características fundamentales, generalmente uno de los socios asume el manejo y la dirección de la o las operaciones de comercio para las cuales se ha constituido la sociedad *(socio gestor)*, permaneciendo el o los restantes socios como simples participantes en los resultados que se obtengan *(socios no gestores o partícipes)*.

Socio gestor

Al realizar todos los actos sociales a su nombre individual, el socio gestor se responsabiliza en forma directa ante las personas con quienes contrate.

En efecto, es importante destacar en este tipo de sociedad que, por sus características, no posee firma social ni domicilio y las terceras personas no tienen conocimiento del nombre de los otros socios, ni aun la existencia de la sociedad misma.

No obstante, puede darse el caso que el socio gestor manifestare en tales actos que contrata por cuenta de la sociedad, dando a conocer a los terceros el nombre de los demás, obligándose éstos con su consentimiento; en este caso todos los quedarán obligados solidariamente.

Asumiendo el socio gestor el manejo y la dirección de los negocios sociales, responderá ante los demás obligándose a rendirles cuenta documentada acerca de la gestión realizada.

Puede decirse entonces que el socio gestor asume una doble personalidad en el ejercicio de su gestión:

- Ante los terceros que contraten con él, responsabilizándose directamente de lo que contratare con ellos.
- Ante los partícipes en la sociedad, rindiéndoles cuenta de su gestión.

SOCIEDAD DE RESPONSABILIDAD LIMITADA

Características

En estas sociedades el capital social es *dividido en cuotas de igual valor,* el que será de diez pesos o sus múltiplos, cuyo número de socios no podrá exceder de cincuenta limitando éstos su aporte a la integración de las cuotas suscriptas o adquiridas.

Las sociedades de responsabilidad limitada deben publicar por un día en el diario de publicaciones legales correspondiente el contrato constitutivo, sus modificaciones y la disolución, con el fin que terceros que contraten con ella puedan tomar debida nota del monto máximo hasta el cual dicha sociedad y/o sus socios han limitado su responsabilidad.

El requisito de la publicación es común a estas sociedades y a las sociedades por acciones, sobre las cuales nos referimos en nuestro siguiente capítulo.

Breve noción de su régimen legal

Estas sociedades, que anteriormente se regían por lo estatuido por la conocida **Ley Nro. 11.645** han quedado comprendidas dentro de las disposiciones de la nueva **Ley Nro. 19.550**, que ha derogado aquélla y ha introducido algunas modificaciones que permiten adecuarla al campo de actividades en el cual resulta inadecuado el esquema más complejo de la sociedad anónima.

Pasaremos a continuación a reseñar brevemente algunas de las normas legales de mayor importancia incorporadas a nuestro Código de Comercio por la última de las leyes mencionadas.

Denominación

En esta sociedad comercial la denominación social puede incluir el nombre de uno o más socios y debe contener la indicación *Sociedad de Responsabilidad Limitada* o la sigla S.R.L.; éste constituye un requisito esencial, a efectos de no llamar a engaño a los terceros que contraten con la sociedad.

Tal es así que la omisión de dicha exigencia hará responsable ilimitada y solidariamente al gerente de la misma por los actos que celebre en esas condiciones.

Capital

La integración del capital podrá ser efectuada mediante:

- ***Aportes en dinero.***
  Los aportes en dinero deberán integrarse en un 25% como mínimo y completarse en un plazo máximo de dos años; la integración de dicho porcentaje deberá acreditarse al solicitarse la inscripción del respectivo contrato ante el Registro Público de Comercio con la boleta de depósito de un banco oficial.

- ***Aportes en especie.***
  Los aportes en dinero deberán integrarse en un 25% como mínimo y completarse en un plazo máximo de dos años; la integración de dicho porcentaje deberá acreditarse al solicitarse la inscripción del respectivo contrato ante el Registro Público de Comercio con la boleta de depósito de un banco oficial.

Cuando el aporte consiste en bienes que no sean dinero, deberán integrarse totalmente, indicándose en el contrato social los antecedentes justificativos de la valuación de los mismos.

Respecto de los aportes en dinero no integrados y del valor asignado a los aportes en especie en el momento de la constitución de la sociedad, los socios contraen una responsabilidad ilimitada y solidaria frente a terceros, la cual se extenderá:

- Hasta el momento en que se integre el saldo de los aportes en dinero.
- Hasta cinco años después de realizado el aporte respecto de los aportes en especie.

Dicha responsabilidad subsiste en caso de transferencia de cuotas en forma solidaria con los adquirentes de las mismas, hasta dos años después de inscrita la transferencia y respecto de las obligaciones contraídas.

Independientemente del aporte social comprometido, el contrato constitutivo de la sociedad puede autorizar cuotas suplementarias de capital que serán exigibles por ésta, total o parcialmente, mediante acuerdo de socios que representen más de la mitad del capital social.

En este caso, los socios estarán obligados a integrarlas una vez que la decisión social haya sido publicada e inscripta; dicha integración será en forma proporcional al número de cuotas que cada socio sea titular en el momento en que se acuerde hacerlas efectivas.

En caso de aumento de capital los socios ausentes o que votaron contra él dicha decisión, tienen derecho a:

- Suscribir cuotas proporcionalmente a su participación social
- Dejar que los otros acrezcan su capital
- Permitir la incorporación de nuevos socios

Cesión de cuotas

Una de las características que distinguen a la sociedad de responsabilidad limitada es que las cuotas que componen su capital son libremente transmisibles, salvo que exista disposición en contrario del contrato social, el cual podrá limitarla pero no prohibirla.

Esas limitaciones pueden referirse a requerir conformidad mayoritaria o unánime de los socios para el caso de cesión o conferir un derecho de preferencia a los socios o a la sociedad, si ésta adquiere las cuotas con utilidades, reservas disponibles o reduce su capital.

Para ello el cedente o el adquirente deben entregar a la gerencia un ejemplar o copia del título de la cesión o transferencia, con autenticación de las firmas si obra en instrumento privado.

La sociedad o el o los socios restantes pueden adoptar alguna de las siguientes decisiones:

- *Aceptar* lisa y llanamente la transferencia, en cuyo caso el nuevo socio se incorpora a la sociedad.
- *Excluir por justa causa* al socio así incorporado, en cuyo caso deberá abonársele una suma de dinero que represente el valor de su parte a la fecha de exclusión.
- *Oponerse a los terceros* de dicha cesión, lo cual puede dar lugar a la ejecución forzada de dichas cuotas para ponerse de acuerdo con el precio de las mismas y si no se arribase a ningún acuerdo el juez decidirá la autorización o no de la respectiva cesión.

En este último caso, se seguirá el siguiente procedimiento:

1. La resolución que disponga la subasta será notificada a la sociedad no menos de quince días antes de la fecha del remate.
2. Si en dicho lapso el acreedor, el deudor y la sociedad no llegan a un acuerdo sobre la venta de la cuota, se realizará la subasta.
3. El juez no adjudicará las cuotas si dentro de los diez días la sociedad presenta un adquirente o ella o los socios ejercitan la opción de compra por el mismo precio, depositando su importe.

Si al ejercitar el derecho de preferencia los socios o la sociedad impugnan el precio de las cuotas, deberán expresar el que consideren ajustado a la realidad, pues no existiendo disposiciones expresas en el contrato social para la regulación de dicho precio, éste resultará de una pericia judicial.

Administración y fiscalización

La administración y representación de la sociedad de responsabilidad limitada corresponde a uno o más gerentes, socios o no, designados en el contrato constitutivo o posteriormente mediante decisión adoptada por mayoría de capital.

Se ha asimilado a los gerentes de las sociedades de responsabilidad limitada los derechos y obligaciones que tienen los directores de sociedades anónimas (según veremos en el siguiente capítulo), aplicándose las disposiciones sobre el funcionamiento del directorio de las mismas, en el caso que la gerencia fuese colegiada.

En cuanto a la fiscalización de este tipo de sociedades ella puede ser:

- Por medio de los socios
- Estableciéndose un órgano de fiscalización, sindicatura o consejo de vigilancia, que se regirá por las disposiciones del contrato.

Sin embargo, cuando las sociedades de responsabilidad limitada posean un capital que alcance a la suma establecida para las sociedades anónimas para estos casos (que se fija periódicamente), se encontrarán obligadas al establecimiento de una sindicatura o consejo de vigilancia.

Decisiones sociales

El contrato social contendrá las normas referentes a la forma de deliberar y toma de acuerdos entre los socios; sin embargo cuando la sociedad posea un determinado capital similar al establecido para las sociedades anónimas para estos casos, los socios deberán deliberar en asamblea, reemplazándose el medio de convocarlas por la citación dirigida al último domicilio comunicado por el socio a la sociedad.

Respecto de la mayoría necesaria para que las decisiones societarias en general tengan validez deberán tenerse en cuenta el capital de la sociedad, y así:

- La mayoría debe representar como mínimo más de la mitad del capital social.
- En defecto de la regulación contractual se requiere el voto de las tres cuartas partes del capital social para el caso de modificación del contrato, la designación y renovación de gerentes o síndicos.
- Si un solo socio representare el voto mayoritario, se necesitará, además, el voto de otro socio.

Derecho de receso

Los socios de una sociedad de responsabilidad limitada que hubieran votado en contra de alguno de los siguientes asuntos:

- Transformación, fusión o escisión.
- Prórroga.
- Reconciliación.
- Transferencia del domicilio al extranjero.
- Todo acuerdo que incremente las obligaciones sociales o la de los socios.

Tendrán el *derecho de receso*, sobre el cual nos extenderemos, más adelante, al tratarlo en el caso de las sociedades anónimas (Capítulo 3).

Balances y reservas

Las sociedades de responsabilidad limitada cuyo capital exceda el mínimo legal establecido para las sociedades anónimas, también deberán presentar el balance general, el estado de resultados y el estado de evolución del patrimonio neto, dentro de los cuatro meses de cierre del ejercicio, para ser considerados por los socios reunidos en asamblea.

Debe destacarse que cualquiera sea el capital de la sociedad de responsabilidad limitada, ésta se encuentra obligada a efectuar una reserva no menor del 5 % de las ganancias realizadas y líquidas que arrojen los resultados del ejercicio, hasta alcanzar el veinte por ciento del capital social, la que deberá ser reintegrada en caso de haber disminuido por cualquier razón previa a la distribución de ganancias.

EJERCICIOS DE AUTOEVALUACIÓN

Cuestionario

1) ¿En qué se diferencian las sociedades colectivas de las comandita simple y las de responsabilidad limitada?
2) ¿Qué es una sociedad en comandita por acciones?
3) ¿Cómo suelen distribuirse las utilidades o pérdidas en una sociedad en comandita por acciones?
4) ¿Quiénes se hacen cargo de las deudas de la sociedad en casos que ésta no pueda satisfacerlas? ¿En qué casos?
5) ¿Cuál es la responsabilidad que asume un socio comanditado en una sociedad en comandita simple o por acciones?
6) ¿Cómo se designa el documento que formaliza una sociedad? ¿Qué debe contener?
7) ¿En qué tipo de sociedad todos los socios responden por las obligaciones de la misma en forma solidaria e ilimitada?
8) ¿En qué tipo de sociedad los socios responden por las obligaciones de la misma en forma limitada al aporte que hubieran efectuado?
9) ¿En qué tipo de sociedad los socios responden por las obligaciones de la misma en forma solidaria e ilimitada?
10) ¿En qué tipo de sociedad solamente alguno los socios responden por las obligaciones de la misma en forma limitada al aporte que hubieran efectuado?
11) ¿En qué tipo de sociedad solamente algunos de los socios no tienen responsabilidad frente a las obligaciones de la misma?

CAPÍTULO 3

Sociedades de capital

SOCIEDAD ANÓNIMA

Características

En la sociedad anónima el capital se representa por de igual valor y el o los socios limitan su responsabilidad a la integración de las suscritas.

Al igual que las sociedades de responsabilidad limitada las sociedades anónimas deben publicar por un día en el diario de publicaciones legales el contrato constitutivo, de allí que suela verse una similitud entre ambos tipos de sociedades comerciales.

Sin embargo, la sociedad anónima ha satisfecho una necesidad creada por el desarrollo económico que, en su constante e inquieto trajinar, dio nacimiento a empresas de gran magnitud que permitieron cubrir la demanda de una población cada vez más numerosa.

Y a tales efectos, este tipo de sociedad comercial ha sido dotado de una estructura jurídica destinada a la fundación de grandes empresas; de allí la implantación de normas especiales para su constitución, funcionamiento y fiscalización, que le otorgan una individualidad respecto de las otras formas societarias y sobre la que nos referiremos a continuación.

Constitución

Dos formas de constitución ha previsto la Ley 19.550, las cuales pueden ser definidas así:

- Constitución inmediata o por acto único.
- Constitución sucesiva o por suscripción pública.

Nos referiremos a dichas formas de constitución en los párrafos siguientes:

A) CONSTITUCIÓN INMEDIATA O POR ACTO ÚNICO

Las normas legales vigentes imponen una serie de requisitos que debe reunir el instrumento de constitución, además de los exigidos para las sociedades en general.

La característica esencial de la *constitución inmediata o por acto único* es la de haber logrado *suscribir totalmente* el capital de la sociedad al tiempo de la celebración del contrato constitutivo, y haber *integrado no menos del 25 %* del capital suscrito, lo cual se comprueba con la presentación de la boleta de depósito correspondiente en un banco oficial, al tiempo de la inscripción del contrato constitutivo en el Registro Público de Comercio.

En caso de tratarse de *aportes no dinerarios* (en especie), la integración deberá ser total y el cumplimiento de tal exigencia deberá justificarse en el momento de solicitar la conformidad del contrato constitutivo al Juez de Registro.

Sin embargo, previo a la inscripción del contrato constitutivo, éste deberá ser presentado ante la autoridad de contralor, a los efectos de que ésta verifique el cumplimiento de los requisitos legales y fiscales.

Una vez conformada la constitución, dicho contrato pasará al juez de registro para su inscripción, previa publicación por un día en el diario de publicaciones legales (en la Capital Federal, el Boletín Oficial) de los siguientes documentos:

- Contrato constitutivo.
- Estatutos.
- Aprobación de la autoridad de contralor.

B) CONSTITUCIÓN SUCESIVA O POR SUSCRIPCIÓN PÚBLICA

La constitución por *suscripción pública* resulta cuando los *promotores o fundadores* de una sociedad anónima deben recurrir a terceros para obtener el capital necesario para la misma.

En este caso, dichos promotores redactarán un *programa de fundación* por instrumento público o privado, el cual será sometido a la aprobación de la autoridad de contralor, la cual dará curso favorable al mismo, si aquél cumple con las condiciones legales y reglamentarias; dicho pronunciamiento será dado en el término de 15 días hábiles.

Aprobado el programa de fundación, deberá ser presentado para su inscripción en el Registro Público de Comercio en los siguientes 15 días.

Una vez inscripto el programa de fundación, y durante un lapso que no excederá de tres meses de dicha inscripción, se iniciará la suscripción de capitales mediante la intervención de una institución bancaria designada al efecto.

Para ello, el banco designado preparará un *contrato de suscripción* en doble ejemplar, que deberá firmar cada suscriptor, mediante el cual deberá declarar conocer y aceptar el programa de fundación, el cual será transcripto íntegramente en dicho contrato.

El segundo ejemplar del contrato, con el recibo del pago efectuado, cuando corresponda, se entregará al interesado por el banco.

Del resultado de la suscripción pueden presentarse las siguientes situaciones:

- ***Que se cubra íntegramente la suscripción del capital requerido.***

  En este caso se llevará a cabo la celebración de la constitutiva con la presencia del banco interviniente, y será presidida por un funcionario de la autoridad de contralor, quedando constituida dicha con la mitad más una de las suscriptas.

- ***Que fracase la suscripción.***

  En el caso de que *no se hubiese cubierto la suscripción del capital*, los contratos de suscripción se resolverán de pleno derecho y el banco interviniente restituirá de inmediato a cada interesado el total entregado, sin descuento de ninguna naturaleza.

- ***Que la suscripción exceda el monto de capital requerido.***

  En este caso la asamblea constitutiva decidirá su reducción a prorrata o aumentará el capital hasta el monto de las suscripciones realizadas.

La asamblea constitutiva es el órgano que resolverá si se constituye la sociedad y, en caso afirmativo, los siguientes temas deben formar parte del *orden del día*:

- Gestión de los promotores.
- Estatuto social.

- Valuación provisional de los aportes no dinerarios, en caso de existir; no tendrán derecho a voto en esta decisión los aportantes de estos bienes.
- Designación de directores y síndicos o consejo de vigilancia en su caso.
- Determinación del plazo de integración del saldo de los aportes en dinero.
- Cualquier otro asunto que el banco considerare de interés incluir en el orden del día.
- Designación de dos suscriptores o representantes a fin de que aprueben y firmen juntamente con el presidente y los delegados del banco, el acta de, que se labrará por el organismo de contralor.

Realizada la asamblea constitutiva, se labrará un acta, procediéndose posteriormente a:

- Presentación de la misma para solicitar la conformidad respectiva a la autoridad de contralor.
- Solicitar al Juez de Registro la inscripción correspondiente.

Una vez suscrita el acta mencionada precedentemente, el banco interviniente depositará los fondos percibidos en un banco oficial y entregará al directorio la documentación referente a los aportes.

FUNDADORES Y PROMOTORES

Concepto

Como hemos anticipado las sociedades anónimas se crean para el desarrollo de grandes empresas que, por su envergadura, necesitan una importante afluencia de capital, de acuerdo con el objeto o actividad para la cual fueron creadas.

La idea de su creación, así como también todas las etapas previas a su nacimiento como tal, son ejecutadas por una o varias personas que fundan la sociedad y que, por extensión, son llamadas *socios fundadores* de la misma.

Hemos visto anteriormente que no siempre es posible constituir una sociedad anónima en forma simultánea o acto único, siendo necesario recurrir entonces a la constitución llamada sucesiva o por suscripción pública, que comienza con la redacción de un programa de fundación.

En este caso, nuestro cuerpo legal designa con el nombre de *promotores* a la o las personas que firman el programa de fundación y, por tanto, son aquellos que deben cumplir todas las gestiones y trámites necesarios para la constitución de la sociedad, hasta la realización de la constitutiva.

Dado la importancia de estas personas intervinientes *(fundadores y promotores)* en la formación y constitución de las sociedades anónimas, nuestras disposiciones legales se refieren, en particular, a las responsabilidades que asumen los mismos y prevé también para ellos algunas ventajas que pueden reservarse en compensación a la importante función que realizan.

En cuanto a las responsabilidades les asigna a ambos una *responsabilidad solidaria e ilimitada* por todas las obligaciones contraídas para la constitución de la sociedad y que, en el caso de constitución sucesiva, se extiende para los promotores respecto de los gastos y comisiones del banco interviniente.

Dicha responsabilidad solidaria e ilimitada de los fundadores y promotores cesará a partir del momento de la inscripción de la sociedad anónima en el Registro Público de Comercio, en el cual ésta asumirá las obligaciones contraídas legítimamente por los fundadores y promotores, reembolsando a éstos los gastos realizados.

Respecto de las ventajas se ha previsto la asignación de una retribución a la gestión por ellos efectuada, limitando a una participación de hasta el 10 % de las ganancias, por el término máximo de diez ejercicios en las que se distribuyan.

El capital de la sociedad anónima

Cuando los fundadores deciden la creación de una sociedad anónima fijan para el cumplimiento del objetivo perseguido en la misma el capital necesario para ello; dicho capital es el ideal para alcanzar la meta propuesta, y es sobre esta base que se constituye la sociedad.

Dicho capital, que nuestras normas legales lo llaman indistintamente *capital social o capital suscripto*, es aquel que los accionistas se comprometen a aportar a la sociedad anónima.

El capital deberá suscribirse totalmente al tiempo de la celebración del contrato constitutivo y no podrá ser inferior al monto que se establezca por el Poder Ejecutivo, debidamente actualizado cada vez que lo estime necesario.

Pero, a efectos de dar un marco de seriedad y garantía a la constitución de sociedades anónimas, la ley ha previsto que solamente éstas podrán iniciar sus actividades si se integra en efectivo, como mínimo, *el 25 % del capital suscripto* y, en el caso de aportes en especie, en forma total.

En efecto, sólo el acto real de cumplimiento por parte de los accionistas, consistentes en el pago del compromiso suscripto, es lo que aportará a la empresa los medios efectivos para su funcionamiento, y las sumas ingresadas por tal concepto constituyen el *capital realizado*.

Concepto

Pero una de las características más salientes de la sociedad anónima es que su capital se encuentra formado por acciones *de igual valor*, o sea que la acción es una de las partes en que ha sido dividido el capital.

Dichas acciones, representadas por medio de un *título o registro* con las formalidades establecidas por la ley y sus estatutos, otorgan a su poseedor los derechos inherentes al socio en la sociedad anónima.

De allí que la acción haya sido definida asignándole las siguientes características como:

- Una parte del capital.
- Representativa de una parte de capital.
- Título que le asigna el derecho de ser socio de la sociedad anónima.

Características

La posesión de un *título o certificado*, emitido por la sociedad anónima y representativo de una o más, otorga a su poseedor los derechos inherentes a socio en la sociedad anónima.

De acuerdo con las disposiciones legales, el estatuto social establecerá las formalidades que deben contener las acciones, siendo esencial las siguientes menciones:

- Denominación de la sociedad, domicilio, fecha y lugar de constitución, duración e inscripción.
- El capital social.
- El número, valor nominal y clase de que representa el título o la constancia del requisito de acción escritural y los derechos que le corresponden.

Cualquier variación a las precedentes menciones, excepto las relativas al capital, deberá dejarse constancia en tales documentos *(título o certificado)*.

En el caso de títulos, las acciones que representa se ordenarán por numeración correlativa y serán suscritas con firma autógrafa por no menos un director y un síndico.

Participación en los beneficios

Uno de los derechos de los socios es el de participar en los beneficios de la sociedad, de allí que las acciones, generalmente, contengan adherida una plancha de cupones que se utilizan para percibir las utilidades anuales correspondientes a su participación.

Es que, independientemente de su *valor nominal*, las acciones adquieren un mayor o menor valor de acuerdo con los resultados que obtiene la sociedad anónima que, por supuesto, incrementan o disminuyen su capital social según las utilidades o pérdidas que se obtengan o produzcan, respectivamente, según se trate de no cotizables o cotizables.

El siguiente cuadro nos indica las distintas formas de evaluarlas, a efectos de fijar el valor de las mismas:

VALOR NOMINAL	La asignación de un valor paralelo al nominal y que llamaremos real, le otorga al accionista una medida del capital que posee en la sociedad anónima y que eventualmente podría recuperar en caso de venta o transferencia de sus acciones.
COTIZABLES	En atención a ello las acciones pueden clasificarse en acciones cotizables y no cotizables, según tengan un valor real reconocido públicamente o no; en el primer caso, dicho valor real es fijado por organismos encargados de cotizar diariamente este tipo de acciones como por ejemplo la Bolsa de Comercio de Buenos Aires. Ello no quiere decir que las acciones de sociedad anónimas que no se encuentren autorizadas por la Bolsa de Comercio al cotizarlas, no pueden ser transferidas, sino que: • En el caso de acciones cotizables en Bolsa, su transferencia o venta se realiza en forma inmediata a los valores de cotización que se fina diariamente. • En el caso de acciones no cotizables en Bolsa su venta o transferencia será efectuada en forma privada al valor que acuerden las partes en una negociación estrictamente particular.

Registro

A los fines de tener información acerca de las acciones de la sociedad ésta deberá llevar al efecto dos registros:

- Registro de (nominativas no endosables)
- Registro de Escriturales

Tanto uno como otro registro podrá ser llevado conjuntamente en forma computarizada, si así lo autoriza la respectiva autoridad de contralor.

Deberán contener:

a. Clase de, derechos y obligaciones que correspondan.

b. Estado de integración, con indicación del nombre del suscriptor.

c. Las sucesivas transferencias, con detalle de fechas e individualización de los adquirentes.

d. Los derechos reales que las gravan.

e. La conversión de los títulos, con los datos que correspondan a los nuevos adquirentes.

f. Cualquier otra mención que derive de la situación jurídica de las y sus modificaciones.

Y respecto de los accionistas deberá indicarse en los mencionados registros, lo siguiente:

a. Nombre y apellido o denominación; cuando se trata de personas físicas se deberá indicar, en primer lugar, el apellido, y luego, los nombres completos, y cuando se trate de personas jurídicas, se deberá registrar la denominación completa tal cual se inscribió en el Registro correspondiente.
b. Domicilio real o sede social, en su caso.
c. Número de documento nacional de identidad, o en su defecto, número de libreta de enrolamiento o libreta cívica; en caso de no poseer estos documentos indicar el número de pasaporte o cédula de identidad debiendo identificarse el documento que se consigne
d. Si se trata de personas jurídicas, los datos de inscripción registral o autorización según corresponda.
e. Número de C.U.I.T. (Clave Única de Identificación Tributaria)

En el caso de *acciones nominativas no endosables,* el registro podrá ser llevado por los bancos comerciales o de inversión o por cajas de valores que correspondan, si así lo conviniera la sociedad emisora.

En el caso de acciones *escriturales,* deberá anotarse en el registro la expedición de comprobantes de saldo de cuenta, donde conste su destino (transferir las acciones o constituir sobre ellas derechos reales, indicando su número y fechas de expedición y vencimiento).

En todos los casos la sociedad será responsable ante los accionistas por los errores e irregularidades de los asientos, sin perjuicio de la responsabilidad que pudiera corresponderle al Banco o Caja de Valores ante la sociedad.

Diferentes clases

Las acciones pueden ser clasificadas según distintos puntos de vista, entre los que pueden señalarse:

SEGÚN LOS DERECHOS QUE ACUERDAN	
ACCIONES PREFERIDAS	Son aquellas que tienen prioridad para obtener la devolución del capital aportado en caso de disolución y liquidación de la sociedad respecto de las acciones ordinarias y también gozan de un privilegio sobre las demás acciones respecto del cobro de los dividendos (utilidades).
ORDINARIAS	En cambio, las ordinarias participan de las utilidades y de la liquidación de la sociedad en forma proporcional, una vez satisfechas las preferidas, si hubiere.

SEGÚN LOS VOTOS QUE REPRESENTAN	
UN SOLO VOTO	Según nuestras disposiciones legales, cada acción ordinaria da derecho a un voto.
VOTO MÚLTIPLE	El estatuto puede crear clases de acciones que reconozcan hasta cinco o más votos por acción ordinaria.
SIN VOTO	Sin embargo, el privilegio del voto que se otorga a las acciones ordinarias en la sociedad anónima es incompatible con preferencias patrimoniales; de allí que las acciones preferidas pueden carecer de voto, sin perjuicio de su derecho de asistir a las asambleas con voz.

SEGÚN LA FORMA DE REPRESENTACIÓN	
ACCIONES CON TÍTULO	Se refiere a las acciones nominativas no endosables que se encuentran representadas por medio de un título que es expedido por la misma sociedad con las formalidades que establecen sus estatutos, pudiendo un título representar una o más acciones.
ACCIONES ESCRITURALES O SIN TÍTULO	El estatuto puede autorizar que todas las acciones o algunas de sus clases no se representen en títulos y las llama acciones escriturales en razón de encontrarse representadas por cuentas que lleva la sociedad emisoras en un registro especial y en las que cada cuenta se abre a nombre del titular de la o las acciones que correspondan. El registro de acciones escriturales deberá ser llevado con las formalidades de los libros de comercio.

SEGÚN LA FORMA DE INTEGRACIÓN	
EN EFECTIVO	El pago en efectivo o valor equivalente de las acciones suscriptas es la forma más común de integrar el capital de la sociedad anónima.
EN APORTES NO DINERARIOS O EN ESPECIE	La integración en aportes no dinerarios, o en especie, sólo puede consistir en obligaciones de dar, y deben individualizarse con precisión; supone por parte del accionista la transferencia a la sociedad de bienes de su propiedad que pueden ser muebles, inmuebles o bienes inmateriales.

SEGÚN EL PLAZO DE INTEGRACIÓN	
EN FORMA INMEDIATA	En este caso, se dice que el aporte es total, en cuyo caso los Interesados pueden exigir que la sociedad les explica los títulos definitivos.
A PLAZO	En caso de que el importe de las acciones sea pagado por partes o en cuotas, sólo pueden expedirse certificados provisionales nominativos; esta es la forma más común de integración.

Morosidad de suscriptores

Cuando los accionistas formalizan el acto de suscripción asumen la obligación de integrar, en la forma y tiempo que se determina en el contrato respectivo, la parte de capital que se han comprometido aportar a la sociedad anónima.

La falta de integración de las acciones suscritas por los accionistas priva a la sociedad anónima del recurso principal para cumplir el objetivo para el cual fue constituida.

De allí que nuestras disposiciones legales establezcan que el estatuto podrá disponer que, con respecto a los derechos de suscripción correspondientes a las acciones en mora, se proceda en alguna de las siguientes formas:

VENTA DE ACCIONES EN REMATE PÚBLICO O POR AGENTE DE BOLSA	Si se tratase de acciones cotizables. En este caso serán por cuenta del suscriptor moroso los gastos de remate y los intereses moratorios, sin perjuicio de su responsabilidad por los daños.
SE PRODUZCA LA CADUCIDAD DE LOS DERECHOS	Dicha sanción producirá sus efectos previa intimación a integrar en un plazo no mayor de 30 días, con pérdida de las sumas abonadas u optar la sociedad por exigir al suscriptor moroso el cumplimiento del contrato de suscripción.
SE OPTE POR CUMPLIR EL CONTRATO DE SUSCRIPCIÓN	El tenedor de las acciones deberá cumplir el contrato de suscripción.

ASAMBLEAS

Clases

Las *asambleas* constituyen el órgano de la sociedad anónima por medio del cual sus accionistas, en función del capital suscripto que posean, expresen su voluntad.

Por lo tanto, las asambleas deben ser realizadas en la sede o en el lugar que corresponda a la jurisdicción del domicilio social y las resoluciones que emanen de las mismas son obligatorias para todos los accionistas y cumplidas por el directorio de la sociedad.

Las asambleas de accionistas pueden ser de tres clases:

ORDINARIAS	Estas asambleas deberán realizarse por lo menos una vez por año, dentro de los primeros cuatro meses posteriores al cierre de cada ejercicio económico; una sociedad anónima que, por ejemplo, cierra su ejercicio el día 30 de junio de cada año, deberá realizar su asamblea ordinaria dentro de los meses de julio y octubre siguientes. De conformidad con nuestras cláusulas legales, a las asambleas ordinarias les corresponde considerar y resolver sobre los siguientes asuntos: • Balance general, estado de resultados, distribución de ganancias, memoria e informe del síndico y toda otra medida relativa a la gestión de sociedades que le competa resolver conforme a la ley y el estatuto o que sometan a su decisión el directorio, el consejo de vigilancia o los síndicos. • Designación y remoción de directores y síndicos y miembros del consejo de vigilancia y fijación de su retribución. • Responsabilidades de los directores y síndicos y miembros del consejo de vigilancia. Aumento del capital hasta el quíntuplo del mismo.
EXTRAORDINARIAS	A las asambleas extraordinarias les corresponden todos los asuntos que no sean de competencia de la asamblea ordinaria, la modificación del estatuto y en especial: • Aumento de capital que exceda el quíntuplo del mismo. • Sólo podrá delegar en el directorio la época de la emisión, forma y condiciones de pago. • Reducción y reintegro del capital. • Rescate, reembolso y amortización de acciones.

	• Fusión, transformación y disolución de la sociedad; nombramiento, remoción y retribución de los liquidadores; escisión; consideración de las cuentas y de los demás asuntos relacionados con la gestión de éstos en la liquidación social, que deban ser objeto de resolución aprobatoria de carácter definitivo. • Limitación o suspensión del derecho de preferencia en la suscripción de nuevas acciones. • Emisión de debentures y su conversión en acciones • Emisión de bonos.
UNÁNIMES	Las asambleas unánimes son aquellas que se celebran con la asistencia total de los accionistas de la sociedad anónima. Por esa característica no requieren publicación anticipada de su convocatoria.

Convocatoria

La convocatoria ha sido definida como la *citación o el llamado* a los accionistas de la sociedad anónima para que se constituyan en asamblea.

El llamado a convocatoria deberá ser efectuado por el directorio o el síndico de la sociedad en los casos previstos por la ley, dejando constancia del mismo en *Acta* que se registrará en el libro respectivo, a cuyo efecto se fijará el *Orden del Día* establecido para dicho acto.

El *artículo 236* de la **Ley Nro. 19.550** ha dispuesto que la convocatoria podrá ser efectuada por el directorio o el síndico, cuando así sea requerido por accionistas que representen por lo menos el 5 % del capital social; salvo que los estatutos fijaran una representación menor la petición de los accionistas deberá indicar los temas a tratar y el directorio o el síndico convocarán la asamblea para que se celebre en el plazo máximo de 40 días de recibida la solicitud.

En caso de que el directorio o el síndico omitan hacer la convocatoria peticionada por los accionistas, aquélla será efectuada por la autoridad de contralor o judicialmente.

Dos recaudos deberán ser adoptados para que la convocatoria se realice dentro de un marco de legalidad. Ellos son:

- ***Publicación*** de la misma dentro de los plazos fijados por la ley.
- ***Comunicación*** de la misma a la Inspección General de Justicia.

Publicación

La *Ley de Sociedades Comerciales* ha dispuesto que las asambleas sean convocadas por publicaciones durante cinco días, con diez de anticipación por lo menos y no más de treinta, en el diario de publicaciones legales.

Para las sociedades mencionadas a continuación, la ley prevé la publicación de la convocatoria, además, en uno de los diarios de mayor circulación general en la República:

- Si hacen oferta pública de sus o debentures.
- Si tienen un capital social superior al establecido según la ley.
- Si son de economía mixta o con participación estatal mayoritaria.
- Si realizan operaciones de capitalización, ahorro o en cualquier forma requieran dinero o valores al público, con promesa de prestaciones o beneficios futuros.

- Si explotan concesiones o servicios públicos.
- Si se trata de sociedad controlante de o controlada por otra sujeta a fiscalización.

Si el llamado a asamblea se efectúa por *segunda vez* en razón de haber fracasado la convocatoria (segunda convocatoria), las publicaciones se realizarán durante 3 días con 8 días de anticipación como mínimo por lo menos al día de la que deberá celebrarse dentro de los 30 días siguientes.

El plazo de anticipación con el cual debe efectuarse la publicación de la convocatoria se computa desde la fecha de la primera de las publicaciones obligatorias y deben considerarse los días como corridos y no hábiles.

Nuestras disposiciones legales han previsto el caso de celebración de asambleas sin publicación de la convocatoria; son ellas las llamadas *unánimes*, o sea las que reúnen accionistas que representan la totalidad del capital social, y las decisiones se adopten por unanimidad de las acciones con derecho a voto.

Asistencia

Los accionistas de las sociedades anónimas tienen el derecho de concurrir a las asambleas que se convoquen, sean estas ordinarias o extraordinarias, personalmente o por medio de representantes.

Los representantes de los accionistas pueden ser socios o extraños, y será suficiente el otorgamiento del mandato en instrumento privado, con la firma certificada en forma judicial, notarial o bancaria, salvo disposición en contrario del estatuto.

Sin embargo, no podrán ser mandatarios los directores, los síndicos, los integrantes del consejo de vigilancia, los gerentes y demás empleados de la sociedad.

Contralor de la calidad de accionista

A los efectos de la individualización de los accionistas que participaran en la asamblea y con su voto expresaran su voluntad en las resoluciones que adopte la sociedad anónima, se ha previsto el cumplimiento de ciertas formalidades previas a dicho acto.

Tales formalidades se refieren en particular al contralor de quienes participaran en la asamblea, a efectos de asegurar que la persona que emitirá el voto es el representante real del capital y consiste en la verificación de su propiedad por el *asiento en el registro de acciones o constancia de las cuentas de escriturales*, librado al efecto por un banco, caja de valores u otra institución autorizada, para su registro en el libro de asistencia a las asambleas.

La sociedad les entregará los comprobantes necesarios, que servirán para la admisión a la asamblea.

Quórum

Llámase *quórum* a la cantidad o proporción de acciones que deben hallarse presente en el acto para que la se considere válida.

Para la determinación del quórum deberá tenerse en cuenta la clase de asamblea a realizar.

Nuestras normas legales han fijado determinados los quórum mínimos, a los cuales deberá sujetarse la constitución de asambleas de sociedades anónimas.

Son ellos:

CONVOCATORIA	ASAMBLEAS ORDINARIAS	ASAMBLEAS EXTRAORDINARIAS
PRIMERA	Mayoría de las acciones	Accionistas: representen el 60%
SEGUNDA	Cualquier número de acciones	Accionistas: representen el 30%

Derecho de receso

La **Ley Nro. 19.550**, en su artículo 245, ha previsto una serie de situaciones en las cuales los accionistas que no estén de acuerdo con algunas resoluciones emanadas de la asamblea de accionistas tienen derecho de separarse de la sociedad, exigiendo el reembolso del valor de sus acciones en proporción al capital social resultante del último balance aprobado.

Dichos accionistas son llamados *disidentes o disconformes*, y los casos en que pueden ejercer tal derecho son los siguientes:

- Cuando se decida la fusión otra sociedad anónima, salvo el caso de disolución anticipada y/o el retiro de los accionistas de la sociedad incorporante en la fusión.
- En el caso de retiro de la oferta pública o de la cotización de las acciones.

El derecho de separarse de la sociedad en tales casos, conocido comúnmente como *derecho de receso*, sólo podrá ser usado por los accionistas que no hubiesen votado favorablemente en la asamblea, dentro del quinto día, y por los ausentes, dentro de los 15 días de la clausura de la asamblea.

ADMINISTRACIÓN Y REPRESENTACIÓN

Número de directores

La administración de la sociedad anónima está a cargo de un directorio designado por la asamblea de accionistas o el consejo de vigilancia, el que estará compuesto de:

- ***Uno o más directores*** para las sociedades anónimas en general.
- ***No menos de tres directores*** para las sociedades anónimas que, de acuerdo con sus características, deban estar sometidas a fiscalización estatal.

Las nuevas disposiciones legales han introducido una clasificación de las sociedades anónimas según sean de familia *(cerradas)* o requieran el concurso de la suscripción pública *(abiertas)*, imponiendo a las mismas distintas exigencias en su misma constitución.

Igual temperamento ha adoptado respecto de la composición del directorio u órgano de representación y administración de la sociedad anónima al autorizar que el mismo pueda ser unipersonal para las cerradas, pero limitando a tres el mínimo de directores para las abiertas.

Respecto del número de directores, la asamblea de accionistas puede encontrarse facultada por el estatuto para determinarlo, pero en tal caso éste deberá especificar el número mínimo y máximo permitido.

La elección de *directores suplentes* para subsanar la falta de los directores por cualquier causa, faculta al o los síndicos para designar reemplazante en caso de vacancia, siempre que el estatuto no prevea otra forma de nombramiento; las designaciones efectuadas por el o los síndicos, en estos casos tendrán una duración limitada hasta la reunión de la próxima asamblea de accionistas.

Designación de directores

Los directores son designados por la asamblea de accionistas, y sólo dicho órgano soberano es el que puede revocar dicha designación, no siendo obligatoria la calidad de accionista para ocupar dicha función.

Los estatutos han de precisar el término por el cual son elegidos, el que no podrá exceder de tres ejercicios, salvo cuando sean designados por el consejo de vigilancia o por expresa disposición del estatuto, en cuyo caso la duración en el cargo podrá extenderse a cinco años.

La elección de los directores puede ser prevista en los estatutos de acuerdo con las siguientes alternativas:

POR MAYORÍA	POR MÁS DEL 50% DE VOTOS EN LA ASAMBLEA
POR CLASES DE ACCIONES	Cuando existan diversas clases de acciones. En estos casos, el estatuto puede prever que cada una de ellas elija uno o más directores, a cuyo efecto reglamentará la elección. Este procedimiento de elección tiene la ventaja de dar representación en el directorio a los distintos grupos de accionistas, muy importantes en caso de fusión o incorporación de nuevos capitales.
POR ACUMULACIÓN DE VOTOS	Permitiendo con ello dar representación minoría en el Directorio al poder sumar sus votos y acumularlos sobre un número menor de cargos a llenar.

Remuneraciones al Directorio

La remuneración de los directores se encuentra fijada comúnmente en los estatutos de la sociedad anónima y, a causa del silencio de éstos, será determinada por la asamblea de accionistas o el consejo de vigilancia, en su caso.

Nuestras disposiciones legales han limitado a un máximo las retribuciones de los miembros del directorio por todo concepto, incluidos sueldos y otras remuneraciones por el desempeño de funciones técnico-administrativas de carácter permanente, que será del siguiente porcentaje sobre las ganancias líquidas y realizadas:

- ***Del 25%*** si se distribuyen dividendos a los accionistas.
- ***Del 5%*** cuando no se distribuyan dividendos a los accionistas, el que podrá será incrementado proporcionalmente a la distribución, hasta alcanzar dicho límite.

En caso de que los directores por el ejercicio de comisiones especiales o de funciones técnico-administrativas, imponga, frente a lo reducido de las ganancias, la necesidad de exceder el porcentaje prefijado, sólo podrán hacerse efectivas tales remuneraciones en exceso si fueran expresamente acordadas por la asamblea de accionistas, debiendo incluirse su tratamiento como uno de los asuntos del orden del día.

Derechos y obligaciones

El directorio podrá delegar las funciones ejecutivas de la administración mediante la designación de gerentes generales o especiales, los cuales pueden ser o no directores, quienes responderán ante la sociedad y los terceros por el desempeño de su cargo en la misma extensión y forma que los directores, sin perjuicio de la responsabilidad que le cabe a éstos por dicha designación.

Nuestro cuerpo legal ha fijado ciertas prohibiciones y limitaciones a los directores que pueden resumirse así:

- No puede celebrar contratos con la sociedad, salvo que sean de la actividad normal de ella.

Si dichos contratos se realizan en las mismas condiciones que la sociedad hubiere contratado con terceros, deberá informar acerca de su participación al directorio y síndico y abstenerse de intervenir en la deliberación; no obstante, dichos contratos podrán ser celebrados con autorización previa de extraordinaria.

- Poner en conocimiento del directorio y los síndicos y abstenerse de intervenir en la deliberación de asuntos en los cuales el director tuviere un interés contrario al de la sociedad.
- No podrá participar por cuenta propia o de terceros en actividad competitiva con las de la sociedad, salvo autorización expresa de la asamblea.
- Responden ilimitada y solidariamente hacia la sociedad, los accionistas y terceros, por el mal desempeño de su cargo.

Deberá reunirse por lo menos, *una vez cada tres meses*, salvo que el estatuto exigiera un número mayor de reuniones y sin perjuicio de las que se deban efectuar por pedido de alguno de los directores.

El quórum para dichas reuniones no podrá ser inferior a la mayoría absoluta de sus integrantes.

FISCALIZACIÓN

Introducción

En razón de que la sociedad anónima es una asociación de capitales cuyos propietarios sólo actúan en la misma a través de un directorio elegido por ellos en asamblea permaneciendo al margen de los negocios sociales, nuestras disposiciones legales han previsto para dicha sociedad un sistema de fiscalización especial a efectos de asegurar el cumplimiento de la ley, los estatutos y el desarrollo de la gestión social dentro de un marco de legalidad.

Dicho control sobre las operaciones sociales y el funcionamiento de la sociedad es aún mayor cuando se trata de aquella que haga oferta pública de sus acciones, otorgando a los accionistas una mayor seriedad y seguridad y seguridad de sus inversiones.

La **Ley Nro. 19.550** ha introducido en sus disposiciones las siguientes clases de fiscalización:

- ***De sus socios en forma individual***, en los casos de sociedades cuyo capital no alcance al mínimo establecido por las disposiciones vigentes y así se encuentre previsto en el estatuto.
- ***Del Consejo de Vigilancia.***
- ***De los síndicos*** (fiscalización privada).
- ***De la autoridad de contralor*** (fiscalización estatal).

Dado la importancia que tienen cada uno de los órganos de fiscalización mencionados, y a los efectos de determinar el alcance y limitaciones de los mismos, pasaremos a referirnos a ellos en forma particular.

Contralor por parte de los accionistas

En igual forma que en las restantes sociedades comerciales, las sociedades anónimas cuyo capital sea inferior al mínimo establecido por la ley y así se encuentre previsto en el estatuto, los socios o accionistas poseen el derecho de controlar o sea examinar los libros y papeles sociales y recabar del administrador los informes que estimen pertinentes.

Pero ese contralor individual no podrá ser ejercido cuando por un aumento de capital éste llegue al límite mencionado anteriormente en cuyo caso la asamblea que lo resuelva (el aumento) deberá también designar síndico, sin que sea necesario reforma alguna del estatuto.

Consejo de Vigilancia

Se introduce en las normas legales a raíz de la sanción de la **Ley Nro. 19.550**, este nuevo órgano de fiscalización, que podrá ser previsto en el estatuto de la sociedad anónima, el cual deberá reglamentar su organización y funcionamiento, y estará integrado por tres a quince accionistas designados por la asamblea, siendo éstos reelegibles y libremente revocables.

La designación de los miembros del *Consejo de Vigilancia* podrá ser realizada también por voto acumulativo; pero en caso de que el estatuto prevea la organización de este consejo, el voto acumulativo no podrá ser usado para la elección de los directores.

Serán funciones del *Consejo de Vigilancia*:

- Fiscalizar la gestión del directorio.
- Puede examinar la contabilidad social, los bienes sociales, realizar arqueos de caja, sea directamente o por peritos que designe, recabar informes sobre contratos celebrados o en trámite de celebración aun cuando no excedan de las atribuciones del directorio.
- Por lo menos trimestralmente, el directorio presentará al consejo informe escrito acerca de la gestión social.
- Convocará a la asamblea de accionistas cuando estime conveniente o lo requieran accionistas que representen por lo menos el 5 % del capital social.
- El estatuto puede prever que determinadas clases de actos o contratos no podrán celebrarse sin su aprobación; denegada ésta, el directorio podrá someterlo a la decisión de la asamblea.
- La elección de los integrantes del directorio, cuando lo establezca el estatuto, sin perjuicio de su revocabilidad por la asamblea de accionistas. En este caso la remuneración será fija y la duración en el cargo podrá extenderse a cinco años.
- Presentar a la asamblea de accionistas sus observaciones sobre la memoria del directorio y los estados contables sometidos a consideración de la misma.
- Designar a una o más comisiones para investigar o examinar cuestiones o denuncias de accionistas o para vigilar la ejecución de sus decisiones.
- Las demás funciones y facultades atribuidas por la ley a los síndicos.

En los casos en que los estatutos hayan organizado el *Consejo de Vigilancia*, la sociedad podrá prescindir de la designación de síndicos, en cuyo caso la actuación que les competiría a éstos será reemplazada por una auditoría anual contratada por el mismo *Consejo de Vigilancia*, cuyo informe resultante sobre los estados contables será sometido a la asamblea, sin perjuicio de las medidas que pueda adoptar dicho consejo.

Síndicos

El o los síndicos cuyo nombramiento está a cargo de la asamblea de accionistas tendrán a su cargo la fiscalización de la sociedad anónima.

No olvidemos lo puntualizado al tratar el contralor individual de los socios en el sentido que la fiscalización por síndico es optativa para las sociedades cuyo capital no alcance el mínimo establecido por ley, siempre que así lo dispongan sus estatutos.

Para ser síndico se requiere:

- Ser abogado o contador público, con título habilitante, o sociedad civil con responsabilidad solidaria constituida exclusivamente por estos profesionales.
- Tener domicilio real en el país.

No podrán ser síndicos:

- Quienes se hallen inhabilitados para ser directores.
- Los directores, gerentes y empleados de la misma sociedad o de otra controlada o controlante.
- Los cónyuges, los parientes por consanguinidad en línea recta, los colaterales hasta el cuarto grado inclusive y los afines dentro del segundo de los directores y gerentes generales.

Respecto del número de síndicos a designar, nuestro cuerpo legal ha fijado lo siguiente:

- Que deberá elegirse igual número de síndicos suplentes que titulares.
- Que cuando la sociedad estuviese sujeta a fiscalización estatal la sindicatura debe ser colegiada en número impar.

La elección y remoción del o los síndicos será decidida por la asamblea de accionistas, a cuyo efecto cada acción dará derecho a un solo voto; sin embargo, el estatuto podrá autorizar que, en caso de existir diversas clases de acciones, a cada una de ellas le corresponda la elección de uno o más síndicos titulares e igual número de suplentes y reglamentará la elección.

En este último caso, la remoción se decidirá por la asamblea de accionistas de la clase de acciones que corresponda.

La función del síndico es remunerada; por lo tanto, no encontrándose esta determinada en el estatuto lo será por la asamblea de accionistas.

Fiscalización estatal

Las sociedades anónimas también se encuentran sujetas a fiscalización estatal en los siguientes casos:

- Cuando hacen oferta pública de acciones o debentures.
- Cuando tienen un capital social superior al que se fije por ley.
- Cuando sean de economía mixta o con participación estatal preponderante.
- Cuando realicen operaciones de capitalización, ahorro o requieran valores al público.
- Cuando exploten concesiones o servicios públicos.
- Cuando se trate de sociedad controlante o controlada sujeta a fiscalización.
- Que la sindicatura, cuando fuese plural, actuará como cuerpo colegiado y se denominará *"comisión fiscalizadora"*

Autoridad de contralor

La *Inspección General de Justicia* es la entidad que actúa como autoridad de contralor de las sociedades por acciones, verificando la constitución de las mismas.

Sin embargo la actividad de dicho órgano en materia fiscalizadora ha sido ampliada en cuanto al funcionamiento, disolución y liquidación de las sociedades anónimas en los casos que estas requieran fiscalización estatal, o sea que reúnan un monto de capital equivalente a lo dispuesto por ley.

Por lo tanto, las sociedades anónimas que no se encuentren incluidas en dicha disposición legal sólo serán fiscalizadas en cuanto a:

- Su contrato constitutivo.
- Sus reformas y variaciones del capital.

O cuando se presenten las siguientes situaciones:

- Ser solicitada dicha fiscalización por accionistas que representen el 10% del capital suscripto o lo requiera cualquier síndico, limitándose la misma a los hechos que funden la presentación.
- Cuando se considere necesario, según resolución fundada, en resguardo del interés público.

SOCIEDAD EN COMANDITA POR ACCIONES

Características

Esta sociedad presenta cierta similitud con la sociedad en comandita simple ya que al igual que en ésta el o los socios comanditados responden por las obligaciones sociales como los socios de la sociedad colectiva y el o los socios comanditarios limitan su responsabilidad al capital que suscriben.

La sociedad en comandita se distingue de la simple en que sólo los aportes de los comanditarios se *representan por acciones* y les caben, en su constitución, las exigencias propias de las sociedades por acciones (publicación del contrato constitutivo e inscripción en el Registro Nacional de Sociedades por Acciones).

En virtud de esta característica, se les otorga una individualidad propia a las sociedades en comandita por acciones, pero están sujetas a las normas establecidas para la sociedad anónima, salvo disposición contraria establecida por la misma ley, cuyas disposiciones principales se refieren a las siguientes:

DENOMINACIÓN	La denominación social se integra con las palabras "sociedad en comandita por acciones", su abreviatura o la sigla SCA haciendo responsables de esta omisión al administrador en forma ilimitada y solidaria por los actos que concertare en esas condiciones.
DECISIONES SOCIETARIAS	Las decisiones sociales serán tomadas en asamblea integrada con los socios de ambas categorías (comanditados y comanditarios) y a cuyo fin la parte de interés de los comanditados se considerarán divididas en partes del mismo valor de las a los efectos del quórum y del voto. A tal efecto el socio administrador tiene voz, pero no voto.

EJERCICIOS DE AUTOEVALUACIÓN

Cuestionario

1) ¿En qué se diferencian las sociedades colectivas, en comandita simple y las de responsabilidad limitada con una en comandita por acciones?
2) ¿Qué es una sociedad en comandita por acciones?
3) ¿Cómo suelen distribuirse las utilidades o pérdidas en una sociedad en comandita por acciones?
4) ¿Quiénes se hacen cargo de las deudas de la sociedad en casos que ésta no pueda satisfacerlas? ¿En qué casos?
5) ¿Cuál es la responsabilidad que asume un socio comanditado en una sociedad en comandita simple y en una por acciones?
6) ¿Cómo se designa el documento que formaliza una sociedad? ¿Qué debe contener?
7) ¿En qué tipo de sociedad todos los socios responden por las obligaciones de la misma en forma solidaria e ilimitada?
8) ¿En qué tipo de sociedad los socios responden por las obligaciones de la misma en forma limitada al aporte que hubieran efectuado?
9) ¿Cómo expresan su voluntad los accionistas de una sociedad anónima?
10) ¿Qué diferencia existe entre una asamblea ordinaria y una extraordinaria?

Completar los datos faltantes y determinar el precio por acción que cobrarán los distintos tipos de acción

Distribución de utilidades en una sociedad anónima

Acciones ordinarias únicamente

Utilidad estimada .... $ 200.000
Capital accionario .... $ 500.000
Utilidad por acción de $ 100 $

Por acción de $ 100 cobrarán:
Preferidas .... $
Ordinarias .... $

Si existen acciones preferidas y ordinarias

Utilidad estimada .... $ 200.000

Capital accionario:
Acciones ordinarias .... $ 300.000
Acciones preferidas al 25% $ 200.000

Utilidades:
Acciones preferidas .... $
Acciones ordinarias .... $

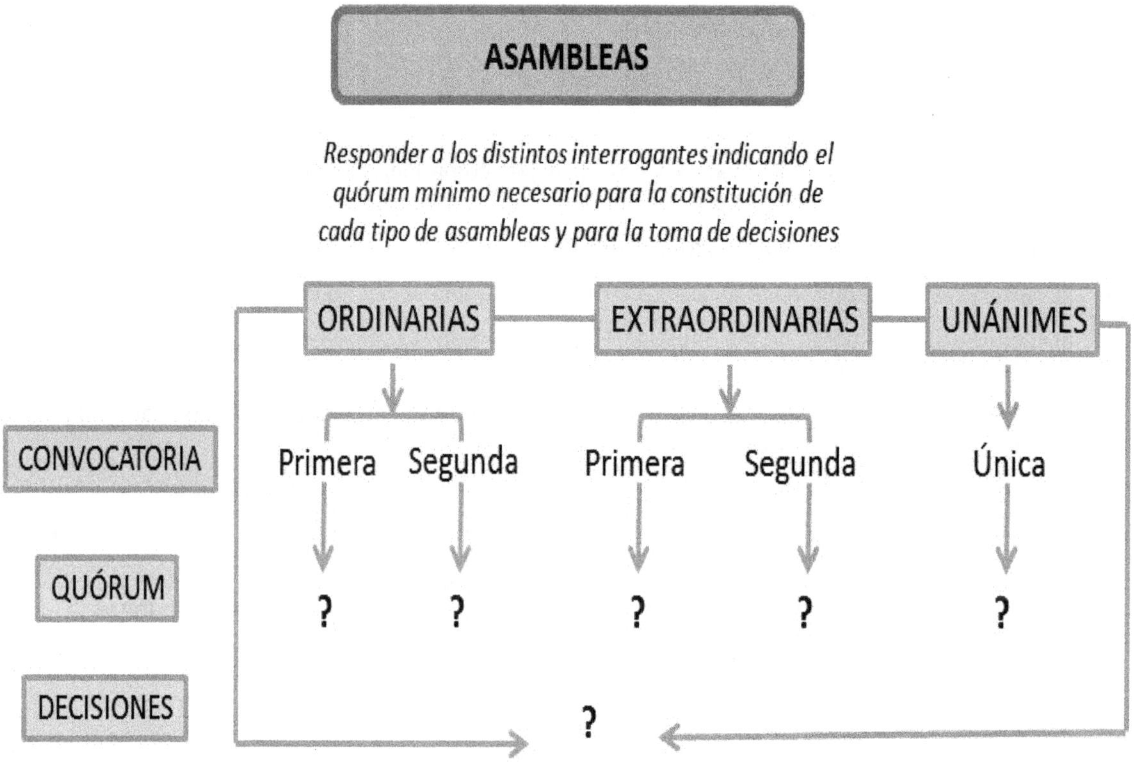
ASAMBLEAS
Responder a los distintos interrogantes indicando el quórum mínimo necesario para la constitución de cada tipo de asambleas y para la toma de decisiones
ORDINARIAS
EXTRAORDINARIAS
UNÁNIMES
CONVOCATORIA
Primera
Segunda
Primera
Segunda
Única
QUÓRUM
?
?
?
?
?
DECISIONES
?

CAPÍTULO 4

Otras formas societarias

ASOCIACIONES CIVILES

Conceptualización

Las asociaciones civiles al igual que las fundaciones se encontraban legisladas en el anterior Código Civil han sido incorporadas al nuevo Código Civil y Comercial Unificado en dos capítulos (2 y 3) del Título II del Libro Primero, sobre cuyas disposiciones nos referimos a continuación y en forma particular.

Nuestro Código Unificado se refiere a las asociaciones cuando las incluye entre las personas jurídicas privadas y, por consiguiente, capaces de adquirir derechos y contraer obligaciones, siempre que tengan un objeto que no sea contrario al interés general o al bien común ni perseguir el lucro como fin principal para sus miembros o terceros".

Ese interés general se interpreta dentro del respeto a las diversas identidades, creencias y tradiciones, sean culturales, religiosas, artísticas, literarias, sociales, políticas o étnicas que no vulneren los valores constitucionales.

En realidad, el término asociación es una designación muy genérica que comprende distintos tipos; sin embargo, debemos hacer una distinción con las sociedades dado que:

- La **asociación** es un vínculo voluntario, duradero y organizado de personas, que aportan bienes y trabajo en común con el fin de alcanzar un objetivo común sin fines de lucro.
- En cambio, en las **sociedades**, su objetivo principal es obtener utilidades para ser distribuidas entre los socios; o sea que las mismos persiguen un fin de carácter económico.

Por ello, cualquier asociado que se retire de una asociación no puede pretender la entrega de su aporte ni las ganancias acumuladas si hubiere; en cambio, el socio de una sociedad goza de ese derecho en los casos que corresponda.

Incluso la organización de una asociación es mucho más flexible que la de una sociedad, que debe ajustase a su contrato social o sus estatutos.

El acto constitutivo de la asociación civil cuyo contenido puede ser consultado en el artículo 170 del Código Unificado, debe ser otorgado por instrumento público y ser inscripto en el registro correspondiente una vez otorgada la autorización estatal para funcionar; hasta la inscripción se aplican las normas de la simple asociación.

Tipos de asociaciones

SIMPLES O SIMPLES ASOCIACIONES	Son aquellas que, constituidas de acuerdo con las disposiciones especiales del Código para las asociaciones civiles, no se encuentren inscriptas en el Registro respectivo. Por ello al nombre con el cual se identifiquen deberá agregársele, antepuesto o pospuesto, el aditamento "simple asociación" o "asociación simple".
ASOCIACIONES CIVILES	Son aquellas constituidas por escritura pública o por instrumento privado con firma certificada por escribano público e inscriptas en el Registro correspondiente, una vez otorgada la autorización estatal para funcionar, pues hasta que se realice dicha inscripción se aplicarán para ellas las normas existentes de una simple asociación.

Funcionamiento

COMISIÓN DIRECTIVA	Los integrantes de la comisión directiva deben ser asociados; el derecho de los asociados a participar en la comisión directiva no puede ser restringido abusivamente. El estatuto debe prever los siguientes cargos y, sin perjuicio de la actuación colegiada en el órgano, definir las funciones de cada uno de ellos: presidente, vicepresidente, secretario, prosecretario, tesorero, protesorero. Los demás miembros de la comisión directiva tienen carácter de vocales. A estos efectos se denomina directivos a todos los miembros titulares y suplentes de la comisión directiva. En el acto constitutivo se debe designar a los integrantes del primer consejo directivo.
FISCALIZACIÓN	El estatuto puede prever que la designación de los integrantes del órgano de fiscalización recaiga en personas no asociadas. En el acto constitutivo se designa a los integrantes del primer órgano de fiscalización. La fiscalización privada de la asociación está a cargo de uno o más revisores de cuentas. La comisión revisora de cuentas es obligatoria en las asociaciones con más de CIEN (100) asociados. Los integrantes del órgano de fiscalización no pueden ser al mismo tiempo integrantes de la comisión ni certificantes de los estados contables de la asociación. Estas incompatibilidades se extienden a los cónyuges, convivientes, parientes, incluidos los por afinidad, en línea recta en todos los grados, y colaterales dentro del cuarto grado.
CONTROL ESTATAL	Las asociaciones civiles requieren una autorización para funcionar y se encuentran sujetas a contralor permanente de la autoridad competente, nacional o local, según corresponda.

ASOCIACIONES SIMPLES O SIMPLES ASOCIACIONES

La simple asociación comienza su existencia como persona jurídica a partir de la fecha del acto constitutivo.

El acto constitutivo de la simple asociación debe ser otorgado por escritura pública o por instrumento privado con firma certificada por escribano público.

Al nombre debe agregársele, antepuesto o pospuesto, el aditamento *"simple asociación"* o *"asociación simple"*.

Las simples asociaciones con menos de VEINTE (20) asociados pueden prescindir del órgano de fiscalización; no obstante, todo miembro, aun excluido de la gestión, tiene derecho a informarse sobre el estado de los asuntos y de consultar sus libros y registros ya que subsiste la obligación de certificación de sus estados contables.

En caso de insuficiencia de los bienes de la asociación simple, el administrador y todo miembro que administre de hecho los asuntos de la asociación es solidariamente responsable de las obligaciones de la simple asociación que resulten de decisiones que han suscripto durante su administración.

Los bienes personales de cada una de esas personas no pueden ser afectados al pago de las deudas de la asociación, sino después de haber satisfecho a sus acreedores individuales.

El fundador o asociado que no intervino en la administración de la simple asociación no está obligado por las deudas de ella, sino hasta la concurrencia de la contribución prometida o de las cotizaciones impagas.

FUNDACIONES

Las fundaciones son personas jurídicas que se constituyen con una finalidad de bien común, sin propósito de lucro, mediante el aporte patrimonial de una o más personas, destinado a hacer posibles sus fines.

Conceptualización

Para existir como tales requieren necesariamente constituirse mediante instrumento público y solicitar y obtener autorización del Estado para funcionar.

Si el fundador es una persona humana, puede disponer su constitución por acto de última voluntad.

Desde un punto de vista conceptual se conoce a una *fundación* como la acción y el efecto de *fundar* o dar origen una idea de bien común; desde el punto de vista jurídico, las fundaciones son:

- Personas jurídicas.
- Se constituyen con una finalidad de bien común.
- No tienen propósito de lucro.
- Tienen el aporte patrimonial de una o más personas, destinado a hacer posibles sus fines.

No obstante, se han resuelto también favorablemente los pedidos de autorización si de los antecedentes de los fundadores o de los servidores de la voluntad fundacional comprometidos por la entidad a crearse, y además de las características del programa a desarrollar, resulta la aptitud potencial para el cumplimiento de los objetivos previstos en los estatutos.

Patrimonio inicial

El patrimonio inicial de toda fundación debe posibilitar el cumplimiento de los fines propuestos estatutariamente (requisito indispensable para obtener la autorización estatal), por lo cual debe ser donado a la misma en el acto de su constitución; ello no obsta que pueda ser complementado con algún compromiso de aportes de integración futura de sus fundadores o terceros.

Constitución

En cuanto a las formalidades exigidas las fundaciones deben constituirse por instrumento público o privado, el cual debe ser otorgado por los fundadores o apoderado con poder especial si se lo hace por acto entre vivos, o por el autorizado por el juez del sucesorio, si lo es por disposición de última voluntad.

Dicho instrumento deberá ser presentado a la autoridad de contralor para su aprobación.

En el mismo instrumento se deben designar los integrantes del primer consejo de administración y las personas facultadas para gestionar la autorización para funcionar.

Responsabilidad de fundadores y administradores

Los fundadores y administradores de toda fundación son solidaria responsables frente a terceros por las obligaciones contraídas hasta haber obtenido la autorización.

Los bienes personales de cada uno de ellos pueden ser afectados al pago de esas deudas sólo después de haber satisfechos sus acreedores individuales.

Gobierno y administración

CONSEJO DE ADMINISTRACIÓN	El gobierno y administración de las fundaciones está a cargo de un consejo de administración, integrado por un mínimo de tres personas humanas. Tiene todas las facultades necesarias para el cumplimiento del objeto de la fundación, dentro de las condiciones que establezca el estatuto.
COMITÉ EJECUTIVO	El estatuto puede prever la delegación de facultades de administración y gobierno a favor de un comité ejecutivo integrado por miembros del consejo de administración o por terceros, el cual debe ejercer sus funciones entre los períodos de reunión del consejo, y con rendición de cuentas a él. Puede también delegar facultades ejecutivas en una o más personas humanas, sean o no miembros del consejo de administración.
REUNIONES	El estatuto debe prever el régimen de reuniones ordinarias y extraordinarias del consejo de administración, y en su caso, del comité ejecutivo si es pluripersonal, así como el procedimiento de convocatoria. El quórum debe ser el de la mitad más uno de sus integrantes. Debe labrarse en libro especial acta de las deliberaciones de los entes mencionados, en la que se resuma lo que resulte de cada convocatoria con todos los detalles más relevantes de lo actuado. Las decisiones se toman por mayoría absoluta de votos de los miembros presentes, excepto que la ley o el estatuto requieran mayorías calificadas. En caso de empate, el presidente del consejo de administración o del comité ejecutivo tiene doble voto.
REFORMA DEL ESTATUTO	Excepto disposición contraria del estatuto, las reformas requieren por lo menos el voto favorable de la mayoría absoluta de los integrantes del consejo de administración y de los dos tercios en los supuestos de modificación del objeto, fusión con entidades similares y disolución. La modificación del objeto sólo es procedente cuando lo establecido por el fundador ha llegado a ser de cumplimiento imposible.

Las fundaciones deben destinar la mayor parte de sus ingresos al cumplimiento de sus fines.

La acumulación de fondos debe llevarse a cao únicamente con objetos precisos, tales como la formación de un capital suficiente para el cumplimiento de programas futuros de mayor envergadura, siempre relacionados al objeto estatutariamente previsto.

En estos casos debe informarse a la autoridad de contralor en forma clara y concreta, sobre esos objetivos buscados, la factibilidad material de su cumplimiento.

De igual manera las fundaciones deben informar de inmediato a la autoridad de contralor la realización de gastos que importen una disminución apreciable de su patrimonio.

SOCIEDADES COOPERATIVAS

Concepto

De acuerdo con su propia denominación estas sociedades persiguen un fin de *cooperación entre los socios* que la forman; se reemplaza el interés individual del asociado por el interés general de la sociedad que ellos han formado.

Tal es así, que la actividad principal se orienta a la realización de negocios con sus mismos socios, pudiendo consistir en la venta de mercaderías de su propio consumo, adquisición de bienes por ellos producidos, etc.; tales actividades distinguen las distintas clases de sociedades cooperativas que veremos más adelante.

La especial característica de esta sociedad de responder al interés común de los asociados y de tratar exclusivamente con ellos en sus actividades específicas, le otorgan aspectos particulares tanto al capital como a los beneficios que se obtienen; en efecto:

El capital aportado por los socios no percibe dividendos, sólo obtiene un interés si las circunstancias lo permiten.

Los beneficios que obtienen las sociedades cooperativas se distribuyen en forma proporcional a la actividad de los socios que los ha generado.

Distintas clases

El objetivo de cooperación entre los asociados de una sociedad cooperativa puede ser manifestado de distintas maneras, lo cual da lugar a las distintas clases de cooperativas existentes, entre las que mencionaremos las siguientes, entre las de mayor desarrollo:

DE CONSUMO	Estas cooperativas tienen por objeto la adquisición de bienes para el consumo de los asociados; la compra de los mismos, en grandes cantidades, permiten obtenerlos a precios inferiores a los que podrían ser obtenidos por aquéllos en forma individual.
DE PRODUCCIÓN	En estas asociaciones los socios venden a la cooperativa los productos de su propia producción y ésta trata de venderlos en condiciones mucho más ventajosas que las que aquéllos podrían haberlo hecho en forma individual. Este tipo de cooperativas se impone para aquellas actividades en las cuales es necesario contar con una costosa organización de ventas cuyos gastos no pueden ser soportados así en forma común por todos los asociados. La distribución de los beneficios resultantes es realizada en proporción al volumen de producción suministrada por cada asociado a la cooperativa.

DE CRÉDITO	Son sociedades que buscan una mejor distribución y utilización de los capitales que los asociados aportan, efectuando préstamos a los propios asociados y obteniendo un interés sobre los mismos. Los beneficios que se obtienen, resultantes de la colocación de esos capitales, se distribuyen entre los asociados en proporción a los capitales aportados por cada uno.
DE SEGURO	La concentración de los seguros de sus asociados es la base de estas cooperativas que cubren los riesgos respectivos mediante el cobro de las correspondientes primas; aseguran riesgos de distinta índole como muerte, accidentes, incendio, etc. Los beneficios son repartidos al finalizar cada ejercicio en proporción a las primas de seguro abonadas durante el mismo por cada asociado.
DE EDIFICACIÓN	Estas sociedades no son otra cosa que cooperativas de crédito dedicadas exclusivamente a préstamos hipotecarios que son facilitados a sus asociados para la construcción de sus viviendas.

Régimen legal

Las disposiciones contenidas en nuestro Código de Comercio en los artículos 392 al 394 fueron derogados por la ley 11.388, que fue llamada *Ley de Cooperativas*, pues contenía las disposiciones fundamentales que rigen su funcionamiento y liquidación.

Sin embargo, la posterior sanción de la *Ley de Sociedades Comerciales* **(Nº 19.550)** determinó la conveniencia de actualizar las disposiciones de aquella ley con el fin de evitar que por vía de la aplicación supletoria de las disposiciones de esta última, se introdujeran modificaciones al régimen de las cooperativas que no compatibilizaran con la naturaleza propia de estas entidades.

Por ello se sancionó la **Ley Nº 20.377** el 2-5-73 que reemplaza a la anterior Nº 11.388 e incorpora disposiciones de la **Ley Nº 19.219** respecto de las Sociedades Cooperativas.

Dentro de la brevedad impuesta por este curso nos hemos de referir a continuación a las principales normas de la nueva ley.

Características

Las cooperativas son entidades fundadas en el esfuerzo propio y ayuda mutua para organizar y prestar servicios, que reúnen los siguientes caracteres:

1) Tienen capital variable y duración ilimitada.

2) No ponen límite estatutario al número de asociados ni al capital.

3) Conceden un solo voto a cada asociado, cualquiera sea el número de sus cuotas sociales y no otorgan ventaja ni privilegio alguno a los iniciadores, fundadores y consejeros, ni preferencia a parte alguna del capital.

4) Reconocen un interés limitado a las cuotas sociales, si el estatuto autoriza aplicar excedentes a alguna retribución al capital.

5) Cuentan con un número mínimo de 10 asociados, salvo las excepciones que expresamente admitiera la autoridad de aplicación lo previsto para las cooperativas de grado superior.

6) Distribuyen los excedentes en proporción al uso de los servicios sociales.

7) No tienen como fi n principal ni accesorio la propaganda de ideas políticas, religiosas, de nacionalidad, región o raza, ni imponen condiciones de admisión vinculadas con ellas.
8) Fomentan la educación cooperativa.
9) Prevén la integración cooperativa.
10) Prestan servicios a sus asociados y a no asociados en las condiciones que para este último caso establezca la autoridad de aplicación.
11) Limitan la responsabilidad de los asociados al monto de las cuotas sociales suscriptas.
12) Establecen la irrepartibilidad de las reservas sociales y el destino desinteresado del sobrante patrimonial en casos de liquidación.

Denominación

La denominación social debe incluir los términos *cooperativa y limitada* o sus abreviaturas, no pudiendo adoptar denominaciones que induzcan a suponer un campo de operaciones distinto del previsto por el estatuto.

Constitución

Se constituyen por acto único y por instrumento público o privado labrándose acta que debe ser suscrita por todos los fundadores.

El estatuto debe contener, sin perjuicio de otras disposiciones:

1) La denominación y el domicilio.
2) La designación precisa del objeto social.
3) El valor de las cuotas sociales y del derecho de ingreso si lo hubiera expresado en moneda argentina.
4) La organización de la administración y la fiscalización y el régimen de las asambleas.
5) Las reglas para distribuir los excedentes y soportar las pérdidas.
6) Las condiciones de ingreso, retiro y exclusión de los asociados.
7) Las cláusulas necesarias para establecer los derechos y obligaciones de los asociados.
8) Las cláusulas atinentes a la disolución y liquidación.

Pueden ser asociadas las personas físicas mayores de 18 años, los menores de edad por medio de sus representantes legales y los demás sujetos de derecho, inclusive las sociedades por acciones, siempre que reúnan los requisitos establecidos por el estatuto.

Dentro de tales supuestos el ingreso es libre, pero podrá estar supeditado a las condiciones derivadas del objeto social.

Los asociados pueden retirarse voluntariamente en la época establecida en el estatuto, o en su defecto, al finalizar el ejercicio social dando aviso con 30 días de anticipación.

Capital

El capital se constituye por cuotas sociales indivisibles y de igual valor, las que pueden transferirse sólo entre asociados y con acuerdo del Consejo de Administración en las condiciones que determine el estatuto.

Balances

Anualmente se confeccionará inventario, balance general, estado de resultados y demás cuadros anexos, destinándose el excedente repartible a:

- 5% a reserva legal.

- 5 % al fondo de acción asistencial y laboral o para estímulo del personal.

- 5% al fondo de educación y capacitación cooperativa.

-Una suma indeterminada para pagar un interés a las cuotas sociales si lo autoriza el estatuto, que no excederá en más de un punto al que cobra el Banco de la Nación Argentina en operaciones de descuento.

-El resto para su distribución entre los asociados en concepto de retorno.

Asambleas

Las asambleas podrán ser:

ORDINARIAS	Deben realizarse dentro de los 4 meses siguientes a la fecha de cierre del ejercicio para considerar los estados contables, elegir consejeros y síndico, y sin perjuicio de los demás asuntos incluidos en el orden del día.
EXTRAORDINARIAS	Tendrán lugar toda vez que lo disponga el consejo de administración, el síndico o cuando lo soliciten asociados cuyo número equivalga por lo menos al 10% del total.

Administración

La administración estará a cargo de un consejo de administración elegido por la asamblea con la periodicidad, forma y número previstos en el estatuto, los cuales deben ser asociados y no menos de tres.

Fiscalización

La fiscalización privada está a cargo de uno o más síndicos también elegidos por la asamblea entre los asociados, eligiéndose un número no menor de suplentes; cuando éstos sean más de uno actuarán como cuerpo colegiado bajo la denominación de *Comisión Fiscalizadora*.

La fiscalización pública está a cargo de la autoridad de aplicación *(Instituto Nacional de Acción Cooperativa)*, que será ejercida por sí o a través de un convenio con el órgano local competente.

EJERCICIOS DE AUTOEVALUACIÓN

Cuestionario

1) ¿Qué destino tienen las utilidades de una sociedad cooperativa?
2) ¿Dentro de qué plazo luego del cierre de ejercicio se realizan las asambleas ordinarias en una cooperativa y cuál es su objeto?
3) ¿Cuándo se llevan a cabo las asambleas extraordinarias en una sociedad cooperativa?
4) ¿Cómo se administra una sociedad cooperativa?
5) ¿Cómo se lleva a cabo la fiscalización de una sociedad cooperativo?
6) ¿Qué es una asociación y en qué se diferencia de una sociedad?
7) ¿Qué es una fundación y cómo se forma su patrimonio inicial?
8) ¿En que se diferencia una asociación simple de una asociación civil?

CAPÍTULO 5

Registro contable

INTRODUCCION

Las distintas características que presentan los diferentes tipos de sociedades y asociaciones, tanto civiles como comerciales, que hemos visto en los capítulos anteriores, en lo que respecta a su constitución, aportes y formas de distribución de utilidades, nos obligan a estudiar las distintas particularidades que presenta su registración contable, que permita diferenciar sus aspectos esenciales.

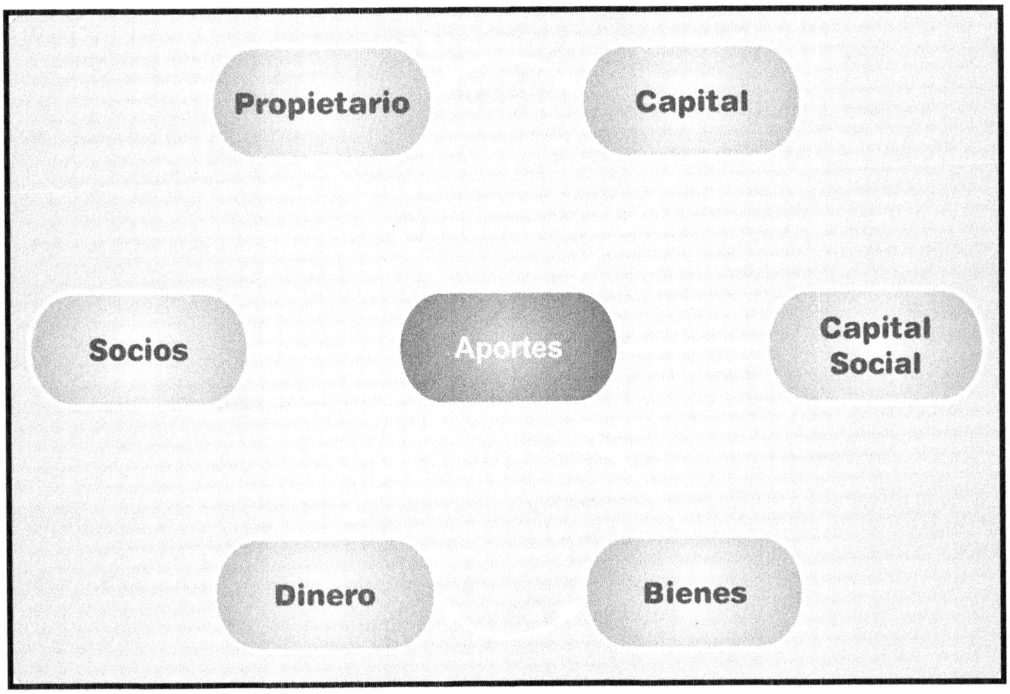

CONSTITUCIÓN DE LA EMPRESA

Su registración tiene por objeto asentar la formalización de la sociedad mediante un asiento de apertura de los libros de contabilidad, en el cual consta el tipo de sociedad o asociación de que se trate y la forma en que sus socios aportarán el capital necesario para llevar a cabo los fines propuestos.

Dos aspectos fundamentales deben tenerse en cuenta a tales efectos:

- El tipo de sociedad y el carácter del socio que la compone (en particular la responsabilidad que asumen (limitada o ilimitada a sus aportes, solidaria, subsidiaria).

- La forma en que llevarán a cabo sus aportes (en dinero o en bienes). Acerca de estos últimos hemos confeccionado el siguiente cuadro que nos permite conocer las diversas características de los mismos.

POR SU RELACIÓN EN LA SOCIEDAD	Cuando los socios de una sociedad comercial aportan capitales en igual proporción, se dice que han aportado capitales iguales. En el caso de que algunos realicen aportes de mayor o menor importe que otros, estamos en presencia de aportes desiguales. Esta clasificación de aportes resulta de indudable importancia cuando se trata de distribuir los resultados que arrojen las actividades comerciales de la sociedad.
POR SU FORMA	La incorporación de los capitales individuales de los socios a la sociedad puede ser realiza de la siguiente forma: • En dinero: o sea en efectivo o valores equivalentes (cheques). • En bienes: aporte también llamado en especie, cuando se transfieren a la sociedad elementos o cosas cuyo valor se asigna en el mismo contrato social.
POR SU NATURALEZA	Los aportes efectuados por los socios pueden clasificarse, de acuerdo con su naturaleza en: • Activos, cuando se trata de valores o bienes que el socio posee o le deben y cuya transferencia realiza a la sociedad como aporte de capital. • Pasivos, cuando se transfieren deudas contraídas por el socio de las que se hará cargo la sociedad. Este tipo de aportes se realiza solamente cuando va acompañado de otros de naturaleza activa por un monto mayor.
POR EL COMPROMISO ASUMIDO	Los socios pueden realizar sus aportes a la sociedad, y siempre que así lo convengan en el contrato social, de una sola vez o en importes fraccionados, recibiendo éstos la designación de aportes totales o parciales, respectivamente.
POR SU GRADO DE DISPONIBILIDAD	De acuerdo con la forma en que la sociedad puede disponer de los aportes efectuados por los socios para su desenvolvimiento comercial, pueden ser realizados: • De inmediato o integrados: son aquellos aportes que se incorporan total y simultáneamente con la constitución de la sociedad. • En suspenso o comprometidos: constituyen aportes o parte de ellos que el socio se obliga a aportar a la sociedad con posterioridad al acto de constitución o mediante la transferencia de créditos a su favor no vencidos y cuya cobranza realizará la sociedad.

Recordemos que, en nuestro curso anterior, cuando se trataba de un negocio de un comerciante individual (unipersonal) su aporte era realizado en dinero en efectivo (al contado); el asiento que registraba ese hecho era redactado de la siguiente manera:

CAJA	500.000	
a CAPITAL		500.000
Por el aporte de capital en efectivo realizado en la fecha para la iniciación del negocio de artículos del hogar.		

Es decir que, la realización del aporte y su contabilización eran simultáneas y la titularidad del monto aportado era exclusivamente de una sola persona que se identificaba con la cuenta CAPITAL.

En cambio, cuando se trata de sociedades comerciales como las que hemos visto, en la constitución formal de la sociedad llevada a cabo mediante la suscripción del respectivo contrato, los socios se obligan, por dicho acto, asumir determinadas responsabilidades e integrar el aporte comprometido.

Esas circunstancias obligan, entonces, a registrar tanto el acto de constitución y sus aportes, que veremos través del siguiente ejemplo:

Se constituye una sociedad colectiva entre N.N. y Z.Z. con un capital de $500.000, aportado en dinero efectivo y por partes iguales.

N.N., CUENTA APORTE	250.000	
Z.Z., CUENTA APORTE	250.000	
a CAPITAL SOCIAL		500.000
Para contabilizar el contrato de sociedad colectiva N.N. y Z.Z y Compañía, asentando los respectivos compromisos de aporte de los socios.		

Dicho asiento de apertura de libros, se complementa con el o los correspondientes a la integración de los aportes comprometidos por los socios en el respectivo contrato social, que tienen por objeto registrar el ingreso de valores o bienes activos o pasivos que realicen los socios en cumplimiento de su obligación social, de acuerdo con el compromiso asumido (en dinero, en bienes, en créditos a cobrar, etc.).

A tales fines, hemos redactado los siguientes ejemplos utilizando las cuentas de socios que corresponden a una sociedad colectiva:

MUEBLES Y ÚTILES	100.000	
MERCADERÍAS	320.000	
MAQUINARIAS	80.000	
a N.N., CUENTA APORTE		250.000
a Z.Z., CUENTA APORTE		250.000
Para contabilizar el aporte en bienes realizado por los socios de acuerdo con el compromiso asumido en el contrato social.		

DOCUMENTOS A COBRAR	250.000	
M. García 100.000		
Gómez Hnos. 150.000		
DEUDORES	250.000	
A. Gandolfo 130.000		
C. Domínguez 120.000		
a N.N., CUENTA APORTE		250.000
a Z.Z., CUENTA APORTE		250.000
Para contabilizar la transferencia de valores en suspenso aportados por los socios a cuenta de sus respectivos aportes.		

CAJA	500.000	
a DOCUMENTOS A COBRAR		250.000
a DEUDORES		250.000

Los asientos anteriores responden, como hemos anticipado, al caso de una sociedad colectiva; no obstante, son comunes a los restantes tipos de sociedad comercial para las distintas formas de integración de los aportes.

Sin embargo, las denominaciones de las cuentas de los socios difieren según se trate de algunas sociedades como en comandita simple y por acciones, en la cuales debemos distinguir la existencia de dos tipos de socios, comanditados y comanditarios, o las de capital e industria cuyo socio industrial no participa en las decisiones societarias, o el caso de las anónimas cuyos socios se denominan accionistas y toman sus decisiones en asambleas.

O sea que, en vez de utilizarse la cuenta N.N., cuenta aporte (empleada en nuestros ejemplos para los socios colectivos) se suelen emplear las siguientes para los restantes tipos de sociedades comerciales:

NOMBRE DE LA CUENTA	EN CASO DE SOCIEDAD
N.N., socio comanditario cuenta aporte	En comandita simple En comandita por acciones
Z.Z. socio comanditado cuenta aporte	En comandita simple En comandita por acciones
N.N., socio capitalista cuenta aporte	De capital e industria
N.N., cuotas sociales	De responsabilidad limitada
Accionistas	Anónima

CUENTAS PARTICULARES

Entre la sociedad comercial y sus socios, sobre todo en las de personas, suelen crearse también otras relaciones económicas aparte de las que se refieren a sus obligaciones contractuales de realizar aportes de capital y/o la forma de integrarlos.

Tal es el caso de los retiros de dinero que pueden realizar para atender a las necesidades de su subsistencia o la utilización de las utilidades que les sean acreditadas al cierre de cada ejercicio económico.

Lógico es, pues, que las anotaciones contables no confundan esos conceptos con aquellos que se derivan del cumplimiento de su compromiso de aporte, dado la distinta naturaleza de ellos.

De allí entonces que suelan utilizarse, para representar contablemente ambos conceptos, dos cuentas perfectamente diferenciadas:

- **N.N., cuenta particular**, para representar su compromiso de aporte y la posterior integración del mismo.
- **GASTOS PARTICULARES**, para distinguir todo tipo de retiro de dinero o la utilización de su participación en los resultados, que no hayan sido destinados a incrementar el capital de la empresa.

A manera de ejemplo, trataremos a continuación distintos casos:

Ejemplo I – Retiros mensuales de los socios

N.N., CUENTA PARTICULAR	30.000	
Z.Z., CUENTA PARTICULAR	40.000	
a CAJA		70.000
Para contabilizar los retiros efectuados por los socios a fin de mes.		

Ejemplo II - Distribución del resultado

Nuestra legislación respeta la voluntad de los socios manifestada en el contrato social en cuanto a la forma en que se distribuirán las utilidades o soportarán las pérdidas resultantes de las actividades de la sociedad.

En la generalidad de los contratos de sociedad, los socios se han inclinado, a los efectos de la distribución de los resultados que se obtengan, por alguno de los siguientes procedimientos:

- Por la distribución proporcional al capital aportado.
- Mediante la aplicación de un porcentaje determinado sobre el monto de las utilidades o pérdidas, convenido de antemano en el contrato social.

Para una mejor comprensión, pasaremos a desarrollar ejemplos representativos de dichos procedimientos; para ello supongamos que los socios de una sociedad determinada concurren a ella con los siguientes aportes:

Socio A, aporta la suma de	100.000
Socio B, aporta la suma de	150.000
Socio C, aporta la suma de	250.000
Total aportado	500.000

Y que, al finalizar el ejercicio, se ha obtenido una utilidad de $ 200.000 que, conforme al primer procedimiento (distribución proporcional), se dividiría en la siguiente forma:

Para el Socio A =	$\frac{100.000 \times 200.000}{500.000}$	= 40.000
Para el Socio B =	$\frac{150.000 \times 200.000}{500.000}$	= 60.000
Para el Socio C =	$\frac{250.000 \times 200.000}{500.000}$	= 100.000
Utilidad distribuida		= 200.000

Su registración contable, en el caso de una sociedad colectiva, sería realizada de la siguiente manera:

GANANCIAS Y PÉRDIDAS	200.000	
Socio A, cuenta particular		40.000
Socio B, cuenta particular		60.000
Socio C, cuenta particular		100.000
Para distribuir la utilidad del ejercicio a los socios en función del capital aportado.		

En cambio, aplicando un porcentaje determinado sobre la utilidad se prescinde del monto aportado por cada uno de los socios a la sociedad, aplicándose el mismo sobre la ganancia o pérdida habida; lógicamente, dicho porcentaje deberá constar en el respectivo contrato social.

A efectos de un ejemplo numérico, supondremos que en el respectivo contrato se hubieran establecido los siguientes porcentajes a los efectos de la distribución de utilidades o pérdidas:

Para el socio A el 25%
Para el socio B el 35%
Para el socio C el 40%

Si la utilidad del ejercicio arrojara la suma de $ 300.000, el cálculo de distribución se efectuará como sigue:

Para el socio A =	25% s/300.000	= 75.000
Para el socio B =	35% s/300.000	= 105.000
Para el socio C =	40% s/300.000	= 120.000
Utilidad distribuida		= 300.000

Y el asiento correspondiente a dicha distribución sería redactado de la siguiente manera:

GANANCIAS Y PÉRDIDAS	300.000	
Socio A, cuenta particular		75.000
Socio B, cuenta particular		105.000
Socio C, cuenta particular		120.000
Para distribuir la utilidad del ejercicio a los socios de acuerdo con la participación que les corresponde de acuerdo con el contrato social.		

Resulta obvio destacar que, en caso de existir pérdidas en lugar de beneficios, los cálculos, en ambos procedimientos, serían idénticos y los asientos correspondientes serían redactados así:

Socio A, cuenta particular	75.000	
Socio B, cuenta particular	105.000	
Socio C, cuenta particular	120.000	
GANANCIAS Y PÉRDIDAS		300.000
Para debitar en la cuenta de los socios la parte que le deben soportar por la pérdida del ejercicio, por la participación en los resultados establecida en el contrato social.		

Dado la diversidad de los movimientos que pueden hacerse en las cuentas particulares, su saldo representará en qué relación se encuentran respecto de la sociedad, pudiendo asumir las siguientes variantes:

- Saldo deudor: demostrará el valor que el socio adeuda a la sociedad como consecuencia de haber realizado mayores retiros que entregas o acreditación de utilidades. El saldo deudor podrá significar asimismo la transferencia de pérdidas habidas en la actividad comercial.
- Saldo acreedor: representará que las entregas efectuadas por el socio a la sociedad en concepto de préstamos, o las utilidades que le fueran acreditadas, son superiores a los retiros que ha efectuado por todo concepto. En consecuencia, la sociedad adeudará al socio el saldo que arroje la cuenta.

A continuación, resumimos en el siguiente cuadro los distintos casos que pueden presentarse en los cuales se han utilizado las cuentas correspondientes a cada tipo de sociedad:

Compromiso de aportar capital	ACCIONISTAS CAPITAL SOCIAL	N.N., cts. Aporte Z.Z., cta. Aporte CAPITAL SOCIAL
Integración en dinero efectivo	CAJA ACCIONISTAS	CAJA N.N., cta. Aporte Z: Z., cta. Aporte
Integración en especie	BIENES ACCIONISTAS	BIENES N.N. cta. Aporte Z. Z: , cta. Aporte
Distribución de resultados	GANANCIAS Y PÉRDIDAS DIVIDENDOS A PAGAR	GANANCIAS Y PÉRDIDAS N.N., cta. Particular Z: Z: , cta. Particular
Pago de Resultados dinero efectivo	DIVIDENDOS A PAGAR CAJA	N.N., cta. Particular N.N., cta, particular CAJA
Capitalización de resultados	DIVIDENDOS A PAGAR CAPITAL SOCIAL	N.N., cta Particular Z.Z., cta. Particular CAPITAL SOCIAL

EJERCICIO DE AUTOEVALUACIÓN

Registro contable de sociedades

Hemos resumido en este ejercicio todos los aportes de capital, integración del mismo por los socios, distribución de los resultados que se obtengan y el pago o capitalización de los mismos teniendo en cuenta el tipo de sociedad, o sea si se trata de una sociedad de personas o de capitales.

A tal efecto, hemos diseñado el siguiente cuadro en el cual el alumno deberá confeccionar el modelo de asiento que debería registrar en un Libro Diario utilizando las cuentas que correspondan en cada caso, en cuyos bloques el alumno deberá redactar los respectivos asientos de acuerdo a los conocimientos asimilados en las clases teóricas.

Operación	Sociedades de Capital	Sociedad de personas
Compromiso de aportar capital		
Integración en dinero en efectivo		
Integración de especie		
Distribución de resultados		
Pago de resultados en efectivo		
Capitalización de resultados		

CAPÍTULO 6

Actividades de las organizaciones

DISTINTAS ACTIVIDADES

La administración de las operaciones de una empresa u organización presenta distintos aspectos según se trate de las actividades que ellas realizan, pues el proceso que se desarrolla como consecuencia de ellas obliga a considerarlas de manera distinta.

Por ello, suelen clasificarse con arreglo a esas consideraciones en:

COMERCIALES	Productos que se venden en el mismo estado en que se adquieren.
INDUSTRIALES	Productos adquiridos para su transformación en otros distintos.
NATURALES	Productos que surgen de la Naturaleza por medio de su utilización directa o a través de su transformación por acción del tiempo (extractivas, agrícolo-ganaderas, forestales, pesqueras, etc.).
SERVICIOS	Productos o prestaciones que tienen poca o ninguna representación física y que son elaborados exclusivamente por la acción personal del hombre.

Dentro de la clasificación anterior los productos que surgen de la actividad de las primeras son llamados, desde el punto de vista económico bienes y en el caso de la última servicios, cuyas características diferenciales las hemos resumido en el siguiente cuadro:

CARACTERÍSTICAS DIFERENCIALES ENTRE LAS EMPRESAS COMERCIALES, INDUSTRIALES, AGRÍCOLO-GANADERAS Y DE SERVICIOS				
	COMERCIALES	**INDUSTRIALES**	**AGRÍCOLO-GANADERAS**	**SERVICIOS**
Objeto	Productos animados o inanimados	Productos inanimados	Productos animados	Prestación de servicios con o sin entrega de bienes
Forma de acumulación de gastos	Por las operaciones realizadas	Por los procesos mecánicos y humanos	Por el transcurso del tiempo	De aquellos que se imputen directamente al servicio que presten
Tipo de transformación del producto	No existe	Se realiza por procesos mecánicos y/o humanos	Por el transcurso del tiempo	No existe

Componentes del costo	Valor del producto adquirido más gastos de adquisición	Valor de la materia adquirida más gastos de adquisición y de transformación	Valor de los gastos de mantenimiento y aplicación de insumos durante el tiempo de transformación	Tiempo de mano de obra aplicada y gastos realizados

Dentro de las empresas de servicios, teniendo en cuenta su diversidad y complejidad, suelen distinguirse las de servicios públicos, transportes, bancarias, de seguros, financieras, agencias de publicidad, institutos educativos, etc. que, si bien todas ellas presentan en común las características antes señaladas, el tipo de actividad que desarrollan es muy específica, al punto tal que, para casi todas ellas se han dictado normas muy especiales en materia de información contable y para la exposición de sus estados contables.

De allí entonces, que nos hemos de limitar al estudio de aquellas operaciones básicas comunes a todo tipo de empresa u organización, considerando aquellas que se vinculan con la compra y venta de los productos que comercializan en el mismo estado en que los adquieren o luego de transformarlos en otros distintos.

LAS OPERACIONES BÁSICAS

Introducción

En efecto, entre las operaciones básicas comunes a todas las empresas u organizaciones se encuentran las concernientes a la administración de sus compras y ventas pues constituyen el eje fundamental en que se resume su actividad, las cuales se encuentran íntimamente relacionadas entre sí y, a su vez, afectan uno de sus activos más relevantes (bienes de cambio) que se producen o revenden, de cuya comercialización obtienen los resultados económicos ordinarios.

El campo de estudio de dicho sector corresponde a la Gestión de Operaciones Básicas que incluye también las características particulares de su registración contable y el personal afectado a las mismas, sobre los cuales también dedicaremos nuestra atención.

Ello nos ha de permitir analizar también, como consecuencia de dichas operaciones, el movimiento físico (cuantitativo y cualitativo) de los bienes y/o servicios que se comercialicen en el mismo estado o luego de sufrir una transformación (productos elaborados), a través de la administración de los inventarios.

Dicha tarea se completa con los distintos procedimientos de asignación de valores, sobre todo en cuanto a su afectación a las unidades que se comercializan, dado que los mismos influyen en forma relevante en la determinación, no solo del costo de la mercadería vendida que permite determinar los resultados de la empresa, sino en cuanto a la valuación de los bienes de cambio existentes, que constituyen una importante parte del patrimonio de toda empresa u organización.

En consecuencia, los tres aspectos mencionados, Compras, Ventas, e Inventarios, su forma de registro y el personal humano necesario para ser llevados a cabo, formarán parte de esta unidad dedicada a esas operaciones comunes en toda organización o empresa, que solo se diferencian por las distintas actividades u objetivos de las mismas.

Comprobantes involucrados

En cuanto a las distintas formas de formalización de las operaciones y cancelación de las obligaciones resultantes en este tipo de operaciones, las partes intervinientes en las mismas (compradores y vendedores) utilizan instrumentos o medios similares, por lo cual solo se distinguen por el rol que asumen en dichas operaciones.

También es importante destacar que entre los aspectos inherentes a la registración contable de este tipo de operaciones se encuentran aquellos caracterizados por el régimen fiscal imperante y los diferentes sistemas de valuación del costo de la mercadería vendida y de sus existencias, que dan lugar a tratamientos similares, tanto para el vendedor como para el comprador.

Por supuesto también se incorporan al estudio de estas operaciones básicas, las compras y ventas que se realizan en el mercado internacional dado que imponen aspectos particulares, tanto respecto de la fijación de los precios como de la forma de cancelación de las obligaciones resultantes, en razón de aspectos tan diferenciados como la distancia en que se ejecutan las distintas etapas de la comercialización y las normas legales y monetarias que provienen de diferentes países.

Sobre cada una de ellas en particular, dedicaremos este capítulo y las siguientes, introduciendo en su desarrollo algunos aspectos de la operatoria sugerida por el Instituto Nacional de Educación Tecnológica para el Trayecto Técnico Profesional de Gestión Empresarial elaborado de acuerdo con el Documento Base del Consejo Federal de Cultura y Educación (Resolución Nro. 86/98), dado su claridad y simpleza metodológica.

Documentos comprendidos

Previo a su desarrollo en forma particular para el estudio de las operaciones básicas, es importante recordar las características que presentan los documentos utilizados para la formalización de las distintas etapas de la operación de compra- venta, sobre los cuales nos hemos extendido en nuestro primer curso, a través del siguiente resumen conceptual de los mismos.

CARACTERÍSTICAS DE LOS DOCUMENTOS COMERCIALES					
DOCUM.	N° copias	EMISOR	RECEPTOR	Original	Duplicado
ALTERNATIVA 1 - Compra-venta con pago inmediato en dinero en efectivo					
Orden de COMPRA	2	Comprador	Vendedor	Vendedor	Comprador
NOTA DE VENTA	2	Vendedor	Comprador	Vendedor	Comprador***
REMITO (*)	3	Vendedor	Comprador	Vendedor	Comprador***
FACTURA (*)	3	Vendedor	Comprador	Comprador	Vendedor
NOTA DE CRÉDITO	2	Vendedor	Comprador	Comprador	Vendedor
NOTA DE DÉBITO	2	Vendedor	Comprador	Comprador	Vendedor
N. DE VTA. CTDO.	2	Vendedor	Comprador	Comprador	Vendedor
TICKET (**)	1	Vendedor	Comprador	Comprador	Registradora
RECIBO (*)	3	Vendedor	Comprador	Comprador	Vendedor

ALTERNATIVA 2 - Compra-venta con pagos en cheque o pagaré					
Orden de COMPRA	2	Comprador	Vendedor	Vendedor	Comprador
NOTA DE VENTA	2	Vendedor	Comprador	Vendedor	Comprador***
REMITO (*)	3	Vendedor	Comprador	Vendedor	Comprador***
FACTURA (*)	3	Vendedor	Comprador	Comprador	Vendedor
NOTA DE CRÉDITO	2	Vendedor	Comprador	Comprador	Vendedor
NOTA DE DÉBITO	2	Vendedor	Comprador	Comprador	Vendedor
CHEQUE	1	Comprador	Vendedor	Bco del Vend.	
N. CRÉD. BANCARIA	2	Vendedor	Bco del Vend.	Bco. del Vend.	Vendedor
PAGARÉ	1	Comprador	Vendedor	Vendedor****	Vendedor
RECIBO de PAGARÉ*	3	Vendedor	Comprador	Comprador	Vendedor

* Estos documentos deben emitirse por triplicado, guardando el triplicado o tercera copia para encontrarse en la empresa a disposición de la AFIP

** Como comprobante del ticket entregado al comprador, el vendedor registra en una cinta impresa de su máquina registradora el ticket emitido.

*** En estos documentos se requiere generalmente la firma de comprador como ratificación del pedido.

****Se devuelve al cancelar

EJERCICIO DE AUTOEVALUACIÓN

Documentación utilizada en la Compra-Venta

Al estudiar la operación de Compra-Venta, una de las más importantes en la actividad comercial, hemos conocido la documentación utilizada y las partes intervinientes en su emisión y recepción como así también el ejemplar que recibe cada una de ellas.

En este ejercicio el alumno indicará en el cuadro siguiente esas referencias indicando quién es el emisor y el receptor de cada uno de los documentos que se indican y el ejemplar que recibe cada uno de ellos.

Documento	Emisor	Receptor	Original	Duplicado
Orden de Compra				
Nota de Venta				
Remito				
Factura				
Nota de débito				
Nota de crédito				
Ticket				
Cheque				
Pagaré				
Recibo				

CAPÍTULO 7

Compras y Ventas

INTRODUCCIÓN

Sin perjuicio de su particular actividad, el fin de toda empresa consiste en obtener utilidades o ganancias de la venta de los productos que adquiere o elabora o de los servicios que presta, la que resulta de la diferencia que se observe entre su precio de compra (en el caso de empresas comerciales) o de elaboración (en el caso de empresas industriales y de servicios) y el precio de venta de los mismos.

Dicha operación se conoce jurídicamente con el nombre de compra-venta a la cual toda empresa se encuentra íntimamente ligada, pues es la concepción originaria de todo negocio, resultante del intercambio de una cosa por otra (llamada originalmente trueque), en el cual una de ellas es dinero y, por lo tanto, es una operación común tanto en las empresas comerciales como agrícolas-ganaderas, industriales o de servicios.

En tal sentido, nuestras disposiciones legales son claras al definir dicha en nuestro Código de Comercio que establece que:

La compra-venta es un contrato por el cual una persona, sea o no propietaria o poseedora de la cosa objeto de la negociación, se obliga a entregarla o a hacerla adquirir en propiedad a otra persona, la cual se obliga por su parte a pagar un precio convenido en dinero y la compra para revenderla o alquilar su uso.

ELEMENTOS DE LA COMPRA-VENTA

Si bien ya lo hemos expuesto, recordemos que de la definición antes mencionada se derivan los diversos elementos que intervienen en la compra-venta mercantil:

VENDEDOR	Propietario o poseedor de la cosa objeto de la convención.
COMPRADOR	El que adquiere la cosa objeto de la convención para revenderla o alquilar su uso, obligándose a pagar un precio por ello.
COSA U OBJETO	Es el objeto de la convención y debe tratarse de una cosa mueble.
PRECIO	Es la suma que el comprador se obliga a pagar al vendedor.
INTENCIÓN	El comprador compra la cosa u objeto con el fin de revenderla o alquilar su uso.

Y, que según surge de lo anterior en toda compra-venta deben considerarse, a los fines de determinar la utilidad o ganancia en toda operación de esa naturaleza, lo siguiente:

- El precio de venta. o sea, aquel al cual se comercializan los productos objeto de la actividad de la empresa.
- El precio de compra de los productos cuando se revenden en el mismo estado en que han sido adquiridos (empresas comerciales).
- El precio de costo, cuando se trata de productos originarios (materias primas) que han sido transformados en otros, luego de un proceso de elaboración (empresas industriales).
- Los gastos realizados para efectuar la venta (gastos de venta de los productos en el mismo estado (reventa) o luego de ser transformados (productos elaborados).
- Todo tipo de bonificación o descuento que se realice para poder llevar a cabo la actividad de la empresa y lograr una mejor venta o cobranza de la misma, que disminuirá el precio de venta respectivo.
- Todo otro tipo de gastos (administrativos, financieros, generales) que sean necesarios para el desarrollo de las actividades de la empresa en la proporción que corresponda a cada unidad de los productos vendidos.

Precio de la compra-venta

También recordemos que el llamado precio de venta para el vendedor y precio de compra para el comprador, es el valor en dinero por el cual se realiza una operación de esta naturaleza y, por lo tanto, su determinación surge del común acuerdo entre las partes y, para ello debe tenerse en cuenta que:

- **Para el vendedor**, dicho precio resulta de comparar el mismo con el precio de compra de la mercadería que él adquiere para su venta o el costo de su elaboración, deducida la bonificación o el descuento que corresponda, más los gastos que le demande realizar dicha venta y la parte que corresponda cargar de los gastos generales; la diferencia que surja entre dichos valores será la ganancia o utilidad obtenida.
- **Para el comprador**, el precio por el cual adquiere una cosa dependerá de su valor corriente en plaza, de la necesidad en adquirirla y de la preferencia que tenga sobre ella por cuestiones de marca, calidad, presentación, etc. y la utilidad que obtenga resultará de deducir a dicho precio, los conceptos anteriores señalados para el vendedor (gastos generales) o aumentarlos (bonificaciones y descuentos).

Bonificaciones y descuentos

Con el fin de lograr una mayor venta las empresas suelen considerar también una rebaja en el precio de venta de sus productos, sobre todo en aquellos casos que las cantidades y/o montos de la misma motiven a todo comprador a realizar operaciones de mayor envergadura.

Esas rebajas se conocen con el nombre de bonificaciones y consisten en un porcentaje que se deduce del precio de venta.

No debe confundirse las bonificaciones con los descuentos, ya que si bien ambos consisten en disminuciones del valor de lo vendido, este último se efectúa como un premio a la anticipación de su cobranza.

Es decir que:

- La bonificación disminuye el precio de venta.
- Los descuentos disminuyen el valor de la cobranza.

Ambos conceptos son calculados en base a un porcentaje que se aplica en la siguiente forma:

- En la bonificación sobre el valor facturado.

- En el descuento (también llamado de pronto pago) sobre el valor del pago que se anticipa.

Analizados los aspectos esenciales de la compra-venta nos hemos de referir a continuación a las dos operaciones básicas que la comprenden, en forma particular:

COMPRAS

Conceptualización

Toda empresa adquiere bienes para:

- Comercializarlos en el mismo estado (mercaderías de reventa).
- Transformarlos en otros (materias primas) o incluirlos en los servicios que presta (materiales).
- Utilizarlos (bienes de uso) en la actividad (bienes de uso) a la cual se dedicará (comercial, industrial, servicios, etc.).

Es decir que la función de comprar es la función originaria de cualquier empresa u organización, de la cual surgen las siguientes premisas:

- ¿Qué comprar?: producto o servicio, cantidad, calidad.
- ¿A quién comprar?: proveedor, selección, ubicación, rapidez.
- ¿A qué valor?: precio de costo, gastos de entrega.

Dentro de esas alternativas, pueden adoptarse las siguientes decisiones en materia de provisión de los productos que necesita una empresa:

- Producirlos, adquiriendo los insumos para elaborarlo.
- Comprarlos para revenderlos en el mismo estado.

Las compras que llevan a cabo las empresas u organizaciones constituyen un proceso de toma de decisiones por medio del cual adquieren los bienes y servicios que necesitan, identificándolos, evaluándolos, eligiendo marcas, proveedores, etc. al igual que realizarían los consumidores individuales, pero en diferentes condiciones basadas en las cantidades, procedimientos de control, fechas de entrega, formas de pago, etc.

Por ello, las compras de las empresas u organizaciones suelen constituir el llamado mercado organizacional que puede asumir los siguientes tipos:

INDUSTRIAL	Formado por las organizaciones que adquieren bienes servicios (materias primas y materiales varios) para la elaboración de otros bienes y servicios que serán vendidos por las mismas o entregados a otras organizaciones para su venta (revendedores).
REVENDEDOR	Formado por aquellas organizaciones que adquieren productos a empresas que los elaboran y los venden en igual estado en que fueron adquiridos, con el fin de obtener un beneficio sobre dicha actividad.
GUBERNAMENTAL	Constituido por las diversas instituciones del Estado (nacionales, provinciales, municipales, etc.) que adquieren los bienes y servicios que necesitan, a las organizaciones industriales o a revendedores, destinados al desempeño de sus funciones específicas.

Características del mercado organizacional

El mercado en el cual actúan las empresas u organizaciones si bien presenta cierta similitud con el de los consumidores individuales, posee algunas características particulares que lo distinguen, como ser:

ESTRUCTURA DE LA DEMANDA Y DEL MERCADO	El mercado de las empresas u organizaciones es un mercado de mayor consumo, pero de menor número de compradores; representando una demanda derivada que proviene, generalmente, de la demanda de productos de consumo. También presenta la particularidad que su demanda es inelástica o sea que los cambios de precio no lo afectan en el corto plazo.
NATURALEZA DE LA UNIDAD COMPRADORA	Si comparamos las compras de las empresas u organizaciones con las de un consumidor individual, observamos que las mismas son de mayor envergadura y complejidad.
DECISIONES	Las decisiones de compra en una empresa u organización surgen de una actividad administrativa que, generalmente, está a cargo, de numerosas personas que intervienen en los diversos controles previos y a posteriori, respecto de las cantidades, calidades y precios.

Las diversas características del comportamiento de las empresas u organizaciones en el proceso de compra y la forma en que adoptan sus decisiones, de acuerdo al tipo de actividad que llevan a cabo las empresas industriales (productoras), comerciales (revendedores) y el propio gobierno pueden ser resumidas en los siguientes conceptos:

CONCEPTO	INDUSTRIALES	REVENDEDORES	GOBIERNO
DECISIONES	**RECOMPRA DIRECTA** Cuando el comprador ordena una nueva compra de un producto sin modificación, eligiendo el proveedor, siempre que la calidad el servicio y el cumplimiento anterior la ha dejado satisfecha. **RECOMPRA MODIFICADA** Cuando la empresa compradora cambia el precio o las condiciones de compra) y adopta su decisión en base a un nuevo ofrecimiento. **COMPRA NUEVA** Es la que enfrenta a la empresa con los proveedores del producto a adquirir, tomando su decisión con la mayor información posible.	Fundadas en las necesidades de los clientes a quienes proveen, eligen los proveedores que se adecuan a dichas exigencias.	Las decisiones de compra se encuentran incluidas en las autorizaciones establecidas en los presupuestos que se aprueban para cada órgano del gobierno, salvo las correspondientes a necesidades operativas urgentes no presupuestadas que se realizan por compra directa en cada uno de ellos siguiendo las normas establecidas para este tipo de procedimiento.

PARTICIPACIÓN	Diversos miembros de la organización participan en las etapas previas a la decisión de compra y esta se realiza por la persona o el comité autorizado para ella.	Los encargados de cumplir con las órdenes de los clientes y que son los que controlan los productos, plazos de recepción y entrega y condiciones de compra de acuerdo con los objetivos de la organización son los que participan previamente en la decisión de la compra.	Participan en el proceso de compra los responsables autorizados de acuerdo con las normas establecidas en cada unidad gubernamental.
INFLUENCIA	La economía que pueden obtener en la compra ajustándose a la calidad y a la utilización del producto en el proceso industrial es el factor decisivo.		Al igual que los compradores industriales o revendedores los responsables para realizar adquisiciones están influenciados por factores ambientales, organizacionales, interpersonales e individuales pero deben actuar de acuerdo con las disposiciones o normas establecidas de las cuales no pueden apartarse, aún en el caso que incumplirlas mejore las condiciones de compra.
TOMA DE DECISIONES	Cumplidas las diversas etapas de verificación de las especificaciones del producto, selección de proveedores y propuestas y evaluación económica de la compra se toma la decisión.	Si se trata de nuevos productos se sigue la mecánica adoptada por las organizaciones industriales y en caso de reposiciones de stock de productos habituales acostumbran repetir los pedidos anteriores salvo la existencia de modificaciones importantes que obliguen a una revisión de las decisiones anteriores.	La toma de decisiones se realiza luego de cumplir numerosas etapas administrativas, sobre todo en el caso de licitaciones públicas y privadas, respecto de la aprobación de las especificaciones de los productos adquiridos de las condiciones del proveedor para percibir el importe de sus ventas y de la situación de éstos respecto de su cumplimiento fiscal anterior.

La función de compras comprende una serie de etapas, que se inician con la necesidad de realizar una determinada adquisición de un bien o servicio por parte de la empresa y, para ello, resulta imprescindible el requerimiento del material a adquirir en base a una planeación previa que responde a las siguientes actividades y operatoria que deben llevarse a cabo para su tramitación, que se resumen en el siguiente cuadro:

TRAMITACIÓN DE LAS COMPRAS	
ACTIVIDADES	OPERATORIA
ACTUALIZAR LEGAJO DE PROVEEDORES	Registrando las altas y bajas de proveedores y seleccionando los mismos de acuerdo con los productos que proveen y su capacidad de producción de los mismos con el fin de contar con la información necesaria para evaluar su comportamiento como tal.
SELECCIONAR PROVEEDORES	Calificándolos en función de su cumplimiento en las entregas, calidades, especificaciones, condiciones de pago, precio y otros requerimientos de la empresa.
SOLICITAR PRESUPUESTOS	Con el fin de realizar las correspondientes comparaciones entre las distintas ofertas que se presenten.
INTERVENIR EN EL PROCESO DE ADJUDICACIÓN	**Proceso de licitación y pre-adjudicación** Evaluando los pliegos presentados por los distintos proveedores, y el cumplimiento de las normativas y las disposiciones internas como así también participando en el proceso de información necesario a fin de proceder a la selección de aquel o aquellos que cumplan con todos esos requisitos.
NEGOCIAR MEJORAS DE LAS OFERTAS	Mediante la interacción con los proveedores seleccionados a fin de mejorar las condiciones de sus respectivas ofertas en cuanto a calidad, precios, fechas de entrega, etc.
EVALUAR Y ORDENAR LAS DIFERENTES OFERTAS	Aplican criterios de preselección de ofertas a fin de elegir aquella o aquellas que Mejor se ajustan a los requerimientos de la empresa y faciliten la decisión de compra.
CONFIRMAR LA COMPRA	Procediendo a documentar la adjudicación de la compra en las condiciones establecidas entre las partes.

En el caso de empresas u organizaciones que llevan a cabo adquisiciones en el exterior su tramitación presenta aspectos diferentes a las de plaza, por lo cual se suele recurrir, para estas, a las siguientes etapas:

IMPORTACIÓN	
ACTIVIDADES	OPERATORIA
INTERCAMBIAR INFORMACIÓN	**Auxiliares del comercio exterior** Solicitar y brindar información a los auxiliares del comercio exterior sobre los productos a importar y a exportar, agilizando la elaboración de la documentación de despacho a plaza y reduciendo las demoras en la aduana.
CONFECCIONAR Y CONTROLAR	**Documentación del exterior** Preparar la documentación de importación, certificando su veracidad en función de las condiciones establecidas y del marco legal vigente para las importaciones.
OPERAR	**Contratación de créditos internacionales** Organizar los mecanismos de financiación en función de los montos, el exportador y el país de origen.

REALIZAR	**Seguimiento y control de las importaciones** Ingresar la mercadería importada, a la organización, en los plazos demandados. Reducir los riesgos legales, económicos y financieros cumplimentando la totalidad de las normativas legales e instrumentando los pagos de forma que garantice el proceso de importación sin generar perjuicios financieros.
INTERVENIR	**Servicios de post-venta** Interactuar fluidamente con el exportador solicitando los servicios de postventa para resolver problemas puntuales.

La tramitación de las compras que acabamos de referirnos es un proceso que se lleva a cabo mediante el pedido formulado por las áreas de la empresa que solicitan dicha adquisición, sea por cuestiones de producción (en el caso de materias primas, etc.) o por necesidades de comercialización (en caso de los productos de reventa) o por otro tipo de necesidades (materiales de embalaje, envases, materiales varios, impresos y útiles, etc.).

Adjudicada la compra a uno o más proveedores, la siguiente etapa se refiere al momento en que la misma se hace efectiva por estos mediante la entrega de la mercadería adquirida, su recepción y aprovisionamiento, mediante la siguiente operatoria.

APROVISIONAMIENTO	
ACTIVIDADES	OPERATORIA
RELEVAR	Solicitar y/o recibir los requerimientos de insumos y/o herramientas de los sectores de la organización aclarando y ajustando las particularidades de la demanda en cuanto a plazos, características de los materiales y cantidades.
CONTROLAR	Relacionar las demandas con los stocks mínimos y los consumos programados para garantizar el proceso productivo.
ELABORAR	Organizar las compras en función de las prioridades del proceso productivo, los fondos y los tiempos de entrega.
PROGRAMAR	Realizar la programación de los suministros requeridos en función de las compras de la organización según sus tiempos y características.

El aprovisionamiento de los productos adquiridos constituye no solo una operación pasiva de recepción de los mismos, sino también una operación activa de control y mantenimiento que representa un movimiento interno y permite su utilización al proceso de producción o de comercialización, tareas promovidas a través de las siguientes actividades:

EJECUCIÓN DEL APROVISIONAMIENTO	
ACTIVIDADES	OPERATORIA
RELEVAR Y RESOLVER	**Incidencias en el aprovisionamiento** Se asegura la calidad del proceso de aprovisionamiento solucionando las diferencias entre la organización y los proveedores.
INFORMAR	**Incidencias en la compra con el proveedor y en la empresa** Se comunican las incidencias de las entregas de insumos los distintos sectores con rapidez y claridad, para la inmediata toma de decisiones.

SOLUCIONAR	**Discrepancias en las entregas** Se considera la documentación surgida de la organización y la mercadería ingresada, en función de la tipología del proveedor y la mercadería en cuestión, para determinar la aplicación de medidas.
VERIFICAR Y CONTROLAR	**Documentación del aprovisionamiento** Se establece la veracidad y exactitud de la documentación de entregas, con atención especial hacia la resolución rápida de diferencias surgidas en los materiales esenciales para la continuidad del proceso productivo.
COORDINAR	**Pago a los proveedores** Se renegocian condiciones de pago en función de los montos y los criterios de la organización. Se sugieren las prioridades más ventajosas para la organización.

VENTAS

Generalidades

Esta operación básica se encuentra destinada en su mayor parte a la comercialización de los productos adquiridos, sea aquellos una vez elaborados por un proceso industrial o de servicios o para ser revendidos en el mismo estado.

Por lo tanto, se requiere llevar a cabo un análisis de las posibilidades de su colocación en el mercado como así también de las necesidades de una promoción de dichos productos, para conocimiento de sus posibles consumidores y una debida organización de los servicios de venta de la empresa u organización.

El siguiente cuadro nos informa acerca de las distintas actividades a realizar con tales propósitos:

ESTUDIO DEL MERCADO Y PROMOCIÓN DE LOS BIENES Y/O SERVICIOS DE LA ORGANIZACIÓN	
ACTIVIDADES A REALIZAR	FORMAS DE REALIZACIÓN
DETECTAR Y RELEVAR	Utilización de técnicas de relevamiento de datos sociodemográficos, culturales y económicos, en función de los clientes potenciales, productos ofrecidos y las necesidades del mercado.
SISTEMATIZAR	Orden y registro de la información relevada de forma tal de ofrecer una caracterización efectiva de los potenciales clientes.
SUGERIR	Consideración de la viabilidad de esas alternativas en función de la sistematización realizada y las características de los productos.
UTILIZAR	Promoción de los bienes y/o servicios ofrecidos en forma clara y amigable, adecuando medios, costos y destinatarios a los necesidades y posibilidades de la organización. Se tiene en cuenta la imagen institucional o los requerimientos para su transformación.
INTERPRETAR	Fundamentación de las ventajas comparativas de los productos/servicios y de las características institucionales en función de las necesidades de los clientes, los costos de producción y los plazos de entrega.
INTERPRETAR Y SISTEMATIZAR	Relevamiento de los datos de mercados internacionales analizando y ordenando los mismos en función de los parámetros adecuados para su preselección.

PRESELECCIONAR	Tener en cuenta los saldos exportables, y las condiciones geográficas, económicas y financieras para ubicar y ordenar los nuevos mercados.

Definidas las condiciones y posibilidades que permiten a la empresa u organización la comercialización de sus productos o servicios, la operación básica de ventas se lleva a cabo mediante su ejecución de acuerdo a la operatoria de las actividades que enumeramos a continuación:

REALIZACIÓN DE LAS VENTAS	
ACTIVIDADES	FORMAS DE REALIZACIÓN
CREAR, MANTENER Y ACTUALIZAR (CARTERA DE CLIENTES)	Llevar un registro de los clientes con detalle de la totalidad de los datos y situaciones particulares que se presenten en el soporte informático adecuado al uso, necesidades y posibilidades de la organización.
SOLICITAR Y EVALUAR (REFERENCIAS COMERCIALES Y FINANCIERAS)	Contactarse con las organizaciones que sirven de referentes, confirmando la corrección de los datos proporcionados.
NEGOCIAR (LA OPERACIÓN EN BASE A PRECIO, PLAZO Y PRODUCTO SEGÚN LA PARTICULARIDAD DE CADA CLIENTE)	Negociar las condiciones más ventajosas de venta, tanto para la empresa como para el cliente, en función de las normas legales, las políticas internas y la cultura organizacional.
CONFIRMAR Y REGISTRAR (EL PEDIDO DEL CLIENTE)	Elaborar la documentación de solicitud de venta en forma clara y efectiva para ser utilizada ágilmente por los distintos sectores de la organización.
TRANSMITIR Y CONTROLAR (LOS REQUERIMIENTOS Y DOCUMENTACIÓN PARA LA PUESTA A DISPOSICIÓN Y ENTREGA DEL PRODUCTO/SERVICIO)	Informar a los distintos sectores operativos sobre las condiciones de venta acordadas, documentando fehacientemente, para concretar la operación con el mayor grado de cumplimiento posible.

En el caso que la comercialización se realice en todo o en parte con clientes de otros países la operatoria anterior presenta características particulares debido a las diferencias que se observan por las normas y reglamentaciones que deben ser cumplidas desde el punto de vista aduanero e impositivo, lo cual obliga a que la misma debe contener determinadas actividades complementarias, como lo indicamos en el siguiente cuadro:

EXPORTACIONES	
ACTIVIDADES	OPERATORIA
INTERCAMBIAR INFORMACIÓN.	Solicitar y brindar información sobre los productos a exportar y características del importador a los auxiliares del comercio exterior, agilizando la elaboración de la documentación para exportar y reducir las demoras en la aduana.
ELABORAR Y CONTROLAR DOCUMENTACIÓN	Preparar la documentación de exportación, certificando la veracidad de la misma en función de las condiciones establecidas y dentro del marco legal vigente.

SUGERIR ENVASES, EMBALAJES, FLETES, ETC.	Considerando el mercado, los medios de transporte y los costos al realizar una propuesta.
REALIZAR SEGUIMIENTO Y CONTROL	Despachar la mercadería a exportar en los plazos requeridos, reduciendo los riesgos legales, económicos y financieros.
ATENDER RELACIÓN DE POSTVENTA	Efectivizar la atención de postventa interactuando con el cliente según los usos del país al cual se exporta con el fin de obtener la continuidad de la relación comercial.

También, las operaciones de exportación, obligan por las razones antes apuntadas, a incorporar en su tramitación otro tipo de documentos para formalizar las distintas etapas que comprende y que deben conocerse para hacer viables las mismas y cuyo detalle es el siguiente:

DOCUMENTOS QUE INTERVIENEN EN LA FORMALIZACIÓN DE LA COMPRA-VENTA	
NOTA DE PEDIDO	Es el documento utilizado para solicitar la mercadería deseada. En el comercio internacional es común realizar el pedido mediante envío de una nota en papel carta común y no en formulario impreso; generalmente el pedido se formula por fax.
FACTURA	Este documento tiene similares características a los usados en el mercado interno y en ella se describe detalladamente la mercadería remitida, con exacta mención de su cantidad, calidad y precio.
FACTURA CONSULAR Y CERTIFICADO DE ORIGEN	En el comercio internacional este documento es de principalísima importancia y es emitido por el Consulado de nuestro país en la nación exportadora cuando actuamos como importadores de un determinado producto. Tiene por objeto establecer la veracidad de la factura comercial emitida por el exportador, a la que le otorga validez. Debe contener los siguientes datos esenciales: · Puerto de embarque de las mercaderías · Fecha de embarque · Nombre del buque · Puerto de destino · Destinatario de las mercaderías y especificación de las mismas · Importe de la factura del vendedor o exportador · Manifestación del exportador a manera de declaración jurada respecto de la operación.

DOCUMENTOS QUE INTERVIENEN EN EL TRANSPORTE DE LAS MERCADERÍAS	
NOTA DE EMBARQUE	Documento que se presenta a la empresa transportadora antes de efectuar la carga a efectos de que las mercaderías puedan ser acondicionadas en las bodegas. Constituye una reserva de espacio.
CONOCIMIENTO	Es el documento por el cual la empresa de navegación declara haber recibido mercaderías u otros efectos, para su transporte por vía fluvial o marítima, a un puerto determinado previamente.
PÓLIZA DE SEGURO	Todas las mercaderías que se transportan por vía marítima son aseguradas contra los riesgos de dicho transporte. El documento que testimonia la contratación del correspondiente seguro es la Póliza de Seguro, la cual será el título necesario para justificar el derecho al cobro del mismo en caso de siniestro. La prima de seguro será abonada por el importador o exportador según la cláusula de precio a que se hubiera contratado.

DOCUMENTOS QUE INTERVIENEN EN EL DESPACHO DE LAS MERCADERÍAS	
DESPACHO A PLAZA	Este es un formulario por medio del cual el importador se presenta a las autoridades aduaneras para proceder al retiro de las mercaderías importadas; la presentación del mismo es efectuada por los despachantes de aduana que son las personas que se encargan de estas tramitaciones.
FACTURA DEL DESPACHANTE DE ADUANA	Como consecuencia de las tramitaciones que efectúan para obtener el despacho de las mercaderías importadas, estos funcionarios realizan una serie de erogaciones en concepto de impuestos, aranceles, derechos, etc., que cargan en una factura que emiten al importador o el exportador en la cual incluyen los honorarios por la gestión encomendada.

Una vez realizada la venta de los productos de acuerdo a las operatorias antes señaladas y, en particular en las operaciones realizadas en plaza, uno de los servicios más importantes que deben ofrecer las empresas u organizaciones es el referido a las garantías que se ofrecen sobre su entrega y la calidad y eficacia en la utilización de sus productos por parte de los consumidores, pues es aquello que prestigia no solo a estos sino a quienes lo elaboran y/o comercializan.

COORDINACIÓN DE LAS ENTREGAS Y EL SERVICIO DE POSTVENTA	
ACTIVIDADES	OPERATORIA
PROGRAMAR LA ENTREGA DEL PRODUCTO/SERVICIO	Organizar la entrega física y la documentación para dar cumplimiento a lo acordado con el cliente, considerando las prioridades de la organización.

REALIZAR EL SEGUIMIENTO DE LAS ENTREGAS	Controlar los procedimientos de las entregas, teniendo en cuenta la totalidad de las condiciones acordadas con el cliente.
RECOLECTAR, ELABORAR Y CONTROLAR LA DOCUMENTACIÓN	Teniendo en cuenta la solicitud original y la documentación interna, reduciendo así los reclamos de los clientes y los perjuicios para la organización.
ATENDER Y CANALIZAR LOS RECLAMOS	Resolver a satisfacción del cliente y al menor costo para la organización las demandas del mismo en cuanto a los servicios de postventa y/o entrega física.
REMITIR LA FACTURA AL CLIENTE	Enviar la factura, en los tiempos fijados para su efectiva cobranza, teniendo en cuenta las características de pago de cada cliente.

EJERCICIO DE AUTOEVALUACIÓN

Compras y Ventas

A continuación, el alumno deberá confeccionar los asientos correspondientes a las siguientes operaciones de compras y de ventas; respecto de ellas procederá a tener en cuenta para su individualización el ejemplar del documento y el Impuesto al Valor Agregado (del 21%).

En las operaciones de venta el registro debe ser efectuado de la operación y, también, de la entrega de la mercadería. A tales efectos utilizará el modelo de Libro Diario que se identifica como R-14 en el archivo de Formularios y Registros.

Operación 1 - Contabilizar original de factura A por los siguientes productos cancelada mediante pago del 50% en dinero efectivo con un descuento del 10% y el saldo restante en un pagaré incluyendo los intereses del 20% sobre dicha suma incluyendo en dichos pagos en forma proporcional el I.V.A.

10 televisores a $ 3.000 c/u.

10 reproductores DVD a $ 2.500 c/u.

15 Computadoras a $ 6.000 c/u

10 Monitores a $ 2,500 c/u.

Operación 2 - Contabilizar duplicado de factura A por siguientes productos recibiendo un pagaré por el total y el valor del I.V.A. en dinero efectivo al igual que los intereses del 15% sobre el pagaré:

2 televisores a $ 4.500 c/u.

1 reproductor DVD a $ 3.500

3 computadoras a $ 8.500 c/u

3 monitores a $ 4,000

Operación 3 - Contabilizar original de factura A por 20 cocinas de 4 hornallas a $ 2,400 c/u abonadas mitad en cuenta corriente y el resto en dinero en efectivo.

Operación 4 - Contabilizar duplicado de factura por 5 televisores a $ 3.000 c/u. recibiendo un pagaré por la suma de $ 5.000 más los intereses del 20% incluidos en el mismo, $ 5.000 en dinero efectivo con n descuento del 10% por pronto pago y el saldo en cuenta corriente.

CAPÍTULO 8

Pagos y Cobros

INTRODUCCIÓN

La actividad financiera, en toda empresa u organización, complementa su actividad específica en forma tal, que no podría llevar a cabo su función sin que aquella no se desarrollara en forma eficaz, en razón que es la que le procura los recursos necesarios para su subsistencia.

Pero, también es necesario reconocer, que su actividad debe encuadrarse dentro de los límites fijados por su capacidad para poder afrontar las obligaciones que sus recursos le permiten y la forma que puede adquirir y comercializar sus productos.

En efecto, toda empresa dispone de un capital inicial para desarrollar un determinado volumen de productos que luego comercializa, como así también para afrontar los gastos indispensables para su actividad, o sea de un capital mínimo necesario.

Ese capital puede ampliarse o disminuirse con los resultados que obtenga la empresa u organización en su actividad pero también según las condiciones en que adquiera o venda sus insumos y/o productos, pues los plazos de pago que obtenga de sus proveedores y los plazos en que venda a sus clientes son fundamentales para tales propósitos.

De allí que las operaciones básicas de pagos a sus compras y de cobros a sus ventas, constituyen en aspecto importantísimo en toda gestión empresarial que tendrá que llevar a cabo bajo estas tres condiciones fundamentales:

PLANIFICACIÓN FINANCIERA	Consiste en la elaboración de las proyecciones de ventas, ingresos y egresos de la empresa durante el tiempo que se planifica, segmentada por períodos parciales (generalmente mensuales) en base a la estrategia que se desea aplicar y a los objetivos perseguidos.
PRESUPUESTO	Consiste en la elaboración de un estado numérico que permita cuantificar la planeación financiera y servir de base o antecedente a la realización de las actividades de la empresa en base a los objetivos de la misma.
CONTROL FINANCIERO	Para supervisar la ejecución del presupuesto financiero, asegurando su estricto cumplimiento y determinando las desviaciones que se vayan produciendo a los efectos de que se adopten ajustes necesarios o se tomen las decisiones que corresponden a fin de mantener el equilibrio existente en la forma prevista.

La primera condición a que hemos aludido y que ha de ser la base para cumplimiento de las dos restantes obliga a realizar un análisis previo de la situación de la empresa u organización respecto a su futura actividad, lo cual le obliga a recoger la información necesaria que podríamos resumir en las siguientes actividades:

INFORMACIÓN FINANCIERA

ACTIVIDADES	OPERATORIA
GENERAR INFORMACIÓN	Sobre el movimiento de fondos calculando los índices de cobranzas y clasificación de pagos en función de las características de los clientes, proveedores, empleados, vencimientos legales y los correspondientes comportamientos proyectados.
ELABORAR EL FLUJO DE FONDOS	Determinando los ingresos y egresos futuros en función de la información proyectada disponible.
DETERMINAR E INFORMAR	Sobre los saldos y fondos disponibles en las instituciones de crédito con las que opera teniendo en cuenta las condiciones ofrecidas por cada una de ellas.

Estas dos funciones esenciales que complementan las operaciones de compras y de ventas (pagos y cobros) constituyen la principal actividad financiera de las empresas u organizaciones, por lo cual debe prestarse especial atención a sus distintas operatorias y al estricto cumplimiento de las mismas, pues de ello dependen no solo los resultados esperados sino también su estabilidad.

Por ello, indicamos separadamente ambas operatorias y las actividades que deben cumplimentarse en los cuadros que incorporamos a continuación:

PAGOS

ACTIVIDADES	OPERATORIA
PROGRAMAR LOS PAGOS A PROVEEDORES	Estableciendo un orden en función de los vencimientos, los fondos disponibles de la organización, los montos de las compras y las prioridades establecidas por la organización.
ELABORAR LA DOCUMENTACIÓN	Confeccionando la documentación requerida teniendo en cuenta las normas legales vigentes y las propias de la organización
ELABORAR INFORMES	Que sean periódicos sobre los montos pagados, manteniendo los registros que produzcan informes diarios, semanales y/o mensuales, según los requerimientos internos
ESTABLECER MECANISMOS DE PAGO	Acordes con sus montos, plazos y características.
CONTROLAR LA DOCUMENTACIÓN	Sobre todo la elaborada por otros sectores relativas al efectivo pago de facturas, sueldos, impuestos y cargas sociales y verificando la totalidad de la documentación de pagos a realizar en función del cumplimiento de la normativa interna y externa y el cumplimiento de las condiciones pactadas.
EFECTIVIZAR LOS PAGOS	Pagando los montos preestablecidos siguiendo las normas internas y elaborando la documentación externa que los certifica.
REGISTRAR LOS PAGOS	Llevando al efecto un registro de la utilización de los fondos, en forma clara y precisa, para su consulta rápida usando óptimamente los medios informáticos disponibles.

COBROS

ACTIVIDADES	OPERATORIA
PLANIFICAR LAS COBRANZAS	Estableciendo un orden cronológico de las cobranzas según las políticas de la organización y las características de los clientes.
ORGANIZAR LOS REGISTROS	De valores cobrados, por cobrar y vencidos llevando un registro actualizado y simple en función de un fácil acceso para su análisis.
RECLAMAR LAS COBRANZAS	Aumentando el porcentaje de valores cobrados (es decir, reduciendo el porcentaje de facturas morosas) teniendo en cuenta las situaciones generales externas, particulares de los clientes y específicas de la organización.
ELABORAR LOS MONTOS INGRESADOS	Manteniendo registros periódicos de las cobranzas según los requerimientos internos.
REALIZAR LAS COBRANZAS	Hacer efectivo el ingreso de los valores de las facturas, generando la documentación correspondiente.
REGISTRAR LAS COBRANZAS	En un registro de la disposición de los fondos en forma clara y precisa para su consulta rápida y simple según los medios informáticos disponibles.

Lógicamente, las operaciones de pagos y cobros obligan también el cumplimiento de determinadas medidas de seguridad y control mediante formalidades fijadas para un correcto registro de las mismas, por lo cual la práctica ha llevado a la instrumentación de determinadas formas de aplicación, entre las cuales podemos mencionar las siguientes:

SEGURIDAD

A. REGISTRO DE BANCOS	1	Tiene por objeto acompañar todo egreso de fondos por cualquier medio que se realice (dinero en efectivo, cheque, pagaré, etc.) y su objetivo reside en identificar el receptor de todo pago y el carácter en que se funda el mismo (origen de la operación).
B. REGISTRO DE PAGARÉS	2	Es el documento que suscribe toda persona que ha percibido un pago de la empresa autorizado por una orden de pago anterior; constituye la prueba del cumplimiento de toda operación de compraventa por parte del comprador o la recepción de la compensación por un servicio realizado a la empresa.
C. PLANILLA DE CAJA	3	Todo ingreso de dinero proveniente del cobro de facturas de venta o por cualquier otro motivo, realizado por personal de la empresa (en particular vendedores o cobradores), es asentado en una planilla que refleja al fin del día las entradas de dinero.
D. RENDICIONES DE COBRANZA	4	El movimiento de ingresos y egresos, tanto en efectivo como en otros valores, se asienta en un registro diario, que permite también llevar en forma actualizada la existencia de fondos de la empresa.
E. RECIBO	5	Toda emisión de cheques o la realización de depósitos en la o las cuentas bancarias de una empresa es registrada en libros específicos que permiten llevar al día los saldos de las mismas.

F. ORDEN DE PAGO	6	Al igual que el movimiento de dinero efectivo o bancario da lugar a su debido registro y control, los documentos, tanto recibidos de clientes como entregados a acreedores de la empresa, que constituyen compromisos de pago a fechas determinadas, son asentados en registros especiales, pues es necesario conocer a sus respectivos vencimientos, en qué forma inciden en el flujo de fondos.

En resumen, las actividades a desarrollar por el sistema financiero de toda empresa u organización pueden resumirse, en cuanto a su función y a la documentación empleada en el siguiente gráfico:

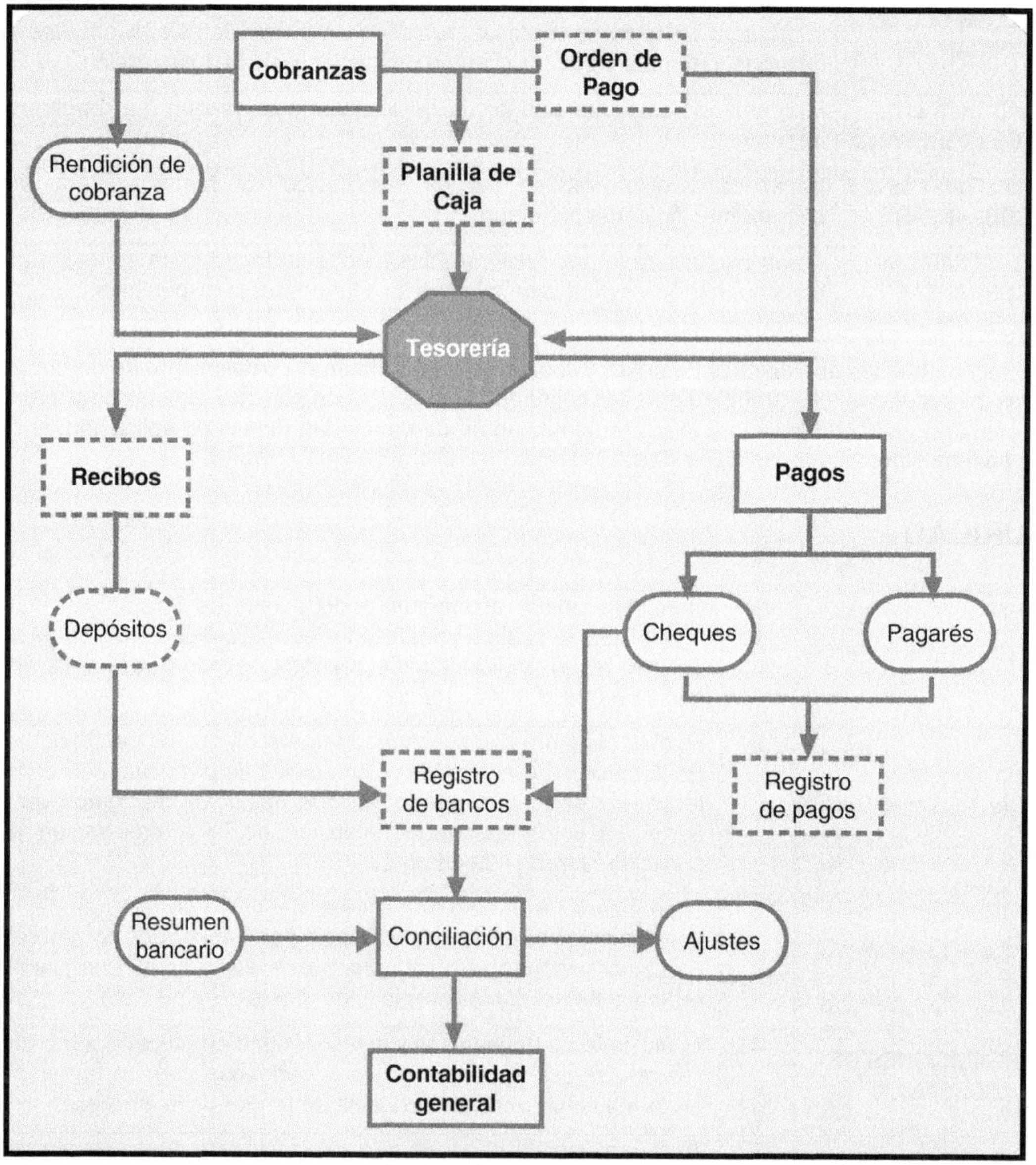

Como consecuencia de las actividades desarrolladas en el área de pago y cobros en su carácter de administradora de su sistema financiero, toda empresa u organización deberá también llevar a cabo distintas funciones para operar en él mediante las siguientes actividades:

ACTIVIDADES	OPERATORIA
CUMPLIMENTAR Y TRAMITAR LA DOCUMENTACIÓN	De las operaciones sobre productos y/o servicios financieros y de seguros con el fin de lograr velocidad y flexibilidad en el flujo de información requerida y solicitada por el sistema financiero, compatible con los plazos que permitan la continuidad de los procesos productivos.
CONTROLAR Y VERIFICAR LAS OPERACIONES	Que hayan sido realizadas de ingresos y pagos en las cuentas bancarias solucionando las diferencias surgidas con la documentación generada por la organización y el sistema financiero.
ORGANIZAR	La confección de la documentación que exijan las entidades crediticias estandarizando los flujos de información financiera logrando la mayor agilidad posible.

EJERCICIOS DE AUTOEVALUACIÓN

Pagos y cobros

La operación de compra-venta concluye no solo con la entrega de la mercadería vendida por parte del comprador, sino también con el pago de este último que puede ser realizado en distintas formas (en efectivo, cheque o pagaré).

Veremos a continuación alguna de esas operaciones que el alumno asentará en el modelo de Libro Diario que obtendrá del archivo de Formularios y Registros.

Operación 1 - Pagado una compra realizada de productos para el hogar en la suma de $ 20.000 con $ 5.000 en dinero efectivo, $ 7.000 con un cheque cargo Banco Nación de nuestra firma y el saldo en un pagaré a 30 días.

Operación 2 - Contabilizar la cobranza de la operación anterior

Operación 3 - Abonar a su vencimiento el pagaré emitido en la operación 1 con un cheque Banco Nación

Operación 4 - Recibido una nota de crédito por un descuento por pronto pago del efectivo de $ 500 entregado en la operación 1.

Operación 5 - Cobrar una factura por venta de 2 escritorios usados a $ 2,000 c/u, recibiendo $ 1.500 en dinero efectivo y el saldo en cuenta corriente.

Operación 6 - Recibido un pagaré por el saldo en cuenta corriente de la operación anterior abonando la suma de $ 500 por los intereses en un cheque cargo Banco Nación.

Operación 7 - Recibido un cheque de terceros por una compra de mercadería de $ 10.000 previo descuento del 10% por pronto pago.

Operación 8 - Depositado en el Banco Nación el cheque recibido en la operación anterior.

Cuestionario

1) ¿Qué entiende por programar los pagos a los proveedores?
2) ¿Qué toma en cuenta para establecer un mecanismo de pago a los proveedores?
3) ¿Cómo planificaría las cobranzas?
4) ¿Cuál es el objeto de tener un registro de las cobranzas?
5) ¿Qué registraría en una planilla de caja?
6) ¿Cómo encararía el control y verificación de las operaciones de pagos y cobros?
7) ¿Qué datos son necesarios incluir en un Registro de Pagarés?
8) ¿Cuál es el objeto de una Orden de Pago y por qué conceptos es emitida?

CAPÍTULO 9

Inventarios

INTRODUCCIÓN

El término inventario se utiliza:

- En un sentido limitado para designar el detalle de las existencias de artículos o insumos utilizados en una empresa; dicho en otros términos, es el almacenamiento de dichos productos existente a una fecha determinada de bienes de cambio.

El inventario como detalle de productos es el conjunto de las existencias de los mismos y determina cuáles son los niveles que deben mantenerse, para asegurar su reabastecimiento en la cantidad necesaria requerida por la actividad de la empresa.

En un sentido amplio para designar el detalle de todos los rubros que componen el estado patrimonial de una empresa para verificar si el valor y cantidad de los mismos se adecua a la realidad; de allí que uno de los libros obligatorios exigidos por el Código de Comercio sea, precisamente aquel en el cual se registra dicho detalle.

En el caso de empresas industriales los inventarios están formados por las existencias de:

MATERIAS PRIMAS	Son aquellos productos que se adquieren para ser transformados y generalmente, forman parte del producto terminado; suelen llamarse también insumos.
PRODUCTOS TERMINADOS	Son aquellos productos resultantes del proceso de elaboración que se encuentran en condiciones de ser vendidos (Productos elaborados).
SUMINISTROS VARIOS	Son aquellos materiales que no forman parte Son aquellos elementos que se utilizan en el proceso de elaboración para el mantenimiento y reparación de los equipos industriales con el fin que éstos se encuentren en perfectas condiciones de funcionamiento.
ENVASES	Aquellos que sirven de continente a los productos elaborados o aquellos de reventa que son fraccionados (de plástico, de vidrio, de hojalata, de cartón etc.).
MATERIALES ACCESORIOS	Los elementos necesarios para mantener en condiciones de salubridad e higiene la planta fabril, elementos de oficina (artículos de escritorio, accesorios para equipos computarizados, etc.

En las empresas comerciales, el inventario principal se encuentra, generalmente, formado por el detalle de mercaderías de reventa; sin embargo, se encuentra constituido también por el de materiales varios (para embalaje) y de envases si la empresa se dedica al fraccionamiento de mercaderías.

En el caso de empresas de servicios, el inventario se encuentra formado por aquellos productos y suministros que sean necesarios para producir los servicios propios de su actividad y se encuentran incluidos en los mismos (sastrerías, modistas, etc.).

Pero en todas las empresas, se suele tener existencia de otros artículos que también son necesarios para su actividad como ser aquellos destinados a limpieza, útiles de escritorio, repuestos de maquinarias e instalaciones (eléctricas, gas, agua, etc.), sobre las cuales es necesario llevar un inventario de los mismos para su debido control.

OBJETO

La importancia del inventario reside en conocer, en el momento en que se realiza, la existencia de los productos que lo componen, de manera de estar en condiciones de satisfacer los requerimientos de los mismos en forma inmediata, disponiendo de la siguiente información:

- Cantidades disponibles de cada producto
- Cantidades que fueron consumidas de los mismos
- El momento en que debe realizarse su reposición como así también la cantidad más conveniente de ella en función de su consumo con el fin de mantener un equilibrio con el ritmo de la actividad de la empresa (productora o comercializadora); es decir actúa como como agente regulador:

1. *De las ventas y la producción en las empresas industriales*
2. *De las ventas y las compras en las empresas comerciales*
3. *De la producción y de las compras en las empresas de servicios*

En efecto, las cantidades de productos vendidos determinan simultáneamente las necesidades de su reposición (sea de insumos para procesar y elaborar o de mercaderías para revender en el caso de bienes de cambio, como así también los restantes materiales de uso habitual), lo cual obliga a contar con las existencias necesarias de los mismos, a efectos de no entorpecer el proceso ventas-producción o de comercialización.

Por ello, la disminución o falta de existencia de alguno de los productos requeridos para atender su proceso de elaboración o de comercialización, obliga a su reposición inmediata por medio de las compras, para poder contar con los productos necesarios en el momento oportuno.

MODELOS

Existen dos tipos de modelos de inventarios:

CANTIDAD FIJA	Es aquel que se basa en fijar cantidades determinadas de un producto (cantidad máxima de existencia), sobre cuya disminución se realizan las reposiciones al mismo cuando dichas cantidades llegan a un nivel mínimo establecido. Tiene por objeto principal regular la financiación inmovilizada de las existencias.
PERÍODO FIJO	Se limita a realizar las reposiciones al término de un determinado tiempo. El paso del tiempo es el que regula la reposición del producto.

Sin duda alguna, los modelos de sistemas de inventario anteriores presentan diferentes características que pueden señalarse así:

CARACTERÍSTICA	CANTIDAD FIJA	PERÍODO FIJO
PEDIDO	Fijo en cada reposición	Variable en cada período
REPOSICIÓN	Al llegar al mínimo	Al vencimiento del período
REGISTRO	En cada retiro o compra	Al realizarse la compra
EXISTENCIAS	Menor que el período fijo	Mayor que en cantidad fija

DEMANDA DE INSUMOS

Según sea la relación existente entre la producción y la venta de los productos de la empresa y la forma en que los insumos abastecen el proceso de conversión o elaboración y/o reposición de los mismos, los inventarios deben tener en cuenta las siguientes demandas:

INDEPENDIENTE	Es aquella en que no existe relación alguna entre la demanda de sus productos, por lo cual deben determinarse por separado las cantidades necesarias de cada uno. Si se producen automóviles, por ejemplo, la demanda es independiente, pues no forma parte de otros productos ni está relacionada con la demanda de otros productos.
DEPENDIENTE	Es aquella en que la necesidad de un artículo es el resultado directo de la necesidad de otro, que generalmente, es de mayor nivel del cual forma parte. En este caso, las cantidades requeridas de un artículo se determinan con relación al número necesario de productos de mayor nivel donde se utilice. Por ejemplo, si una empresa de automóviles piensa producir 1.000 vehículos por día, el número de neumáticos que desea adquirir dependerá de ese nivel de producción, no pudiendo ser calculado en otra forma.

EL ALMACENAJE EN LAS EMPRESAS INDUSTRIALES

El almacenamiento de las materias primas básicas para el proceso de elaboración constituye uno de los aspectos más importantes de todo proceso industrial, por cuanto cualquier defecto puede producir su paralización y cualquier exceso pone en peligro la estabilidad financiera de la empresa por inmovilización del capital en giro.

De allí entonces que deba existir una estricta relación entre el consumo de las respectivas materias primas en el proceso, su existencia en el almacén o depósito y el período necesario para su reposición.

En la práctica, tal relación se efectiviza mediante una información recíproca entre el sector de consumo (fábrica) y el depósito o almacén que permite advertir en forma inmediata la oportunidad en que una determinada materia prima haya sido consumida y, en consecuencia, impondrá la realización de compras que nivelen las necesidades de la producción.

Es importante destacar que la función de aprovisionamiento no debe quedar limitada únicamente a las materias primas, sino también a todos aquellos elementos que forman parte del producto, como por ejemplo envases, etiquetas, cajas, etc., y a los materiales necesarios para mantener en perfecto estado de funcionamiento las maquinarias, equipos e instalaciones del proceso industrial (correas, motores, combustibles y lubricantes, etc.)

El control de estos elementos y materiales deberá realizarse con iguales previsiones que las mencionadas para las materias primas.

Resta agregar que en el sector de Almacén o Depósito debe incluirse también el almacenamiento de los productos elaborados.

A este respecto es oportuno señalar que el depósito de tales productos es una función inherente al aspecto comercial de la empresa, íntimamente ligado a la operación de expedición y despacho de los mismos.

Sin embargo, es interesante aclarar que, cuando la empresa industrial se dedica a productos cuya elaboración depende de las faltas que se van operando en el stock de productos elaborados, dicho almacén dependerá del sector de Producción; así sucede en organizaciones que poseen una línea extensa de productos con diversidad de medidas, envases, colores, etcétera.

En cambio, cuando los productos que se elaboran obedecen a planes específicos de venta o a pedidos especiales de clientes, la dependencia del Depósito de Productos Elaborados suele establecerse con el sector dedicado a la comercialización.

CONTROL DE INGRESOS Y EGRESOS

El manipuleo constante a que son sometidos todos los productos objeto de la actividad de la empresa, y que se reúnen en el concepto económico y contable de Bienes de Cambio, obliga al mantenimiento de un estricto control que permita en todo momento establecer su existencia.

Dicho control que en la actualidad, se realiza en base a programas computarizados, consistía anteriormente en la implantación de ficheros que contenían una ficha para cada uno de los artículos y en la cual se asentaban sus entradas, sus salidas y su existencia.

El saldo existente en unidades de cada artículo -según aquellas fichas o el que se obtenga de un proceso computarizado- debe coincidir con la existencia real, verificación que se realiza mediante el recuento físico de cada uno de ellos.

La información extraída se utiliza también para conocer las existencias mínimas y máximas de cada producto a efectos de que el stock:

- No llegue a niveles mínimos que puedan dificultar la producción o venta, realizándose las compras con la debida anticipación.
- No sume cantidades máximas por encima de las necesidades de la empresa que perjudiquen su desenvolvimiento financiero.

Para que dicho control tenga realmente efectividad, es necesario que todos los movimientos tanto internos o externos de estos bienes, se documenten mediante comprobantes autorizados por funcionarios responsables de la empresa.

En esa forma, toda entrada o salida responderá a necesidades reales y podrá fijarse claramente la responsabilidad de los encargados de la custodia o depósito de los mismos.

Uno de los aspectos más importantes en la realización del correcto recuento físico de todos los artículos existentes en la empresa es el de constatar que éstos se encuentren debidamente individualizados en forma tal que su localización física y la del origen de su ingreso (proveedor, factura de compra, etc.) se identifique con un sello, rótulo o etiqueta donde conste un código que represente el número de proveedor, designación del artículo y, en algunos casos, el precio de costo.

Dicha individualización permite un fácil recuento de los mismos en el momento de realizar un Inventario y determinar su valor de costo u origen.

En las empresas industriales, la marcación de las materias primas que se adquieren a granel o en grandes cantidades, se realiza directamente en los envases de origen o mediante señales en el lugar donde se las deposita.

En cambio, los productos elaborados por estas empresas ya reciben un código o número de fabricación que los individualiza para sus movimientos posteriores.

A manera de recapitalización, resulta interesante observar la siguiente ilustración extraída de la obra de Monks (Administración de operaciones), que expone con toda claridad y simpleza los principales elementos del sistema de administración de inventarios.

EJERCICIOS DE AUTOEVALUACIÓN

Inventarios

Los saldos (iniciales y finales) de la Cuenta MERCADERÍAS presentan una relación significativa con las Compras y Ventas y esta última a través del Costo de Ventas de las mismas. Esa relación puede expresarse con una fórmula que traduzca que el saldo final debe resultar de sumar al saldo inicial las compras y restar el costo de lo vendido. A tal efecto llene el espacio vacío.

Ejercicio	Existencia Inicial	Existencia Final	Costo Ventas	Compras
1	150.000		90.000	140.0000
2	80.000		120.000	110.000
3		50.000	130.000	0
4	90.000	180.000	70.000	
5	240.000	120.000	150.000	
6		240.000	300.000	120.000
7	160.000	100.000		96.000
8	120.000		180.000	240.000
9		200.000	240.000	180.000
10	180.000			90.000

Cuestionario

1) ¿Qué productos y elementos deben ser inventariados y cuál es el motivo?
2) ¿En qué diferencia un modelo de inventarios de cantidad fija y de período fijo y cuáles son sus ventajas e inconvenientes?
3) ¿Mencione dos productos de demanda dependiente e independiente?
4) ¿Por qué es importante mantener un stock mínimo de productos o materiales en una empresa?
5) ¿Qué relación debe existir entre la cantidad existente de un producto y la cantidad comercializable del mismo?
6) ¿Qué problema puede ocasionar un faltante de stock en la producción y en la venta?
7) ¿Qué problema puede causar un sobrante de stock para la producción y para la venta?

Valuación de Inventarios

La cuenta de MERCADERÍAS, por ser una cuenta de movimiento permanente, pues hace a la actividad propia de la empresa y es su fuente de recursos, presenta la particularidad que, tanto sus compras como sus ventas, se realizan a precios distintos cuya diferencia representa el resultado habido en las operaciones (Pérdidas o Ganancias).

Por ello, cuando se realiza una venta es necesario conocer el costo de lo que se vende para determinar cuál ha sido el resultado de esa operación.

Por ello, es necesario llevar un registro de cada uno de los productos que comercializa una empresa con el fin que cada vez que se realiza una operación de venta se individualice el costo de la misma, llevando una Ficha de Existencia por producto, similar a la que se indica en la siguiente página.

En las empresas de gran movimiento de ventas y de productos, suelen presentarse problemas para determinar el costo del producto que se vende cuando el precio de compra difiere en varias operaciones como consecuencia de los aumentos que se producen sobre todo en momentos de inflación de precios; de allí que se recurra a distintos métodos de valuación entre los que se destacan el llamado FIFO, que valúa las salidas de acuerdo al precio de la compra más antiguo o viceversa el LIFO que valúa la venta de acuerdo con el valor de la última compra para acercarse más a la realidad económica; otro método intermedio es ir valuando las existencias al precio promedio que resulte.

En este ejercicio, asentaremos en la Ficha siguiente las operaciones de compra y venta con sus respectivas unidades y precios unitarios de un determinado producto y el alumno deberá determinar el costo de cada venta destinando la primera ficha al método FIFO, la segunda ficha al método LIFO y la tercer ficha a un precio promedio de las existencias que se van produciendo a medida que ingresen los productos a un precio distinto.

Para tal efecto, este método de valuación de las existencias se basa en valuar las salidas de las unidades vendidas al valor en que han sido comprada las primeras unidades (FIFO), o las últimas (LIFO) o mediante un promedio de las compras anteriores, evaluando así las ventas efectuadas y determinando la existencia que resultan una vez tomadas en cuenta los valores así determinados en cada una de las operaciones (tanto de compra como de costos de venta).

Valuación de existencias por el método FIFO (primero entrado primero salido)

MERCADERÍA ......Producto N3..........................

Fecha			Concepto		ENTRADAS		SALIDAS		EXISTENCIA		Precio Promedio
D	M	A			Cant.	Importe	Cant.	Importe	Cant.	Importe	
3	3	06	Compra	100	100	10.000			100	10.000	100
6	3	06	Compra	120	100	12.000			200	22.000	110
8	3	06	Venta	150			50		150		
9	3	06	Compra	120	100	12.000			250		
10	3	06	Venta	180			150		100		
22	3	06	Venta	200			70		30		
25	3	06	Compra	150	500	75.000			530		
28	3	06	Venta	220			250		280		
31	3	06	Venta	250			150		130		

Valuación de existencias por el método LIFO (último entrado primero salido)

MERCADERÍA ......Producto N3..........................

Fecha			Concepto		ENTRADAS		SALIDAS		EXISTENCIA		Precio Promedio
D	M	A			Cant.	Importe	Cant.	Importe	Cant.	Importe	
3	3	06	Compra	100	100	10.000			100	10.000	100
6	3	06	Compra	120	100	12.000			200	22.000	110
8	3	06	Venta	150			50		150		
9	3	06	Compra	120	100	12.000			250		
10	3	06	Venta	180			150		100		
22	3	06	Venta	200			70		30		
25	3	06	Compra	150	500	75.000			530		
28	3	06	Venta	220			250		280		
31	3	06	Venta	250			150		130		

Valuación de existencias por el Precio Promedio (relación entre las unidades y valores)

MERCADERÍA ......Producto N3..........................

Fecha			Concepto		ENTRADAS		SALIDAS		EXISTENCIA		Precio Promedio
D	M	A			Cant.	Importe	Cant.	Importe	Cant.	Importe	
3	3	06	Compra	100	100	10.000			100	10.000	100
6	3	06	Compra	120	100	12.000			200	22.000	110
8	3	06	Venta	150			50		150		
9	3	06	Compra	120	100	12.000			250		
10	3	06	Venta	180			150		100		
22	3	06	Venta	200			70		30		
25	3	06	Compra	150	500	75.000			530		
28	3	06	Venta	220			250		280		
31	3	06	Venta	250			150		130		

Cuestionario

1) ¿Qué productos y elementos deben ser inventariados y cuál es el motivo?
2) ¿En qué diferencia un modelo de inventarios de cantidad fija y de período fijo y cuáles son sus ventajas e inconvenientes?
3) ¿Mencione dos productos de demanda dependiente e independiente?
4) ¿Por qué es importante mantener un stock mínimo de productos o materiales en una empresa?
5) ¿Qué relación debe existir entre la cantidad existente de un producto y la cantidad comercializable del mismo?
6) ¿Qué problema puede ocasionar un faltante de stock en la producción y en la venta?
7) ¿Qué problema puede causar un sobrante de stock para la producción y para la venta?

CAPÍTULO 10

Los recursos humanos

INTRODUCCIÓN

Tanto las operaciones básicas de las empresas a las cuales hemos dedicado los capítulos anteriores como las restantes operaciones de carácter específico de acuerdo a la actividad de las mismas, deben contar con los recursos humanos necesarios para hacerlas efectiva y con la debida eficiencia, de manera tal que las mismas se desarrollen de acuerdo con los objetivos deseados que lleguen a producirles los resultados esperados.

Por ello hemos dedicado este capítulo a tales aspectos con el fin de establecer algunos lineamientos generales acerca de los mismos, referidos no solo a la selección del personal más idóneo para llevar a cabo aquellas operaciones sino para administrar sus distintas etapas.

Como lo anticipáramos, incluimos aquí la operatoria que nos habían anticipado oportunamente los Trayectos Técnicos Profesionales que, al efecto, elaborara el Instituto Nacional de Educación Tecnológica, dependiente del Ministerio de Cultura y Educación de la Nación para la especialidad de Gestión Organizacional

PRESELECCIÓN Y CONTRATACIÓN DE LOS RECURSOS HUMANOS

ACTIVIDADES	OPERATORIA
RELEVAR	Solicitar y/o recibir los requerimientos de personal de los distintos sectores de la empresa u organización, aclarando las particularidades de la demanda en cuanto a plazos, características y cantidades.
PARTICIPAR	Intervenir en la elaboración del perfil según las demandas técnicas del sector y las características de la empresa u organización en términos de formación, experiencia, calificación y otras características.
SUGERIR	Proponer procedimientos de selección, en función a los perfiles requeridos, según las características de la empresa u organización.
PRESELECCIONAR	Aplicar criterios de selección descartando los postulantes que no reúnen los requisitos establecidos y ordenando los preseleccionados, en función de la adecuación a los perfiles buscados.
SUGERIR	Proponer alternativas de contratación, en función de los plazos, el perfil, la profesión y la normativa vigente.
INCORPORAR	Contratar el personal seleccionado respetando las normativas legales vigentes y las propias de la organización transmitiendo claramente al nuevo personal las condiciones de la relación contractual y los resultados esperados del trabajo.

COORDINACIÓN DE LA CAPACITACIÓN Y EL DESARROLLO DEL PERSONAL

ACTIVIDADES	OPERATORIA
RELEVAR	Se solicitan y/o se reciben los requerimientos de capacitación del personal de la organización aclarando las particularidades de la demanda en cuanto a plazos, características y cantidades. Se pone a disposición la sistematización de las demandas para la toma de decisiones.
PROGRAMAR	Se organizan las actividades de capacitación, teniendo en cuenta la continuidad del proceso productivo y las políticas de la organización.
REALIZAR	Se ponen a disposición de las partes los recursos necesarios para el desarrollo de la capacitación, en función de las características propias de cada instancia.
SUGERIR	Se proponen mecanismos alternativos en función de la viabilidad económica y de la continuidad del proceso productivo.
PROGRAMAR	Se establece un cronograma de los distintos momentos de evaluación del personal, considerando las necesidades de la organización y la oportunidad en relación con el proceso productivo.
INSTRUMENTAR	Se interviene en los procesos de evaluación según los mecanismos determinados.
SISTEMATIZAR	Se formalizan las evaluaciones establecidas, considerando la continuidad del proceso productivo y organizando la información según los parámetros preestablecidos.

ADMINISTRACIÓN DEL PERSONAL

ACTIVIDADES	OPERATORIA
DIAGRAMAR	Los períodos de licencias previsibles en conjunción con los distintos sectores de la organización.
INSTRUMENTAR	Los mecanismos de reemplazo por ausencias, licencias, etc., programando las posibles sustituciones de personal ante ausencias, previstas o no, en función del mantenimiento del proceso productivo.
ELABORAR, ACTUALIZAR Y CONTROLAR	La documentación de los legajos, llevando una actualización completa y permanente de la documentación de los empleados, con disponibilidad inmediata y simple, para los distintos requerimientos externos e internos de la organización.
ATENDER E INFORMAR	A los empleados y/o organismos públicos por consultas, novedades o inspecciones interactuando con el personal y dichos organismos con el fin de facilitar la comunicación con la organización.
COORDINAR	Las actividades para el desarrollo de relaciones interpersonales y con la comunidad interviniendo en la organización de actividades de recreación o eventos sociales, para mejorar el ambiente laboral y mostrar una imagen de la organización acorde con sus características.
ASISTIR	En la atención de los representantes gremiales y de los organismos públicos.

TRAMITAR	La prestación de servicios médicos, seguridad social y seguros relativos al personal contactando a los prestadores de servicios en los plazos y formas preestablecidas con cada uno de ellos, según la legislación vigente y las normas internas.
REUNIR Y CONTROLAR	La documentación necesaria para la liquidación de sueldos llevando un registro completo con información relativa a la remuneración de los empleados, de disponibilidad inmediata y simple, para la elaboración de los recibos correspondientes; se utilizarán eficientemente los medios informáticos y/o se sugiere su adecuación de los mismos a las necesidades de la organización.
REALIZAR	Las presentaciones legales correspondientes en los organismos públicos y privados gestionando la documentación relativa al personal con total cumplimiento de los plazos legales establecidos en cada caso.
VERIFICAR	Las liquidaciones de remuneraciones elaboradas verificando los recibos de sueldos, evitando y anticipando los reclamos de los empleados.
DISTRIBUIR Y REGISTRAR	Los recibos de sueldos entregando los mismos previa constatación de la conformidad de los empleados y efectuando su registro en función de las normas legales vigentes.

EJERCICIOS DE AUTOEVALUACIÓN

Cuestionario

1) ¿Qué criterios de selección se aplican en la contratación de los recursos humanos?
2) ¿Cómo se contrata al personal seleccionado y que instrucciones se le imparte?
3) ¿Cómo se programa la evaluación del personal?
4) ¿Cómo se reúne y controla la documentación para la liquidación de sueldos?
5) ¿Cómo se elabora la documentación de los legajos del personal?
6) ¿Qué es necesario tener en cuenta para programar las actividades de capacitación?
7) ¿Cómo suelen distribuirse y registrarse los recibos de sueldos?
8) ¿Cuáles son los aspectos que permiten elaborar un perfil de los postulantes?
9) ¿Cómo se programa la capacitación y el desarrollo del personal?
10) ¿Cuál es el procedimiento que se utiliza para controlar la documentación del personal?

CAPÍTULO 11

Formas de registro

INTRODUCCIÓN

Las distintas operaciones básicas cuya gestión empresaria hemos tratado de resumir en los capítulos anteriores deben ser registradas en la empresa por medio de tareas que comprenden desde su formulación por medio de la correspondiente documentación hasta su registro y clasificación con el fin de brindar la información necesaria, tanto al personal interno para la adopción de decisiones, como para que los terceros conozcan la situación de la empresa, cumpliendo con las normas legales establecidas.

Sobre esos aspectos se ha resumido su operatoria en los cuadros que se exhiben a continuación:

DOCUMENTACIÓN DE LAS OPERACIONES	
ACTIVIDADES	**OPERATORIA**
Recopilar documentación.	Elaborada por los distintos sectores de la empresa.
Clasificar la documentación.	En función del programa contable establecido.
Controlar los datos incorporados a la documentación.	Establecer la razonabilidad de los datos incorporados en los registros contables mediante la confrontación con la documentación.
Elaborar listados de la registración.	Generar listados de información contable con la razonabilidad requerida para la contabilización y los controles internos, en función de las normativas legales y las propias de la organización.
Conciliar los listados elaborados con los documentos.	Actualizando el registro de la documentación de los distintos sectores, según las normas de contabilización, control interno y periodicidad establecidos.

REGISTRO EN LOS LIBROS CONTABLES	
ACTIVIDADES	**OPERATORIA**
Compilar los libros contables legales.	Registrar en los libros las operaciones realizadas por la empresa siguiendo los criterios establecidos y las normas contables profesionales.
Relevar y seleccionar informaciones existentes.	O sea, la información de las publicaciones, boletines u otras fuentes relativas a la normativa de la actividad para sugerir la pertinencia de su aplicación.
Consultar los criterios a utilizar.	En particular para las operaciones no rutinarias y las normativas aplicable con interacción del profesional responsable del área.

CUMPLIMENTAR LAS OBLIGACIONES FISCALES, LABORALES Y LEGALES	
ACTIVIDADES	**OPERATORIA**
Instrumentar el cumplimiento de las normativas contables y legales.	Establecer un cronograma para cumplir la totalidad de los requerimientos impositivos y previsionales establecidos por ley.
Elaborar listados y/o la documentación necesarios para su contabilización.	Contabilizar en los libros y/o registros los datos surgidos de los listados y de la documentación respectiva.
Tramitar la documentación pertinente.	Controlar el cumplimiento cronológico de los plazos legales, a fin que no puedan surgir demoras que afecten a la empresa u organización.
Registrar el cumplimiento de las normas legales.	Llevando un archivo de las presentaciones legales, teniendo en cuenta el tipo de documentación presentada y los vencimientos pautados.
Elaborar las liquidaciones de sueldos y jornales.	A efectos de liquidar las remuneraciones con precisión, para evitar o reducir al mínimo los reclamos de los trabajadores empleados y los perjuicios financieros y legales que puedan derivarse, utilizando para ello los recursos informáticos disponibles.

EL REGISTRO DE LOS BIENES DE CAMBIO

Quizás uno de los aspectos más importantes para el registro de las operaciones básicas sea el concerniente a los Bienes de Cambio, pues estos constituyen la fuente de obtención de las utilidades o ganancias, que es el fin perseguido en toda actividad empresaria.

Por lo tanto, debe prestarse especial atención a su tratamiento contable, en razón que los precios a que se adquieren y se venden son distintos y, en consecuencia, de proceder así, el saldo de la cuenta no respondería a la realidad de la cantidad existente, respecto de su precio de adquisición.

Por ello, uno de los problemas que se plantea es la existencia de una diferencia de valores entre los distintos precios en que se adquieren las mercaderías y a los cuales se venden los mismos.

De allí que, en el momento de la venta o realización de las mercaderías, debemos atender a dos aspectos esenciales en su contabilización.

- La venta o salida de las mercaderías del patrimonio del vendedor.
- La ganancia o de la eventual pérdida que se origina en dicha operación.

Téngase en cuenta que nos referimos exclusivamente a los registros de la operación por parte del vendedor, pues el que corresponde al comprador no presenta dificultad alguna, ya que el ingreso de las mercaderías a su patrimonio se realiza a un valor fijo de adquisición o sea constituye una simple modificación de su patrimonio de carácter permutativo.

En cambio, en el caso del vendedor esta situación adquiere una importancia radical al proceder a realizar el balance de fin de ejercicio, por cuanto puede modificar esencialmente su resultado de acuerdo al procedimiento adoptado en su contabilización, como hemos visto en nuestro curso anterior al estudiar los ajustes necesarios que deben practicarse en dicha oportunidad.

Características de la operación de venta

La venta de mercaderías supone la disminución de un valor Activo (Mercaderías) y el reemplazo del mismo por otro valor (efectivo, cheque, pagaré, cuenta corriente, etc.) que, generalmente, es superior al primero.

Partiendo de un principio fundamental de la Partida Doble que todo bien que ingresa a un Patrimonio por un determinado valor debe salir de él por un valor equivalente, las mercaderías vendidas deben ser contabilizadas en el momento de su salida por el mismo valor en que han ingresado al patrimonio de la empresa.

Así, por ejemplo, si adquirimos mercaderías por valor de $10.000 que posteriormente vendemos a $ 15.000, tanto la entrada como la salida de dichas mercaderías del patrimonio del vendedor deberá ser realizada a su valor de adquisición ($ 10.000) y la diferencia obtenida en la venta ($ 5.000), que representa una ganancia en dicha operación tendrá que ser registrada en forma independiente en una cuenta de resultado.

Si así no se hiciera así y se utilizaría una determinada (Por ejemplo, Mercaderías) para registrar sus adquisiciones a los valores de compra y sus ventas a los valores de venta, se obtendrían resultados que quedarían registrados en dicha cuenta juntamente con el valor de sus existencias.

Ejemplo:

Supongamos que adquirimos 20 computadoras a $ 1.500 c/u. al contado en dinero en efectivo, de las cuales vendemos 10 de ellas en la suma de $ 2.000 cada una, y registráramos esas operaciones en nuestro libro Diario con los siguientes asientos:

MERCADERÍAS	30.000	
a CAJA		30.000
Por la compra de 20 computadoras a $ 1.500 cada una en dinero en efectivo.		

CAJA	20.000	
a MERCADERÍAS		20.000
Por la venta de 10 computadoras a $ 2.000 cada una en dinero en efectivo.		

El saldo de nuestra cuenta MERCADERÍAS sería deudor en $ 10.000 (resultante de debitarla por $ 30.000 y acreditarla por $ 20.000); pero, nuestras existencias de mercaderías si realizamos un recuento de las mismas sería de: 10 computadoras cuyo precio de compra fue de $ 1.500 lo cual nos daría una existencia por valor de $ 15.000, o sea un valor superior al de nuestros registros, en razón de encontrarse disminuido por la utilidad obtenida en la venta de estas últimas.

Como puede observarse en el ejemplo anterior, el saldo de la cuenta Mercaderías no sería representativo sólo de un valor del Activo, sino también de una ganancia que disminuiría el valor de este por la ganancia obtenida.

Si utilizamos esa forma de registro para determinar realmente el resultado habido, deberíamos recurrir previamente a practicar un recuento de las mercaderías, valuarlo a los precios de compra en que ingresó cada una de las computadoras y establecer por diferencia entre este valor y el saldo contable de la cuenta Mercaderías.

Dado que ese procedimiento sería de uso complicado y a veces imposible de realizar en la práctica en forma permanente, por la cantidad de unidades de cada producto que se adquiera o elabore en una empresa y la diversidad de los precios de compra o de costo y de venta que puedan presentarse en un período que puede llegar a un ejercicio (un año), se utiliza un procedimiento especial de registración que permite obtener igual información en forma constante, conociendo el resultado de las operaciones en cualquier momento que sea requerido.

EL REGISTRO DE LA VENTA DE MERCADERÍAS

Con el fin de solucionar el problema antes señalado pueden adoptarse dos alternativas de solución:

- Registrar en la cuenta MERCADERÍAS, tanto las entradas como las salidas a su precio de compra y la ganancia o pérdida que se obtenga en la venta en una cuenta de resultados: GANANCIAS Y PÉRDIDAS u otra similar (Procedimiento simple).
- Registrar en la cuenta MERCADERÍAS la entrada a su precio de compra y la venta en dos asientos como si se tratara de dos operaciones distintas (Procedimiento informativo), es decir:

1. Contabilizando en un asiento la venta (o sea al precio de venta), sea al contado o a plazo, utilizando una cuenta de resultados que podríamos llamar VENTAS.

2. Contabilizando en otro asiento la salida de la mercadería vendida a su valor de costo, utilizando una cuenta deudora representativa de ese costo (también de resultado) que podríamos llamar COSTO DE VENTAS.

Veamos a continuación dichas contabilizaciones, teniendo en cuenta que la adquisición de las mismas (20 computadoras a $ 1.500) se registra en igual forma que en el ejemplo anterior:

CAJA	**20.000**	
a VENTAS		**20.000**
Por la venta de 10 computadoras a $ 2.000 cada una en dinero en efectivo.		

COSTO DE VENTAS	**15.000**	
a MERCADERÍAS		**15.000**
Para contabilizar la entrega de 10 computadoras cuyo costo de adquisición fue de $ 1.500 cada una.		

En esta forma el saldo de la cuenta MERCADERÍA sería coincidente con el valor de la existencia de las mismas (10 computadoras adquiridas a $ 1.500) y la ganancia obtenida surgiría del saldo de la cuenta VENTAS menos el de COSTO DE VENTAS ($15.000).

No debemos olvidar que la Contabilidad no solo produce informaciones para la propia empresa sino para terceros, y dentro de éstos se encuentra el Fisco que ejerce un control sobre los importes registrados cuya mayor imposición se refiere al monto de las ventas efectuadas (caso el IVA).

Por lo tanto, esta última alternativa presenta la ventaja que nos permite llevar un registro de las ventas realizadas de fácil acceso, no solo para cumplir con esa obligación fiscal sino también para brindar la información necesaria a los ejecutivos de la empresa para evaluar la importancia de los distintos conceptos de gastos e inversiones en función de la actividad de la empresa (ya que el monto de las ventas es representativo de las mismas).

La contabilización de las ventas y el IVA

Dado la incidencia que tanto para el comprador como para el vendedor presente la aplicación del Impuesto al Valor Agregado sobre toda operación de compra- venta que se realice nos hemos referir al mismo en forma conjunta.

El Impuesto al Valor Agregado

El Impuesto al Valor Agregado es un tributo que, de acuerdo con sus características de imposición, debe ser facturado por el vendedor en la misma factura de venta de los productos que generan su cálculo.

Consiste en un porcentaje a aplicar sobre el valor de venta de los productos que, en la actualidad, se ha generalizado en un veintiuno por ciento, reduciéndose el mismo para determinados productos, generalmente alimenticios o medicinales e incrementándose en otros de carácter suntuario o prescindible.

Dentro del marco de las disposiciones, se han establecido algunas excepciones para ciertos productos, como así también la elevación del porcentaje en un cincuenta por ciento para aquellos compradores que no figuran inscriptos como contribuyentes de dicho impuesto.

Su recaudación se realiza por vía de compensación entre el impuesto que el vendedor debe tributar sobre la venta de los productos gravados y el impuesto que le es facturado por las compras, también gravadas, que realiza a sus proveedores.

Registro de facturas o documentos equivalentes

La AFIP, órgano encargado de la recaudación del Impuesto al Valor Agregado, ha establecido la obligatoriedad de registrar toda factura de venta o de compra y sus documentos equivalentes (notas de débito, de crédito, tickets de máquina registradora, etc.) en libros cuyas columnas permitan el análisis de los productos gravados y no gravados y la identificación precisa, en cada caso, del comprador o vendedor.

A tal efecto, se ha generalizado el uso de registros tabulados, comúnmente llamados Subdiario de Ventas y Subdiario de Compras, cuyos modelos exponemos en la página siguiente.

De ambos han de surgir, en forma independiente, los dos aspectos en que se funda la liquidación y el pago de este impuesto:

- Crédito fiscal, o sea el monto del impuesto que ha sido facturado por compra de mercaderías.
- Débito fiscal, o sea el monto del impuesto que la empresa factura por la venta de mercaderías a sus compradores o clientes.

Posición mensual

A los fines de compensar ambos montos, los del crédito fiscal y los del débito fiscal, se efectúa mensualmente un cotejo de los mismos que se denomina posición mensual y representa la situación en que se encuentra el contribuyente frente al fisco.

Si sus débitos mensuales son mayores que los créditos por igual período, es deudor del Fisco y deberá depositar la suma resultante de la diferencia entre ambos.

Si sus créditos son mayores que sus débitos, en el período mensual considerado, posee un saldo a su favor, compensable en el o los períodos siguientes.

Contabilización del impuesto

En realidad, los créditos fiscales constituyen un anticipo del impuesto que es facturado por el proveedor; igual carácter asume el saldo que resulte de la posición mensual cuando éste sea a favor de la AFIP (Administración Federal de Impuestos).

Con el fin de observar la forma en que se efectúa la contabilización de tales créditos, supongamos la recepción de una factura por adquisición de mercaderías a plazo por valor de $ 10.000, sujeta al pago del impuesto al valor agregado (21%):

MERCADERÍAS **CRÉDITO FISCAL IVA**	10.000 2.100	
a ACREEDORES		12.100
Por la compra de mercaderías		

La cuenta Crédito Fiscal IVA actúa en igual forma que una cuenta de Anticipo Impuestos, por lo cual, en oportunidad de fijar la posición mensual de la empresa frente a dicho gravamen, la compensará con los débitos que correspondan por ventas sujetas al impuesto que hubiera efectuado en el mismo período.

Así, por ejemplo, si las mercaderías anteriores hubieran sido vendidas también a plazo en la suma de $ 15.000 deberíamos cargar al comprador la suma de $ 3.150 (21% de $ 15.000) que constituiría nuestro débito fiscal registrable de la siguiente forma:

DEUDORES	18.150	
a VENTAS		15.000
a DÉBITO FISCAL IVA		3.150
Por la venta de mercaderías		

La posición mensual surge de las contabilizaciones anteriores de esta manera:

Débito fiscal I.V.A. del mes	3.150
Crédito fiscal I.V.A. del mes	2.100
Saldo a favor de AFIP	1.050

Cuyo saldo a favor de AFIP deberá ser depositado al mes siguiente del que corresponda; en caso que existiera un saldo a favor del contribuyente el mismo se considerará como anticipo del mes siguiente.

EJERCICIOS DE AUTOEVALUACIÓN

Formas de registro de las Compras y las Ventas

Con el fin de realizar una práctica de dicha operatoria plantearemos algunos ejemplos de compras y de ventas, a fin que el alumno en el modelo de Libro Diario indicado como R-14 del archivo de Formularios y Registros, redacte los asientos que correspondan teniendo en cuenta lo mencionado anteriormente.

Es decir que en toda operación de compra o de venta el alumno deberá registrar el impuesto que corresponda cargar al comprador o retener y paga el vendedor y, en cada operación de venta formular no solo el registro de la venta sino también el de la entrega de la mercadería vendida.

Operación 1 - Compra de mercaderías por $ 40.000 abonada mitad en dinero efectivo y mitad con cheque Banco Nación.

Operación 2 - Venta de las mercaderías adquiridas en la operación 1 en la suma de $ 60.000 abonadas con un pagaré a 30 días cuyos intereses son pagados con cheque Banco Nación.

Operación 3 - Contabilizar la entrega de la mercadería de la operación anterior.

Operación 4 - Compra de mercaderías por $ 70.000 abonada con un pagaré de $ 40.000 más sus intereses de $ 5.000 que se incluyen en el mismo y $ 30.000 en dinero efectivo sobre el cual el vendedor deduce la suma de $ 3,000 en concepto de descuento por pronto pago.

Operación 5 - Venta de las mercaderías adquiridas en la operación anterior e la suma de $ 60.000 que se realiza mitad en cuenta corriente y la otra mitad en dinero en efectivo previo descuento por pronto pago de la suma de $ 3.000.

Operación 6 - Contabilizar la entrega de la mercadería de la operación anterior.

Operación 7 - Cobrado en un cheque Banco Nación el pagaré recibido en la operación 2.

Operación 8 - Abonado en dinero en efectivo el pagaré entregado en la operación 4.

Operación 9 - Venta de mercaderías por valor de $ 120.000 abonadas con un cheque Banco Nación de $ 40.000, en dinero en efectivo $ 30,000 previo descuento de un 20% y el saldo en un pagaré a 60 días con más un interés del 20%.

Operación 10 - Contabilizar la entrega de mercaderías de la operación anterior.

CAPÍTULO 12

Los informes contables

CONCEPTO

Los datos extraídos de las registraciones contables y los ajustes practicados con el fin que los estados surgidos de los mismos expresen la realidad de la situación de una empresa, a los fines de apoyar la toma de decisiones por parte de sus responsables, imponen un análisis e interpretación que permita obtener la mayor información posible, a efectos que dichas decisiones se lleven a cabo con la mayor seguridad y permitan lograr los objetivos perseguidos por una gestión que desea ser eficaz.

Dicha información debe ser presentada de manera tal que responda a determinadas características generales, teniendo en cuenta que las personas que lo utilizarán en la empresa:

- No disponen del tiempo necesario para su análisis y comprensión.
- Muchas veces no poseen los conocimientos técnicos sobre el análisis e interpretación de dichos estados contables.

Por ello es necesario que tales informes:

SENCILLOS	Indiquen solo lo necesario y en forma concisa.
CLAROS	Sean de fácil comprensión para los interesados.
COMPLETOS	Reflejen todas las conclusiones posibles debidamente fundadas.
ESTRUCTURADOS	Tengan una presentación lógica y coherente.

Respecto de esta última característica la estructura del informe debe adecuarse al siguiente orden:

PRESENTACIÓN Y OBJETIVOS DEL INFORME	Explicando los motivos perseguidos en el mismo, el solicitante y las limitaciones que pudieran existir respecto de insuficiencia de datos o informaciones, resumiendo el análisis realizado de los estados contables sometidos al estudio.
DIAGNÓSTICO	Indicando las observaciones encontradas en la aplicación de las técnicas de análisis y los efectos que ellas pueden tener respecto de las actividades futuras de la empresa.

En tal sentido, deberán detallarse todos los aspectos que se refieran a:

COMPOSICIÓN DE LA INVERSIÓN	Y el destino y aplicación a dar a las inversiones inmovilizadas.
ANÁLISIS DE LOS DISTINTOS ÍNDICES	Confeccionados con el fin de determinar las relaciones más salientes entre los valores patrimoniales y de resultado, sugiriendo medidas para el logro del equilibrio entre los activos y pasivos corrientes y no corrientes.
COMPOSICIÓN DE LA FINANCIACIÓN	Examinando las relaciones de capital propio, ajeno y de trabajo y todos los aspectos relativos al endeudamiento y créditos a corto y largo plazo, como así todo lo que se refiera a la obtención de recursos financieros y financiación de gastos e insumos.
COMPOSICIÓN DE LOS RESULTADOS	Determinando los márgenes de ganancia obtenidos tanto en las ventas como en otras actividades rentables y la incidencia de los distintos gastos e insumos sobre las mismas.
RECOMENDACIONES	Proposición de medidas tendientes a solucionar los problemas referidos en el diagnóstico.

A estos fines se han de tener en cuenta los análisis a través de los diversos índices tanto generales como específicos surgidos de los estados contables correspondientes y los referidos a la gestión en particular que permitan deducir las perspectivas futuras de la empresa; sobre ellos nos hemos de referir a continuación y en los próximos capítulos 13 y 14.

ANÁLISIS DE LA INFORMACIÓN

Metodología a utilizar

La información que producen los distintos estados contables (Patrimonial y de Resultados) debe ser debidamente analizada e interpretada para deducir de ese análisis e interpretación las distintas causas que han derivado a la obtención de las cifras que ellos contienen, a fin que las decisiones que sean tomadas en base a ellos se encuentren avaladas con la mayor seguridad y certeza para permitir lograr las soluciones más eficaces.

Es decir que:

- Desde una perspectiva interna, los directivos o administradores pueden ir tomando decisiones que permitan corregir todos aquellos aspectos que amenacen su situación o acentuar aquellas que alcancen o superen los objetivos propuestos.
- Desde una perspectiva externa, la interpretación de estados contables y los análisis de que se sirve son de gran utilidad para todos aquellos que contratan con la empresa (con fines comerciales o financieros) para conocer su situación y prever su evolución futura.

Evidentemente, toda empresa se encuentra con numerosos problemas ante los cuales, muchas veces, es poco lo que puede hacer, sobre todo cuando se trata de causas externas que la hacen caer en crisis.

Oriol Amat en su obra Análisis de Estados Financieros plantea algunas de dichas causas aportando el siguiente detalle:

- Crisis general
- Cambios en el mercado
- Tiranía de los proveedores
- Impuestos elevados
- Cambios tecnológicos
- Escasa demanda
- Competencia exterior
- Falta de apoyo de la Administración

- Insolvencia de los clientes
- Retrasos en el cobro de las ventas
- Exageración de rumores negativos
- Desastres, terremotos, inundaciones
- Publica (concesiones y/o pagos
- Inflación
- Climatología adversa
- Mala suerte

Diagnóstico

Pero, sin duda alguna, la mayoría de los casos que se presentan, tanto provenientes de la empresa como de su entorno, son producto, muchas veces, de un incorrecto diagnóstico empresarial por falta de información como la que surge de la aplicación del análisis de todos sus datos relevantes, el cual debe cumplir con algunos aspectos básicos como ser:

- Basarse en el análisis de los datos más relevantes.
- Realizarlos a tiempo, en el momento oportuno.
- Ser correcto y veraz, reflejando la realidad económica de la empresa.
- Recomendar medidas correctivas que solucionen los problemas y refuercen los logros alcanzados.

Según Ferruz en su obra Dirección Financiera, todo diagnóstico correcto ayuda a obtener los objetivos básicos en todas de las empresas, cuales son:

SOBREVIVIR	Continuar funcionando, atendiendo a los compromisos adquiridos.
SER RENTABLE	Obtener beneficios que le permitan retribuir adecuadamente a los accionistas y financiar sus actividades.
CRECER	Incrementar las ventas, su participación en el mercado y aumentar los beneficios que obtiene de su actividad.

Sin embargo, el diagnóstico para alcanzar estos fines debe complementarse con el análisis de otras informaciones que permitan detectar otros aspectos positivos y/o negativos, que no pueden ser valorados en igual forma que el surgido de los estados contables.

A manera de ilustración transcribimos a continuación algunas de ellas que Oriol Amat incluye en la obra citada anteriormente:

ORGANIZACIÓN	Objetivos de la empresa Estructura jurídica Estilo de dirección Planificación
ECONÓMICO-FINANCIERO	Situación financiera Resultados económicos Costos y márgenes Crecimiento Presupuestos a corto y largo plazo

MARKETING Y COMERCIAL	Mercado Competencia Precio Producto Publicidad Distribución Servicio posventa Imagen de empresa
INDUSTRIAL	Tecnología Investigación Capacidad productiva Productividad Calidad Proceso de fabricación
FACTOR HUMANO	Clima laboral Motivación Ausentismo

ANÁLISIS DE LOS ESTADOS CONTABLES

Por ello, el análisis de los estados contables juega un papel importantísimo en la gestión empresarial, acerca del cual debemos estudiarlo de acuerdo a sus distintos niveles, que podríamos clasificarlos en:

- Análisis de carácter general, que brindan una concepción global de la empresa en una situación estática y permiten determinar la situación patrimonial, económica y financiera al momento actual.
- Análisis específicos de cada uno de los componentes de dichos estados, que se refieren a conceptos particulares de las distintas áreas de la empresa que permiten determinar entre otras situaciones su posibilidad de cumplir sus obligaciones, el movimiento de sus bienes de cambio, el rendimiento de sus operaciones, etc.
- Análisis de la gestión empresarial, para determinar los parámetros dentro de los cuales se ha desempeñado la administración de la empresa y prever las decisiones futuras que permitan mantener o incrementar sus resultados positivos y/o eliminar o reducir sus resultados negativos y el capital necesario para desarrollar su actividad.

ANÁLISIS DE CARÁCTER GENERAL

Entre las operaciones previas al cierre de un ejercicio, sobre las que nos hemos extendido en nuestro curso anterior, se encuentran aquellas que hemos llamado ajustes necesarios; no obstante, ello, debemos tener en cuenta que, en caso que tales operaciones de ajuste no se hubieran realizado, o las mismas lo hayan sido con defectos o excesos, el análisis de los estados contables que correspondan no tendrían validez alguna pues los mismos no responderían a la realidad económica.

El caso más común es el de la contabilización o registro de activos o pasivos inferiores o superiores a sus valores reales.

Dichas situaciones se conocen en la técnica contable con el nombre de Reservas ocultas y Aguamiento de capital, respectivamente, siendo importante conocer los efectos que estas producen en la situación patrimonial, económica y financiera de toda empresa.

Reservas ocultas

Los casos más comunes de reservas ocultas resultan de la presentación de:

- Pasivos contables superiores a los reales
- Activos contables inferiores a los reales

El primer caso supone la existencia de un capital mayor por alguna deuda inexistente como tal, registrada en el balance (Por ejemplo, una deuda que ha sido abonada y su pago no contabilizado); el siguiente esquema permite observar esa situación en forma gráfica:

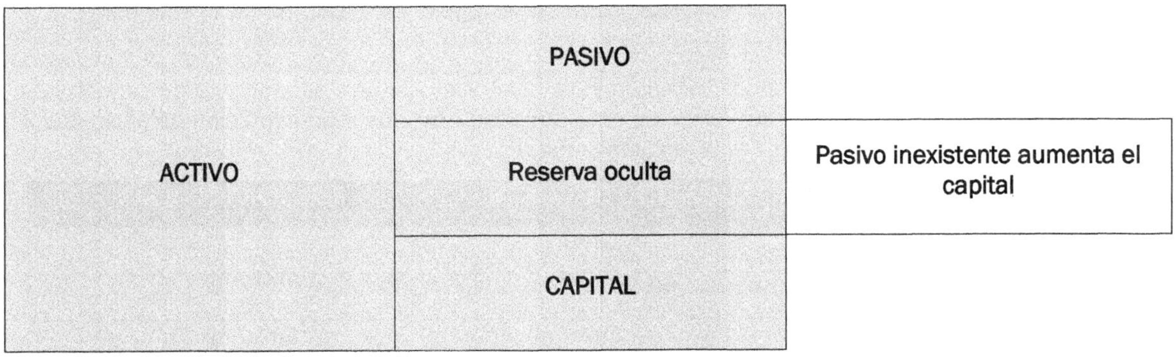

En tal caso al no existir dicho pasivo, el mismo incrementa el valor del capital, constituyendo una reserva oculta, mejorando así su situación patrimonial.

Otro caso de reservas ocultas supone la existencia real de un activo superior al que resulta de los valores contables (amortizaciones excesivas, activo registrado por menor valor, existencia de mercadería subvaluada, etc.), lo cual produce también un incremento de su capital real, según podemos observarlo gráficamente en el siguiente esquema:

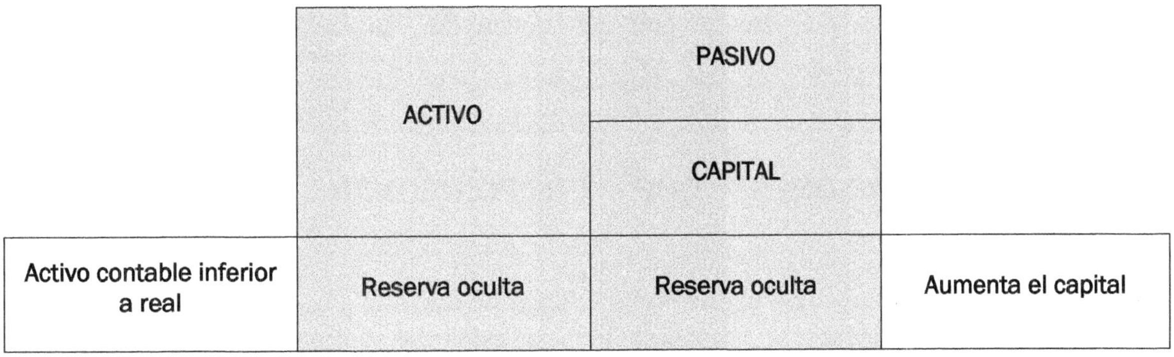

Aguamiento de capital

Cuando la situación es inversa al concepto con que hemos definido las reservas ocultas, se presenta la que se conoce como aguamiento de capital, pues supone la asignación de:

- Pasivos contables menores a los reales
- Activos contables mayores a los reales

Tales situaciones producen una disminución del capital o patrimonio neto de la empresa (capital aguado, significa que no tiene valor alguno); o sea que lo que hemos considerado una reserva oculta en los gráficos anteriores se traduce en un aguamiento de capital que, en lugar de incrementar el CAPITAL o el PATRIMONIO NETO, lo disminuye.

Los casos más comunes que suelen presentarse en los casos de aguamiento de capital resultan de la excesiva valuación de algún rubro del activo o del cálculo de amortizaciones por valores inferiores al desgaste real sufrido por los bienes de uso; como consecuencia de ello la parte equivalente del capital que representa esos valores calculados en exceso, no tiene valor real alguno desde el punto de vista económico; por ello se lo denomina capital aguado.

Otro caso de aguamiento de capital, es el motivado por la existencia de un valor del pasivo inferior a su valor real que, al ser mayor que el registrado, produce un incremento del pasivo lo cual ocasiona una disminución del capital representativo del patrimonio neto; tienen puede tener lugar por la contabilización de un pasivo menor al real, o sea en caso de no haberse registrado alguna deuda de la empresa o que la constitución de las previsiones no se encuentre de acuerdo con la naturaleza y el monto de los gastos a prever.

Los distintos conceptos expresados anteriormente (reservas ocultas y aguamiento de capital) nos permiten analizar algunos aspectos diferenciales entre ambas formas de representación no ajustadas a la realidad, que pueden ser resumidos en el siguiente cuadro:

RUBROS	AGUAMIENTO DE CAPITAL	RESERVAS OCULTAS
	ACTIVO	
AMORTIZACIONES	Insuficientes	Excesivas
BIENES DE CAMBIO	Valuación contable superior al valor real	Valor contable inferior al real
VALORES MOBILIARIOS	Valuación contable superior al valor real	Valuación contable inferior al valor real
BIENES INMATERIALES	Valuación contable superior al valor real	Valuación contable inferior al valor real
	PASIVO	
DEUDAS	Valores contables inferiores a los reales	Valores contables superiores a los reales
PREVISIONES	Insuficientes	Excesivas

OTRAS INFORMACIONES QUE PROPORCIONAN LOS ESTADOS CONTABLES

En el lenguaje económico y empresario habitual, suelen clasificarse a las empresas en función de su situación patrimonial, financiera y económica, términos éstos que se confunden en la práctica, en razón de la falta de información que se posee acerca de los conceptos que los mismos encierran.

Veamos en particular cada uno de ellos:

Situación patrimonial

El Balance General, Estado General o Estado de Situación Patrimonial, como se llama indistintamente, se define como el estado numérico resultante del registro de las operaciones realizadas por la empresa durante el ejercicio económico, tendiente a demostrar la situación patrimonial de la empresa.

La unidad de medida de la situación patrimonial está dada por los conceptos que integran el Patrimonio Neto, o sea el Capital de la empresa, más las utilidades no distribuidas y las reservas libres de afectación.

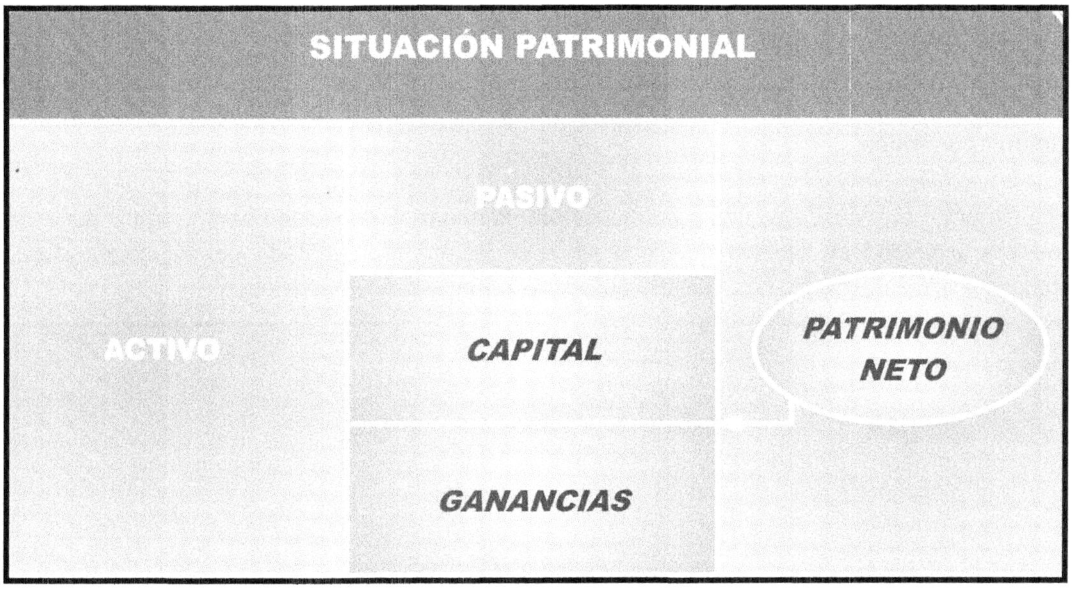

La determinación de la situación patrimonial de una empresa no surge solamente de la apreciación cuantitativa de los valores que integran el patrimonio neto, sino también de su comparación con los restantes rubros del pasivo.

Así, una situación patrimonial aceptable estará dada cuando el capital propio y los conceptos que lo incrementan (utilidades y reservas) superen holgadamente al pasivo a favor de terceros; por el contrario, cuando las deudas representan montos superiores al capital propio, la situación patrimonial de la empresa puede ser juzgada como difícil, pues su patrimonio o capital propio se encuentra comprometido al pago de esas deudas.

Variaciones patrimoniales

Los distintos cambios que pueden presentarse en un balance respecto de otro producirá, en todos los casos, variaciones en su patrimonio neto, o sea en su Capital.

Sin embargo, pueden presentarse en algunos casos ciertas variaciones en el activo o pasivo que se compensen con cambios equivalentes en el pasivo o en el activo, respectivamente.

En tal caso esas modificaciones no alterarán su patrimonio o capital.

Por ello resulta interesante, a estos efectos, agregar una tabla de posibilidades más comunes que suelen presentarse con motivo de esas variaciones y las consecuencias que las mismas pueden producir en la situación económica y/o financiera de la empresa

VARIACIONES PATRIMONIALES	
Cambios en el balance	Consecuencias posibles
AUMENTOS DE ACTIVO	Aumentos de PASIVO Aumentos de CAPITAL GANANCIAS
DISMINUCIONES DE ACTIVO	Disminuciones de PASIVO Disminuciones de CAPITAL PÉRDIDAS
AUMENTOS DE PASIVO	Aumentos de ACTIVO Disminuciones de CAPITAL PÉRDIDAS
DISMINUCIONES DE PASIVO	Disminuciones de ACTIVO Aumentos de CAPITAL GANANCIAS

Situación económica

La situación económica de una empresa estará dada por su capacidad para producir ganancias o utilidades y la unidad de medida de dicha situación estará representada por la magnitud de sus resultados; el siguiente gráfico nos muestra el caso de obtención de ganancias:

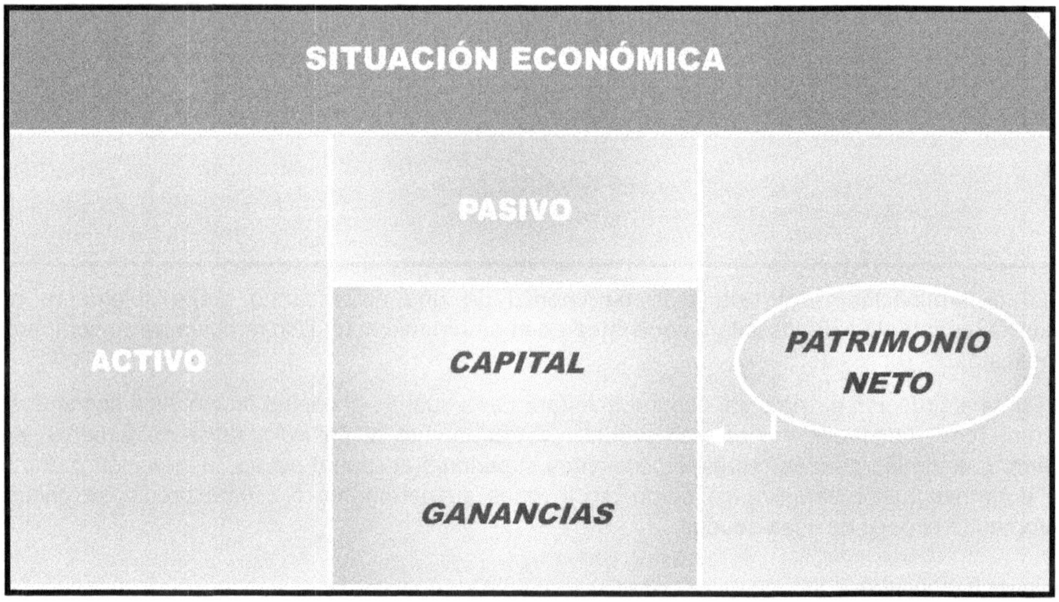

De acuerdo al concepto anterior, una empresa que arroje pérdidas en sus actividades ha de tener una situación económica desfavorable que irá debilitando a su vez su situación patrimonial, en razón que, en algún momento, puede llegar a producir disminuciones en su capital para compensar esos resultados.

Situación financiera

Por su parte, la situación financiera estará representada por la relación entre conceptos que miden la capacidad de la empresa para poder hacer frente a sus deudas sin afectar los bienes de cambio y de uso de que dispone dado que son indispensables para llevar a cabo su actividad específica.

Como podemos observar en el gráfico siguiente la situación financiera tiene por objeto considerar conceptos diversos del activo, como disponibilidades y créditos y las deudas que forman parte del pasivo.

Al igual que en la situación anterior (patrimonial), mediante un análisis más intenso acerca de los rubros comprendidos a los cuales nos dedicaremos a continuación (relaciones porcentuales), deberán establecerse los vencimientos y/o plazos promedios en que ellos se hagan efectivos (caso créditos y deudas), que permitirán determinar con mayor exactitud la situación financiera de la empresa.

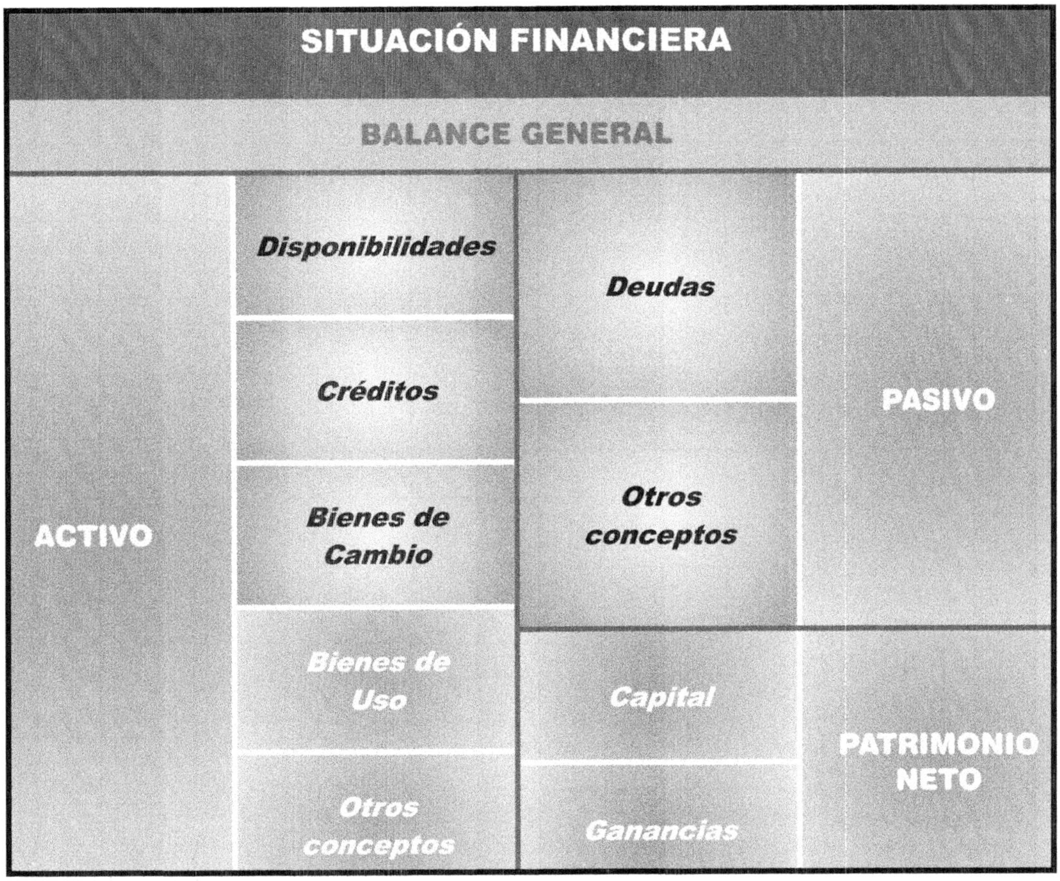

Por ello es importante destacar que ambas situaciones (patrimonial y financiera) no poseen correspondencia alguna siendo sus evaluaciones consideradas independientes, dado que una buena situación patrimonial no implica la existencia de una buena situación financiera, dado si los plazos de realización de los conceptos que ellas integran no son, en la práctica, simultáneos, aunque la anticipación (créditos) o postergación (deudas) de algunos de ellos puedan obrar en beneficio o detrimento de esta última, respectivamente.

RELACIONES PORCENTUALES

Introducción

Las unidades de relación son muy útiles para el análisis de los datos de los estados contables, respecto de la importancia que posee cada uno de sus rubros en los propios estados y poder compararlos con otros ejercicios, ya que permite medir su participación en el capital de la empresa y en su actividad observando su evolución en el tiempo; veamos su incidencia en un ejemplo, teniendo en cuenta, los siguientes Estados de Resultados y Patrimonial en los cuales hemos extraídos los índices verticales (de cada ejercicio) y horizontales (por comparación):

ESTADO DE RESULTADOS									
CONCEPTO	Ejercicio 1		Ejercicio 2		Ejercicio 3		Nros. índices		
	Importe	%	Importe	%	Importe	%	Ej. 1	Ej. 2	Ej. 3
Ventas	20.000	100	25.000	100	30.000	100	100	125	150
Costo de Ventas	8.000	40	10.000	40	12.000	40	100	125	150
Utilidad bruta	12.000	60	5.000	60	18.000	60	100	42	150
Gastos	5.000	25	6.000	24	6.000	20	100	120	120
Utilidad neta	7.000	35	9.000	36	12.000	40	100	129	171

ESTADO PATRIMONIAL									
CONCEPTO	Ejercicio 1		Ejercicio 2		Ejercicio 3		Nros. índices		
	Importe	%	Importe	%	Importe	%	Ej. 1	Ej. 2	Ej. 3
ACTIVO									
Activo corriente	45.000	60	60.000	63	75.000	65	100	133	166
Activo no corriente	30.000	40	35.000	37	40.000	35	100	116	133
Total del Activo	75.000	100	95.000	100	115.000	100	100	127	153
PASIVO									
Pasivo corriente	35.000	47	40.000	42	50.000	43	100	114	143
Pasivo no corriente	5.000	6	15.000	16	25.000	22	100	300	500
Patrimonio Neto	35.000	47	40.000	42	40.000	35	100	114	114
Total del Pasivo	75.000	100	95.000	100	115.000	100	100	127	153

Las relaciones más comunes que surgen de los estados precedentes residen en:

- Análisis de los cambios absolutos, mediante la observación de las diferencias en las cantidades de cada uno de los rubros, sea dentro del mismo ejercicio para medir su importancia o con los de ejercicios anteriores para determinar la existencia de un aumento o disminución de los mismos.
- Análisis vertical, mide la importancia que cada rubro o cuenta en relación con los respectivos totales del Activo y Pasivo, de Pérdidas o Ganancias.

Este tipo de porcentaje permite analizar la estructura de los estados contables observando la incidencia que representa cada uno de los rubros en el componente a que pertenece (sea del Activo, Pasivo, o Resultados) lo cual nos indica:

1. La importancia de los distintos rubros en la composición del Activo y Pasivo del estado contable.
2. En el Estado de Resultados la incidencia de cada rubro respecto de las ventas brutas del ejercicio a que corresponde.

- Análisis horizontal, permite observar la evolución de cada uno de los rubros o cuentas en distintos ejercicios, mediante su comparación entre ellos.

Este análisis es empleado con el fin de realizar una comparación entre dos o más estados contables similares, correspondientes a distintos ejercicios económicos o períodos de gestión (trimestrales, semestrales, etc.).

En los análisis horizontales suelen utilizarse los llamados números índices que tienen por objeto fijar un ejercicio base al cual se le fija un índice de 100, sobre cuyo valor se realizan las comparaciones con los restantes ejercicios.

Resumiendo, entonces, los tipos de análisis porcentuales pueden ser efectuados por medio de:

VALORES ABSOLUTOS	O sea, las diferencias en cantidad que se observan en los importes de cada rubro en el ejercicio que se trate y permite comparados con el ejercicio anterior en cuanto a los valores que representan.
PORCENTAJES VERTICALES	Obtenidos mediante una relación de cada uno de los rubros del balance respecto del total del activo o pasivo según corresponda; en el estado de resultados esa relación se efectúa respecto del monto de ventas brutas de dicho estado.
PORCENTAJES HORIZONTALES	Relaciones que permiten observar no solo los cambios absolutos entre dos o más estados contables sino también reducidos a un valor de ponderación que determina la importancia de cada uno de ellos en su propio ejercicio; suelen utilizarse también los números índices tanto para analizar los distintos rubros en forma horizontal (para comparar con otros ejercicios) como vertical (para determinar su importancia dentro del ejercicio que corresponda).

EJERCICIOS DE AUTOEVALUACIÓN

Cuestionario

1) ¿Qué entiende por informes contables sencillos y completos?
2) Señale algunas de las causas externas que deben tenerse en cuenta en los informes contables.
3) ¿Qué comprenden los análisis de carácter general y qué permiten determinar?
4) ¿A qué se refieren los análisis específicos de los estados contables?
5) ¿Cuál es el objeto de los análisis de gestión empresarial?
6) ¿En qué diferencia las reservas ocultas del aguamiento de capital al analizar un estado contable?
7) ¿Cuál es el objeto de determinar índices horizontales y verticales en el análisis de un estado contable?
8) Explique la importancia de analizar los cambios en los valores absolutos en un estado contable y en ¿qué lo distingue de los índices horizontales y verticales?

Aguamiento de capital y reservas ocultas

Indicar en los distintos bloques las causas que producen en los diferentes rubros el aguamiento de capital y las reservas ocultas.

RUBROS	AGUAMIENTO DE CAPITAL	RESERVAS OCULTAS
	ACTIVO	
AMORTIZACIONES		
BIENES DE CAMBIO		
VALORES MOBILIARIOS		
BIENES INMATERIALES		
	PASIVO	
DEUDAS		
PREVICIONES		

Índices verticales y horizontales

A tales efectos hemos confeccionado el siguiente Cuadro en el cual incluimos ambos aspectos de tres ejercicios con el fin de calcular esos índices en dos formas:

1) Verticalmente, para conocer la importancia de cada rubro respecto del total del activo o pasivo en el caso del Estado Patrimonial o del total de las Ventas en el Estado de Resultados.

2) Horizontalmente, destinando tres columnas de la derecha para conocer la evolución de cada rubro a través de los tres ejercicios elegidos, utilizando los llamados números índices que, partiendo del número 100 para el primer ejercicio, obtenemos la relación correspondiente de los restantes ejercicios.

Índices Verticales y Números índices

	Ejercicio 1		Ejercicio 2		Ejercicio 3		Números índice		
	Importe	*%*	*Importe*	*%*	*Importe*	*%*	*1*	*2*	*3*
ACTIVO									
Corriente	45.000		60.000		75.000		100		
No corriente	30.000		35.000		40.000				
Total del Activo	75.000		95.000		115.000				
PASIVO									
Corriente	35.000		40.000		50.000		100		
No corriente	5.000		15.000		25.000				
Sub-total	40.000		55.000		75.000				
Patrimonio neto	35.000		40.000		40.000				
Total del Pasivo	75.000		95.000		115.000				
VENTAS	20.000		25.000		30.000		100		
COSTO DE VENTAS	8.000		10.000		12.000				
Utilidad bruta	12.000		5.000		18.000				
GASTOS	5.000		6.000.		6.000				
Utilidad neta	7.000		9.000		12.000				

Variaciones patrimoniales

Los distintos cambios que pueden presentarse con motivo de las diferentes operaciones de una empresa producen variaciones en los componentes de sus estados contables que el alumno deberá identificar en los bloques respectivos de la derecha.

CAMBIOS EN EL BALANCE	CONSECUENCIAS POSIBLES
Aumentos del pasivo	
Aumentos del activo	
Disminuciones del pasivo	
Disminuciones del activo	

CAPÍTULO 13

Información específica

INTRODUCCIÓN

Entre los análisis de la información producida por los estados contables de una empresa se encuentran aquellos que hemos llamado específicos por corresponder a cada uno de sus componentes, o sea aquellos referidos a conceptos particulares de las distintas áreas de la empresa que permiten determinar las posibilidades de cumplimiento de las obligaciones que ha asumido, el movimiento de sus bienes de cambio derivado de su actividad, el rendimiento de las operaciones realizado, etc.

Por ello nos hemos de referir en particular a los siguientes índices:

- De liquidez, para conocer la capacidad de cumplir los compromisos.
- De rotación de mercaderías, complementándola con igual tipo de índice (rotación) de sus cuentas a pagar u a cobrar.
- De rendimiento, a fin de analizar los resultados logrados con sus inversiones propias y de terceros.

ÍNDICES DE LIQUIDEZ

Concepto

Los índices de liquidez se utilizan para evaluar la capacidad de la empresa para cumplir en término con sus compromisos, y pueden ser calculados:

- En base a los activos y pasivos corrientes (a corto plazo), recibiendo el nombre de índice de liquidez corriente.
- En base a los activos corrientes y pasivos corrientes y no corrientes (a corto y a largo plazo), en cuyo caso nos referimos al índice de liquidez total.

La clasificación de activos y pasivos a corto y largo plazo suele utilizarse en la presentación de los estados contables para distinguir aquellos cuyo vencimiento de cobro o pago, se producen dentro del año siguiente a la fecha de cierre de todo ejercicio económico o más allá de dicho plazo, respectivamente.

- Mediante la no inclusión del valor de los bienes de cambio, dando lugar al llamado índice de liquidez seca o prueba de fuego, dado que solo considera aquellos conceptos que pueden ser convertidos en dinero en forma inmediata, de manera de no entorpecer la normal actividad de la empresa.

Los índices de liquidez, en cualquiera de sus formas de cálculo, han alcanzado general aceptación y adopción en las instituciones financieras y en las empresas proveedoras, en general, dado que el incumplimiento en los pagos determina una calificación crediticia negativa que restringe las fuentes de financiación, incrementa los intereses de los préstamos que se contraten y, por extensión, incrementa los precios de compra y venta de los productos que se producen o comercializan.

Es conocido, por ejemplo, que los casos de paralización de actividades o quiebra son el resultante de la falta de capacidad de afrontar los compromisos financieros de las empresas cuando caen en tales situaciones, aun cuando su actividad pueda producir beneficios económicos satisfactorios.

Es importante destacar que, dentro del Activo corriente, se encuentran los Bienes de Cambio cuya venta es la que permite satisfacer los compromisos de la empresa, debiendo tenerse en cuenta la necesidad del mantenimiento de un stock adecuado que permita continuar las actividades en forma normal, ya que una disminución del stock producirá en forma sucesiva menores ventas y por extensión, menos recursos financieros para atender las deudas de la empresa.

Cálculo de los índices de liquidez y de sus variaciones

A los fines de brindar la forma de calcular los distintos índices de liquidez que hemos referido, partiremos, a manera de ejemplo, del siguiente estado contable (patrimonial) reducido a sus principales rubros, en el que consta la división de sus activos y pasivos en corrientes y no corrientes de acuerdo con el concepto de los mismos antes señalado.

ESTADO CONTABLE AL COMIENZO DE LAS OPERACIONES	
RUBROS	INICIAL
Activo corriente	300.000
Créditos	100.000
Bienes de Cambio	200.000
Activo no corriente	250.000
Créditos	100.000
Bienes de Uso	150.000
Total del Activo	550.000
Pasivo corriente	150.000
Pasivo no corriente	120.000
Patrimonio Neto	280.000
Total del Pasivo	550.000

A continuación, efectuaremos las relaciones correspondientes de los rubros de dicho estado contable conforme al criterio indicado acerca de su cálculo a efectos de determinar los índices en cada caso.

Índice de liquidez corriente

$$\frac{\text{Activo corriente}}{\text{Pasivo corriente}} = \frac{300.000}{150.000} = 2$$

Índice de liquidez total

Activo cte. + Activo no cte. / Pasivo cte. + Pasivo no cte.	=	300.000 + 250.000 / 150.000 + 120.000	=	550.000 / 270.000	=	2,037

Índice de liquidez seca

Activo cte. - Bs. de Cambio / Pasivo cte.	=	300.000-200.000 / 150.000	=	0,67

Con el fin de observar la forma en que se producen las distintas variaciones como consecuencia de adquisiciones realizadas, indicando el destino de las mismas, hemos confeccionado el siguiente cuadro que, partiendo de los datos anteriores hemos considerado un incremento en el activo corriente que supone un aumento correlativo en el Patrimonio Neto:

ESTADO CONTABLE AL COMIENZO DE LAS OPERACIONES			
RUBROS	INICIAL	VARIACIÓN	FINAL
Activo corriente	300.000	90.000	390.000
Varios	100.000	90.000	190.000
Bienes de Cambio	200.000		200.000
Activo no corriente	250.000		250.000
Total del Activo	550.000	90.000	640.000
Pasivo corriente	150.000	90.000	240.000
Pasivo no corriente	120.000		120.000
Patrimonio Neto	280.000		280.000
Total del Pasivo	550.000	90.000	640.000

Como puede observarse hemos habilitado dos columnas en las cuales indicamos, en la primera, la variación que se observa en el rubro correspondiente al cual le hemos adicionado el monto de la misma, para determinar, en la última columna, los valores finales que nos han de servir para calcular los siguientes índices de liquidez respectivos.

Índice de liquidez corriente

Activo corriente / Pasivo corriente	=	390.000 / 240.000	= 1,625

Índice de liquidez total

Activo cte. + Activo no cte. / Pasivo cte. + Pasivo no cte.	=	390.000 + 250.000 / 240.000 + 120.000	=	640.000 / 360.000	=	1,777

Índice de liquidez seca

$\frac{\text{Activo cte. - Bs. de Cambio}}{\text{Pasivo cte.}}$	=	$\frac{390.000\text{-}200.000}{240.000}$	=	0,791

ÍNDICES DE ROTACIÓN

Introducción

El término rotación es utilizado a los fines del Análisis e Interpretación de Balances como el número de veces que un concepto puede reproducirse durante un determinado período de tiempo (generalmente un ejercicio económico) con relación a otro concepto que se tiene como base y con el cual guarda cierta interdependencia.

Así, por ejemplo, el número de veces que un producto rota durante el ejercicio con relación a las utilidades que su venta produce nos indica la importancia que el mismo posee de acuerdo con la utilidad total de la empresa, por cuya razón se desplaza por sí o es desplazado por otros en las ventas de la empresa.

Los índices de rotación también nos permiten delimitar el plazo de realización que poseen los activos y pasivos o si la política comercial de la empresa se desarrolla dentro de los carriles normales de acuerdo con las previsiones realizadas para las compras y ventas a crédito y de las inversiones de bienes de cambio, en función de los planes de producción y de comercialización.

Por ello, existen diversos índices que podemos extraer de los estados contables en cuanto a la rotación de algunos de sus rubros, por ejemplo:

Cuentas a cobrar

(Plazo medio de las cobranzas por ventas)

Este índice mide el plazo medio en que son efectuadas las ventas a plazo por la empresa o sea que relaciona los créditos existentes (saldos de los deudores en cuenta corriente y documentos a cobrar) con la cifra de ventas netas.

El coeficiente resultante de dicha relación se expresa en días de ventas neta, lo cual nos permite, conocer el número de días de ventas netas promedio que la empresa concede en concepto de crédito a sus clientes,

El conocimiento de este índice es un recurso importantísimo desde el punto de vista financiero, ya que nos permite determinar, a su vez, el monto del capital de la empresa que se encuentra inmovilizado por esa circunstancia.

No debemos olvidar que la concesión de un plazo a un cliente nos priva del monto equivalente a la venta efectuada, durante el período que media hasta su cobro, que no podemos comprometer para ningún compromiso financiero dentro de dicho plazo.

Para su determinación es necesario, previamente, determinar la venta promedio por día habida durante el ejercicio, aplicando la siguiente fórmula:

$$\frac{\text{Saldos DEUDORES}}{\text{VENTAS / 360}}$$

Ejemplo 1:

Supongamos al efecto una venta anual de $ 720.000; si dividimos esa cantidad por (360 días en el año) observamos una venta diaria de $ 2.000. En caso que los saldos en cuenta corriente de nuestros clientes, arrojaran la suma de $ 120.000, el plazo medio de crédito concedido a los mismos sería del orden de los 60 días (resultante de dividir 120.000 por 2.000 (ventas diarias).

Ejemplo 2:

Veamos ahora, considerando datos extraídos de estados contables anteriores de una empresa (los tres últimos ejercicios), determinamos este índice estimando los saldos deudores de dicho estado y el monto de las ventas habidas que se indican a continuación:

Índice de rotación de Cuentas a Cobrar

EJERCICIO	Saldos DEUDORES	VENTAS	Días
1	40.000	360.000	40
2	45.000	480.000	34
3	87.500	900.000	35

Según se desprende el Ejercicio 1 arroja un índice de 40 días de venta pendientes de cobro, superado por el ejercicio siguiente en 45 días, pero disminuido en el ejercicio 3 en 35 días, lo cual ha significado en este último ejercicio una importante mejora en el capital disponible.

Cuentas A Pagar

(Plazo medio de pago de las deudas)

Este índice, al igual que el anterior, tiene por objeto medir el plazo medio, pero de las compras a plazo siendo representativo del crédito que los proveedores han acordado a la empresa durante el período que se analiza.

Al igual que el índice anterior se expresa en días de compras y, por lo tanto, la relación deberá ponderar las cifras de los saldos de los acreedores con el valor de compra de los productos adquiridos, de acuerdo con la siguiente fórmula de aplicación:

$$\frac{\text{Saldos ACREEDORES}}{\text{COSTO DE VENTAS / 360}}$$

Ejemplo 1:

Si las compras realizadas durante el año hubieran sido del orden de los $180.000, su reducción a compras por daría $ 500 (compras por día promedio); si el saldo de los proveedores en cuenta corriente fuera de $ 30.000, el plazo medio de compra estaría en el orden de los 60 días.

Ejemplo 2:

Utilizando dicho razonamiento, al igual que en el ejemplo anterior, para el cálculo de los índices en tres supuestos ejercicios de estados contables de una empresa y considerando los saldos de las cuentas Acreedores y de Costos de Ventas de los mismos que se indican en el siguiente cuadro, obtendremos los siguientes plazos resultante de sus días de rotación:

Índice de rotación de Cuentas a Pagar

EJERCICIO	Saldos ACREEDORES	COSTO DE VENTAS	Días
1	45.000	180.000	90
2	53.333	240.000	80
3	95.000	360.000	95

Según puede observarse el plazo medio de compras se ha mantenido entre 80 y 95 días, lo cual supone un mayor crédito otorgado por los proveedores, en el ejercicio disponiendo así un mayor capital para financiar otros gastos o inversiones con vencimientos similares.

Mercaderías

(Plazo medio de existencia de mercaderías a sus precios e costo)

En realidad, el concepto de rotación es similar al de movimiento lo cual se interpreta como la acción de entrada y salida de aquellos rubros que se encuentran en permanente actividad durante el ejercicio contable y así lo hemos podido observar en el caso de créditos a clientes (cuentas a cobrar) y de proveedores (cuentas a pagar) de la empresa.

Pero quizás el rubro o cuenta más representativo de ese movimiento sea el de Mercaderías en sus distintas formas (Mercaderías de reventa, Materias Primas, Productos elaborados), pues de acuerdo como se produzca su movimiento por las ventas que se realicen de los productos de la empresa, dependerá el índice de rotación de los dos casos anteriores ya que, el primero de ellos, (Créditos) se encuentra asociado a las ventas efectuadas y, el segundo (Acreedores), a las mercaderías (de reventa o materias primas) que se compran, ambas a plazo, según se refieran a una actividad comercial o industrial, respectivamente.

Lógico será, entonces, que también relacionemos la existencia de mercaderías o productos elaborados expresándola en días de compra o de costo de las mismas, por ser representativa del capital inmovilizado que debe conservarse en la empresa para abastecer la demanda de las mismas por venta o por producción.

Teniendo en cuenta igual procedimiento seguido en los ejemplos anteriores, indicamos a continuación los datos que nos han de ser de utilidad para calcular la existencia de mercaderías en función de los requerimientos de ellas para cumplir con la actividad de la empresa.

Ejemplo:

Así, supongamos, por ejemplo, que el costo de la mercadería vendida ha sido en el ejercicio de $ 360.000, por lo tanto, nuestras existencias permitirían hacer frente a una venta no mayor de 15 días resultante del siguiente cálculo:

Existencia de mercadería x 360 / Costo de mercaderías vendidas	=	15.000 / 360000 / 360	=	15 días

Veamos ahora cuáles son los índices que resultan de la evaluación de las cifras de tres estados contables supuestos que arrojaron los siguientes montos de inventarios iniciales y de compras, y obtendremos el plazo medio de mercaderías en existencia, en función de dichas cantidades.

Índice de rotación de mercaderías

EJERCICIO	Inventario Final	Costo de Ventas	Días

1	240.000	720.000	120
2	350.000	900.000	140
3	450.000	1.080.000	150

De la lectura de los índices anteriores se desprende que la empresa analizada posee un stock de mercaderías que le ha permitido hacer frente a ventas durante no menos de 120 días, aumentando paulatinamente su existencia con el fin de lograr un aumento de su actividad.

ÍNDICES DE RENTABILIDAD

Concepto

Este tipo de índices relaciona los beneficios con las inversiones, tratando de medir con ello la eficiencia de la empresa, constituyendo una herramienta necesaria para realizar un diagnóstico sobre su situación económica.

Sus objetivos son:

- Conocer las posibilidades de la empresa de abonar a sus dueños o accionistas participaciones o dividendos que les resulten atractivos y los motiven a realizar nuevas inversiones en la misma.
- Verificar que los requerimientos de capital necesario para desarrollar sus actividades específicas puedan cumplirse y les permita mantener su ritmo de producción y/o venta, facilitando su expansión futura.

Todo ello mide la rentabilidad de una empresa, por lo cual debe relacionarse el resultado obtenido, según surja del Estado de Resultados con los siguientes parámetros:

- Precios de los productos
- Activos destinados a la actividad
- Capital propio (del titular, de los socios o accionistas)

A través de esas variables podemos obtener los siguientes índices:

RENTABILIDAD	Relaciona el beneficio con los capitales propios.
MARGEN DE UTILIDAD	Mide el beneficio que se obtiene sobre las ventas.
APALANCAMIENTO	Compara el activo de la empresa con los capitales propios.
ROTACIÓN	Permite medir el número de días de venta con la existencia de sus productos.
RENDIMIENTO	Es el beneficio obtenido por el activo que se dispone para llevar a cabo su actividad.

El siguiente gráfico nos permite establecer las relaciones existentes entre los conceptos antes señalados

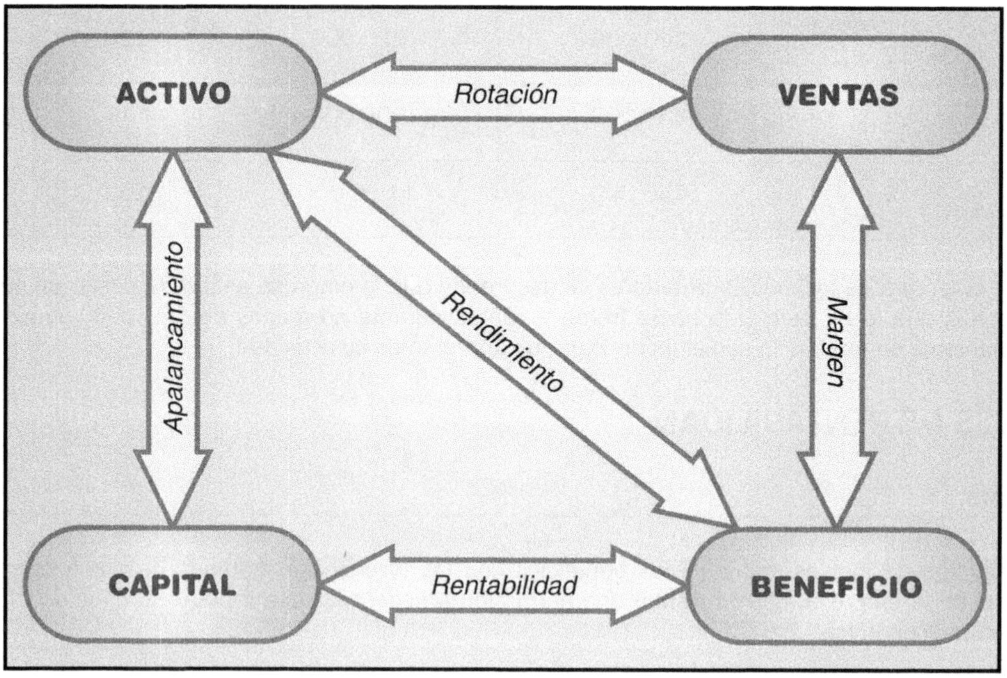

Índice de rentabilidad o rendimiento

Con el fin de medir la importancia de los resultados que se obtienen en las operaciones realizadas, es común relacionarlos con las ventas efectuadas y con el activo, independientemente de cómo se financia el mismo.

De dichas relaciones se obtiene el rendimiento sobre ventas y sobre el capital propio invertido siendo índices de fácil comparación con los indicadores comunes de plaza, como los intereses activos y pasivos que requieren u otorgan las instituciones financieras.

De allí que cuando nos referimos a la rentabilidad o el rendimiento tengamos en cuenta dos conceptos distintos:

- La rentabilidad o el rendimiento económico, por medio de cuyo índice relacionamos los beneficios con las ventas.
- La rentabilidad o el rendimiento financiero, por medio de cuyo índice relacionamos los beneficios con el capital propio invertido.

También permiten estos índices conocer los efectos de cualquier proceso inflacionario (aumento general de precios) que puede llegar a producir situaciones difíciles para la empresa, si no se adoptan medidas inmediatas para atenuar sus efectos.

Nos referiremos a ellos en particular.

Rentabilidad o rendimiento económico

Este índice nos permite conocer cuál es el rendimiento neto de nuestras ventas, según indicamos en el siguiente cuadro:

Índices de rendimiento sobre ventas

Ejercicio	UTILIDAD	VENTAS	RENDIMIENTO
1	24.000	120.000	20%

2	22.500	125.000	18%
3	19.200	120.000	16%

De la simple lectura del cuadro anterior podemos deducir una disminución constante de nuestro margen de utilidad sobre las ventas que, en caso de no estar acompañado por una baja en sus costos o gastos, producirá menos utilidades a la empresa.

Este índice, cuando se lo compara con la rotación de las mercaderías, nos aporta una mayor explicación y un mejor análisis de la situación.

En tal caso, incluiríamos en la relación no solo las ventas realizadas sino también el valor de los bienes de cambio, empleando una fórmula conjunta expresada así:

$$\textbf{Rendimiento económico} = \frac{\textbf{ventas}}{\textbf{bienes de cambio}} \times \frac{\textbf{beneficio}}{\textbf{ventas}}$$

En esa forma el rendimiento puede estar afectado por:

1. La rotación de los bienes de cambio
2. Margen de ventas

En cuyo caso dependerá de cuál de los factores modifica el rendimiento, presentándose los siguientes casos:

ROTACIÓN	RENDIMIENTO	MARGEN DE UTILIDAD
IGUAL	IGUAL	IGUAL
IGUAL	AUMENTA	MAYOR
IGUAL	DISMINUYE	MENOR
MENOR	DISMINUYE	IGUAL
MAYOR	AUMENTA	MAYOR
MENOR	DISMINUYE	MENOR
MENOR	AUMENTA	IGUAL

Sin embargo, debemos tener en cuenta que, cuando la rotación o utilidad sufren modificaciones (aumentos o disminuciones) el rendimiento aumenta o disminuye de acuerdo con la tabla anterior siempre y cuando los aumentos sean superiores a las disminuciones, pues en caso contrario se producirá el rendimiento adverso.

Rendimiento o rentabilidad financiera

Este índice o ratio suele ser denominado ROE, sigla derivada del inglés (return no equity) y constituye uno de los más importantes en el análisis financiero de una empresa, pues mide el resultado habido con la inversión realizada por sus dueños o accionistas y es referente, entre otros, para determinar la cotización de la empresa o de sus acciones.

Es aquel que relaciona el beneficio con los capitales propios; el siguiente cuadro nos permite observar su evolución a través de tres ejercicios de una supuesta empresa:

Índice de rendimiento sobre el patrimonio neto

Ejercicio	Utilidad	Patrimonio neto	Rendimiento
1	35.000	700.000	5%
2	36.000	900.000	4%
3	72.000	1.200.000	6%

A medida que aumenta el índice de rentabilidad financiera o sea positivo, las expectativas de los dueños o accionistas de la empresa será mayor respecto de la posibilidad de realizar nuevas inversiones.

Al igual que al referirnos al índice que mide el rendimiento económico juega un papel importante la consideración de otros índices como los de la rotación de los bienes de cambio, a los que se suma, en este caso, el efecto palanca o sea aquel que relaciona el Activo con los capitales propios, pudiendo relacionarse tales aspectos en una fórmula común como la siguiente:

Rentabilidad financiera	=	Beneficio neto / Ventas	x	Ventas / Activo	x	Activo / Capitales propios

Teniendo en cuenta los diversos conceptos comprendidos en la fórmula anterior cualquier variación que se observe en ellos, producirá los efectos consecuentes en el índice de rentabilidad financiera; por eso es interesante observar seguidamente las medidas que pueden adoptarse para mejorar dicho índice para incrementar alguno de ellos:

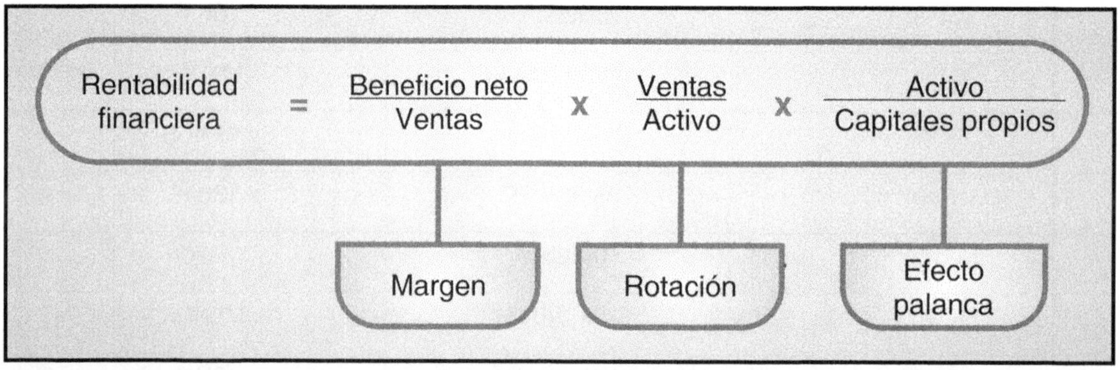

AUMENTAR EL MARGEN	Aumentar los precios, vender más aquellos productos con margen mayor, reducir los gastos, combinar alguna de dichas medidas.
AUMENTAR LA ROTACIÓN	Aumentar las ventas, reducir la existencia de bienes de cambio, o ambas soluciones al mismo tiempo.
AUMENTAR EL EFECTO PALANCA	Incrementar las deudas para disminuir la incidencia de los capitales propios sobre el activo.

El análisis de la rentabilidad financiera relaciona los resultados generados a través del Estado de Resultados, con los recursos necesarios disponibles en materia de Activos y Capital propio a fin de desarrollar la actividad de la empresa.

Por lo tanto, los índices que analizaremos a continuación dependen de esas cuatro variables fundamentales que son el activo, los capitales propios, las ventas y los beneficios.

Mide, por lo tanto, la eficiencia de la gestión empresarial, y tiene por objeto satisfacer las expectativas de sus dueños o accionistas y atraer nuevos capitales a la empresa, facilitando su expansión.

En realidad, muchos de los índices estudiados anteriormente nos han servido para medir el rendimiento del capital aportado, por lo cual podemos deducir los siguientes conceptos de los mismos:

ÍNDICES DE ROTACIÓN	Los índices de rotación nos han permitido comparar la mayor o menor velocidad en que se producen las ventas y cobranzas en relación con las ventas efectuadas.
MARGEN DE UTILIDAD	El margen de utilidad ha sido medido por la relación entre el beneficio producido por las ventas efectuadas.
ÍNDICES DE RENTABILIDAD	La rentabilidad de los capitales propios ha sido determinada por el beneficio obtenido.
ÍNDICES DE INVERSIÓN	La inversión realizada nos ha comparado el activo en función de los capitales propios aportados.

Por lo tanto, los índices de rentabilidad relacionan los beneficios y las inversiones con el fin de:

1. Establecer la remuneración del capital aplicado a la empresa
2. Medir la eficiencia empresarial

Pero su objetivo principal está destinado a:

1. Pago de dividendos atractivos a los accionistas.
2. Atender las necesidades del capital de trabajo.
3. Mantener un ritmo regular de actividad.
4. Atraer fondos de terceros en razón de la renta que pueden producírseles.
5. Autogenerar fondos para incrementar el capital disponible.

Resumiendo, entonces, los índices de rentabilidad pueden determinarse sobre:

PATRIMONIO NETO	Este índice indica la rentabilidad del capital de la empresa (patrimonio neto), o sea el capital aportado por el propietario o los accionistas y las utilidades acumuladas.
INVERSIÓN PERMANENTE	En este índice se incluyen los préstamos o acreedores a largo plazo (no corrientes); puede valorarse si las utilidades que se obtienen sobre el patrimonio neto son superiores al índice sobre la inversión permanente existe una diferencia a favor de los propietarios o accionistas producida por que el costo de los préstamos a largo plazo son inferiores a la utilidad que aportan.
INVERSIÓN TOTAL	Este es un índice que refleja la medida de la eficiencia económica obtenida por la utilización de todo el activo sin tener en cuenta los costos del capital propio y de terceros y que considera: • las utilidades antes de deducir los intereses devengados por deudas a corto y largo plazo y todo otro costo derivado del endeudamiento. • Capital aportado por los propietarios como ahí también los acreedores a corto y largo plazo.

Efecto palanca

En realidad, ningún acreedor o prestamista está dispuesto a otorgar crédito o préstamo alguno a una empresa sin el respaldo y seguridad que representa el capital aportado por sus propietarios, socios o accionistas.

Ese proceso se conoce con el nombre de negociación del capital accionario, que significa que una parte del capital de la empresa se constituye en base para su financiamiento para los terceros que confían en ella.

Ello posibilita que la empresa pueda realizar sus actividades contando con todos los recursos necesarios que pueden llegar a posibilitarle un incremento de las mismas con el consiguiente aumento en sus ganancias que, en definitiva, también serán partícipes sus propietarios, socios o accionistas.

De allí que se denomine a este proceso apalancamiento financiero pues es una verdadera palanca para elevar la actividad de la empresa y las ganancias para sus titulares.

El apalancamiento financiero se calcula comparando las tasas de rentabilidad del patrimonio neto y las rentabilidades de la inversión total o permanente, y permite determinar un promedio entre ambas tasas con el fin de apreciar la importancia que representa el capital propio y el ajeno en la actividad de la empresa.

La fórmula clásica utilizada a tal fin es la siguiente:

$$\frac{\text{Rentabilidad del patrimonio neto}}{\text{Rentabilidad de la inversión total (activo)}}$$

Ejemplo:

Si el patrimonio neto de una empresa al cierre de un determinado ejercicio es de \$ 100.000 y el resultado de este último hubiera arrojado un beneficio de \$ 30.000, no existiendo pasivo alguno, su rentabilidad estaría representada en un 30%, según surge del siguiente cálculo:

Pero si en el mismo caso existieran deudas por \$ 200.000, la rentabilidad del patrimonio neto habría disminuido al 10%, pues se considera que el monto de las deudas ha palanqueado a la empresa en mayor medida que su propio patrimonio y, por lo tanto, han sido las que han generado esa mayor utilidad.

Al patrimonio neto le corresponderá el 0,33 de las utilidades y al capital de terceros el 0,66.

Esa relación puede arrojar diversos resultados que se interpretan de la siguiente manera:

NEUTRO	1	Indica que el costo del capital ajeno es igual al rendimiento que este capital produciría en la empresa.
NEGATIVO	<1	El costo del capital ajeno es mayor que el rendimiento que dicho capital produciría en la empresa.
POSITIVO	>1	El costo del capital ajeno es menor que el rendimiento que este capital produciría en la empresa.

EJERCICIOS DE AUTOEVALUACIÓN

Fórmulas de cálculo del Índice de liquidez

El índice de liquidez es utilizado para evaluar la capacidad de una empresa para cumplir en forma y en término con sus compromisos y puede ser calculado:

1) En base a los activos y pasivos corrientes (índice de liquidez corriente)
2) En base a los activos corrientes y pasivos corrientes y no corrientes (índice de liquidez total)
3) Mediante la inclusión de los bienes de cambio (índice de liquidez seca)

Para ello, suelen utilizarse distintas fórmulas de cálculo que nos sirven en este ejercicio para que el alumno conozca las utilizadas para cada uno de los casos mencionados anteriormente; a tal fin, marcará con una circunferencia la que considere correcta para obtener cada uno de los índices que se indican a continuación:

INDICES DE LIQUIDEZ			
Fórmula a utilizar	SECA	CORRIENTE	TOTAL
$\frac{\text{Activo corriente}}{\text{Pasivo corriente}}$	A	B	C
$\frac{\text{Activo corriente + Activo no corriente}}{\text{Pasivo corriente + Pasivo no corriente}}$	A	B	C
$\frac{\text{Activo corriente - Bienes de Cambio}}{\text{Pasivo corriente}}$	A	B	C

Índices de liquidez

Partiendo del estado contable inicial que se indica, completar los daos faltantes en el siguiente cuadro:

CASO 1: Contratación de una deuda a largo plazo por $ 40.000 para la compra de un bien de uso.

RUBROS	INICIAL	VARIACIÓN	FINAL
Activo corriente	300.000		
Créditos	100.000		
Bienes de Cambio	200.000		
Activo no corriente	250.000	40.000	
Total del Activo	*550.000*		
Pasivo corriente	150.000		
Pasivo no corriente	120.000	40.000	
Patrimonio neto	280.000		
Total del Pasivo	*550.000*		

CASO 1 - Completada la operación, transcribir la correspondiente fórmula de aplicación y calcular el índice respectivo en el siguiente cuadro:

Fórmula	CORRIENTE	TOTAL	SECA

Índices de liquidez

Partiendo del estado contable inicial que se indica, calcular los índices de liquidez total, corriente y seca, por separado, luego de considerar las siguientes operaciones:

CASO 2 - Contratación de una deuda a corto plazo por $ 70.000 para la compra de bienes de cambio.

RUBROS	INICIAL	VARIACIÓN	FINAL
Activo corriente	300.000		
Créditos	100.000		
Bienes de Cambio	200.000		
Activo no corriente	250.000	70.000	
Total del Activo	*550.000*		
Pasivo corriente	150.000		
Pasivo no corriente	120.000	70.000	
Patrimonio neto	280.000		
Total del Pasivo	*550.000*		

CASO 2 - Completada la operación, transcribir la correspondiente fórmula de aplicación y calcular el índice respectivo en el siguiente cuadro:

Fórmula	CORRIENTE	TOTAL	SECA

Índices de liquidez

Partiendo del estado contable inicial que se indica, completar el cuadro respectivo y calcular en el cuadro inferior los índices de liquidez total, corriente y seca, por separado, luego de considerar la siguiente operación:

CASO 3 - Contratación de una deuda a largo plazo por $ 90.000 para

la compra de un bien de uso.

RUBROS	INICIAL	VARIACIÓN	FINAL
Activo corriente	300.000	90.000	
Créditos	100.000		
Bienes de Cambio	200.000		
Activo no corriente	250.000		
Total del Activo	*550.000*		
Pasivo corriente	150.000	90.000	
Pasivo no corriente	120.000		
Patrimonio neto	280.000		
Total del Pasivo	*550.000*		

CASO 3 - Completada la operación, transcribir la correspondiente fórmula de aplicación y calcular el índice respectivo en el siguiente cuadro:

Fórmula	CORRIENTE	TOTAL	SECA

Índices de liquidez

Partiendo del estado contable inicial que se indica, calcular los índices de liquidez total, corriente y seca, por separado, luego de considerar las siguientes operaciones:

CASO 4 - Constitución de una deuda a largo plazo por $ 50.000 con el siguiente destino: $ 30.000 a adquirir bienes de cambio y $ 20.000 para adquirir un rodado.

RUBROS	INICIAL	VARIACIÓN	FINAL
Activo corriente	300.000	30.000	
Créditos	100.000	20.000	
Bienes de Cambio	200.000		
Activo no corriente	250.000		
Total del Activo	*550.000*		
Pasivo corriente	150.000	50.000	
Pasivo no corriente	120.000		
Patrimonio neto	280.000		
Total del Pasivo	*550.000*		

CASO 4 - Completada la operación, transcribir la correspondiente fórmula de aplicación y calcular el índice respectivo en el siguiente cuadro:

Fórmula	CORRIENTE	TOTAL	SECA

Índices de rotación

Los cuadros que siguen nos brindan aquellos valores necesarios para el cálculo de los índices representativos de Ventas y Compras, respectivamente, respecto de los cuales hemos omitido uno de ellos que el alumno deberá completar:

Índice de rotación de Ventas

EJERCICIO	SALDOS DEUDORES	VENTAS	DÍAS
1	60.000		90
2	75.000	180.000	
3		360.000	120
4	120.000		150
5	480.000	960.000	
6		240.000	45
7	240.000	120.000	
8	360.000		60
9		480.000	180
10	180.000	360.000	

Índice de rotación de Compras

EJERCICIO	SALDOS ACREEDORES	COSTO DE VENTAS	DÍAS
1	120,000		90
2	90.000	270.000	
3		480.000	150
4	240.000		60
5	360.000	720.000	
6		960.000	120
7	180.000	360.000	
8	300.000		30
9		240.000	60
10	180.000	210.000	

Índices de rentabilidad económica

En los cuadros siguientes deberán llenarse los espacios en blanco y analizar en qué ejercicios se han producido aumentos o disminuciones en el rendimiento.

Ejercicio	UTILIDAD	VENTAS	Rendimiento
1	240.000		40 %
2	60.000	300.000	
3	40.000	120.000	
4	60.000		60 %
5	120.000	480.000	

Índice de rentabilidad financiera

Ejercicio	UTILIDAD	VENTAS	Rendimiento
1	240.000		40 %
2	60.000	300.000	
3	40.000	120.000	
4	60.000		60 %
5	120.000	480.000	

CAPÍTULO 14

Índices de gestión

INTRODUCCIÓN

En el estudio de los índices hemos tomado en cuenta algunos de ellos que nos daban una idea generalizada de la empresa (generales) y otros de aspectos parcializados de distintos rubros (específicos) que nos han permitido fijar conclusiones, también parcializadas, respecto del funcionamiento de algunos aspectos de la empresa, tanto por medio de la relación existente entre ellos como de su comparación los de otros ejercicios económicos.

En cambio, ahora nos hemos de referir a determinados índices que tienen por objeto, si bien darnos una impresión también generalizada de la empresa de acuerdo con una situación determinada a través de estados contables que resumen las operaciones del pasado, nos han de ofrecer la información necesaria que nos permita vislumbrar con mayor claridad su futuro y tomar las decisiones conducentes a mejorar la situación existente, llevando a cabo una administración más eficiente, por lo cual podemos llamarlos índices de gestión empresarial.

Son ellos:

- Tasa de retorno a la inversión (Fórmula de DuPont)
- Diagrama de Punto de equilibrio

Sobre cada uno de ellos nos extendemos a continuación.

TASA DE RETORNO DE LA INVERSIÓN

Durante muchos años se trató de orientar la interpretación de los estados contables hacia la búsqueda de índices o relaciones que permitieran brindar una apreciación general de la empresa.

Una de las relaciones que ha sido más aceptada por los analistas contables es la llamada Tasa de retorno de la inversión, que se ha constituido en la esencia del sistema de control de la Dupont Company desde principios de este siglo, y cuya utilización ha sido adoptada por un gran número de empresas.

La Tasa de retorno de la inversión tiende a medir el éxito relativo o absoluto de una empresa o de sus unidades, mediante la relación de las utilidades con las inversiones de capital y significa la consideración de diversos factores.

Efectivamente, dicha tasa es calculada sobre la base de la rotación del capital multiplicado por las utilidades (como porcentaje de las ventas) y ambos valores surgen de considerar los distintos rubros componentes del activo y de los resultados.

El cuadro, que incluimos en la página siguiente permite conocer las distintas etapas a seguir para el cálculo de las relaciones intermedias, que posibiliten obtener los valores finales para llegar a la determinación de la Tasa de Retorno de la Inversión.

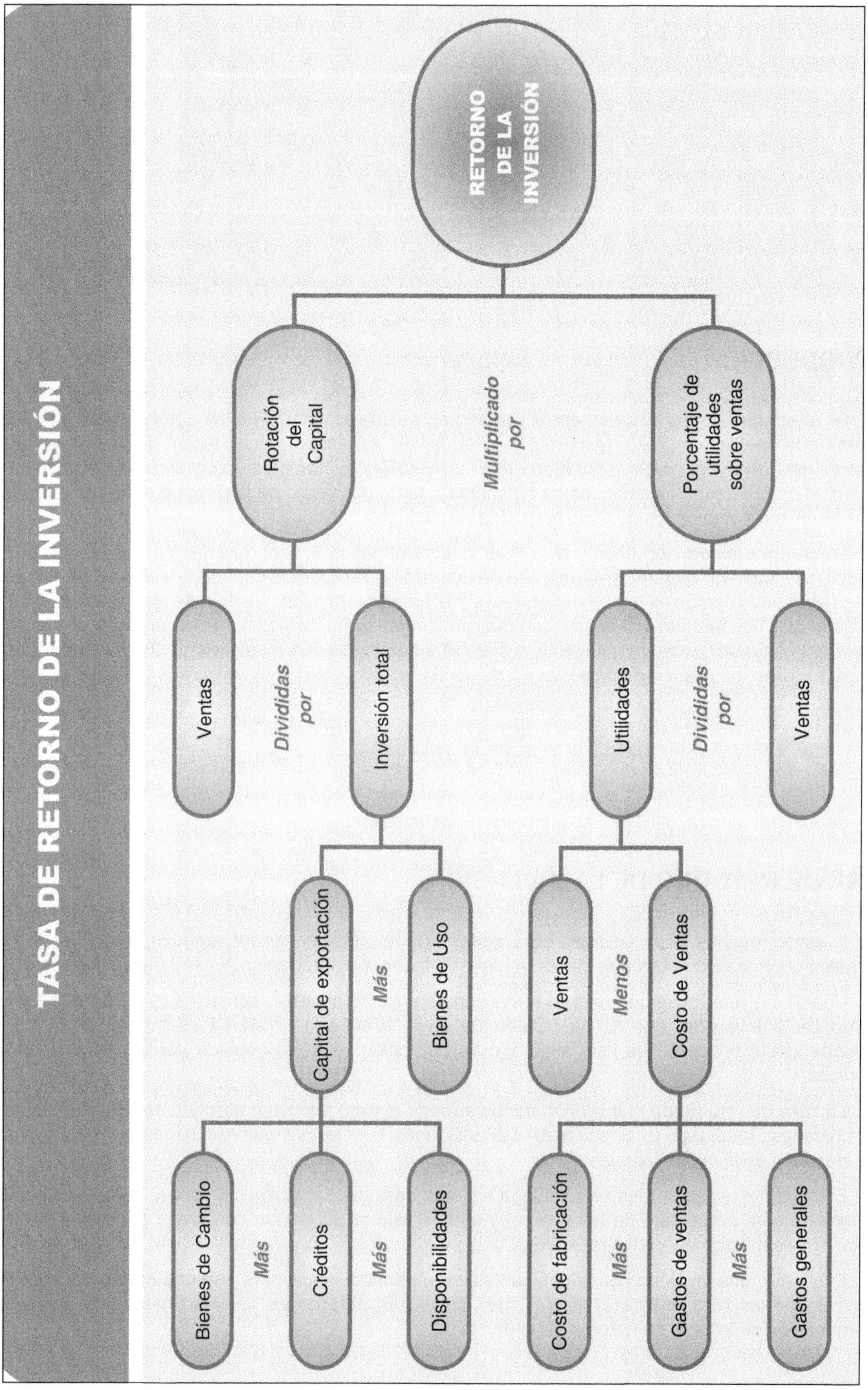
TASA DE RETORNO DE LA INVERSIÓN
RETORNO DE LA INVERSIÓN
Rotación del Capital
Multiplicado por
Porcentaje de utilidades sobre ventas
Ventas
Divididas por
Inversión total
Utilidades
Divididas por
Ventas
Capital de exportación
Más
Bienes de Uso
Ventas
Menos
Costo de Ventas
Bienes de Cambio
Más
Créditos
Más
Disponibilidades
Costo de fabricación
Más
Gastos de ventas
Más
Gastos generales

Dicho cálculo reconoce que una empresa con alta rotación del capital y un bajo porcentaje de utilidades sobre las ventas puede ser un negocio más lucrativo, en términos de retorno de la inversión, que otro negocio que posea un alto porcentaje de utilidades sobre las ventas, pero una rotación más baja en su capital.

Según se observa en el esquema mencionado la rotación del capital se calcula sobre la base de las ventas totales de la empresa divididas por la inversión total representada por el capital de explotación (Bienes de Cambio, Créditos y Disponibilidades y la inversión permanente en Bienes de Uso).

Es necesario destacar que, en el cálculo de la inversión total, se prescinde de los pasivos existentes, dado que la deducción de éstos, en dicho cálculo, producirán constantes cambios en la mencionada inversión, a medida que tales pasivos fluctuaran de valor, lo cual falsearía la tasa de retorno y le haría perder el significado que quiere dársele.

En cambio, las utilidades resultarán una vez deducidos todos los cargos efectuados para producirlas.

Entre las ventajas del uso de la Tasa de retorno de la inversión puede citarse el hecho que mide la eficiencia de la empresa como un todo, desviando la atención del aumento del volumen de ventas o de las disminuciones del activo a un nivel de costos y la centra en la combinación de factores que permita una operación con éxito.

Otra ventaja que representa esta tasa es que permite localizar con relativa facilidad los puntos débiles de una empresa; es decir que, si los Bienes de Cambio aumentan de valor, el efecto será notorio, al igual que si otros efectos alteran los componentes de la tasa.

Sin embargo, pese a las ventajas que representa el uso de este importante instrumento de medición de la eficiencia de la empresa, su dificultad estriba en definir lo que constituye un retorno razonable y aceptable por la empresa, pues ésta deberá enfrentar el nivel de competencia de otras empresas referido, en particular, a la obtención de capital.

Ejemplo:

Teniendo en cuenta las cifras que surgen de los tres últimos balances de una determinada empresa incorporadas a los siguientes estados contables, calcularemos la tasa de retorno de la inversión de acuerdo con el procedimiento indicado anteriormente.

Balance General			
Conceptos	**Ejercicio 1**	**Ejercicio 2**	**Ejercicio 3**
Activo			
Disponibilidades	10.000	15.000	5.000
Créditos	30.000	20.000	25.000
Bienes de Cambio	50.000	60.000	40.000
Bienes de Uso	70.000	50.000	60.000
Total del Activo	**160.000**	**145.000**	**130.000**
Pasivo			
Deudas	90.000	40.000	30.000
Capital, Reservas Y Resultados	50.000	80.000	70.000
Ganancias del Ejercicio	20.000	25.000	30.000
Total del Pasivo	**160.000**	**145.000**	**130.000**

Estado de Resultados			
Conceptos	**Ejercicio 1**	**Ejercicio 2**	**Ejercicio 3**
Ventas	75.000	115.000	100.000
Costo de Ventas	40.000	50.000	35.000
Utilidad Bruta	35.000	65.000	65.000
Gastos de Ventas	10.000	30.000	20.000
Gastos Generales	5.000	10.000	15.000
Utilidad Neta	**20.000**	**25.0000**	**30.000**

La tasa de retorno resulta de la relación de determinados factores que influyen en ella y que pasamos a demostrar en los siguientes cuadros:

RELACIONES	Ejercicio 1	Ejercicio 2	Ejercicio 3
Ventas / AC + PN	75.000	115.000	100.000
	90.000 + 70.000	95.000 + 50.000	70.000 + 60.000
	0,769	0,793	0,469
RELACIONES	Ejercicio 1	Ejercicio 2	Ejercicio 3
Utilidad / Ventas	20.000	25.000	30.000
	75.000	115.000	100.000
	0,267	0,217	0,30

TASA DE RETORNO DE LA INVERSIÓN		
0,125	0,172	0,231

Como puede observarse si bien las tasas de rendimiento sobre ventas oscilan entre el 21, 26 y 30%, las tasas de retorno resultan inferiores a dichas tasas, como consecuencia de la consideración de otros factores que influyen en ella y que acabamos de demostrar.

DIAGRAMA DE PUNTO DE EQUILIBRIO

Otro de los medios empleados para realizar una evaluación de conjunto de una determinada empresa, se encuentra en la confección del Diagrama de Punto de Equilibrio.

Dicho diagrama tiene por objeto establecer, en base a una técnica matemática, el punto en el cual se equilibran las ventas totales con sus costos totales, a cuyo efecto debemos clasificarlos en:

FIJOS	Aquellos que no sufren alteraciones, o en menor grado, cualquiera sea el volumen de las ventas o producción.

VARIABLES	Dado que se modifican en función de las ventas aumentan o disminuyen en igual proporción a ésas).

Cálculo del punto de equilibrio

Para dicho cálculo se emplea la siguiente fórmula en la cual se tiene en cuenta los tres factores anteriormente mencionados: ventas, gastos fijos y gastos variables:

$$\frac{\text{Costos fijos}}{1 - \frac{\text{Costos variables}}{\text{Ventas}}} = \text{Punto de equilibrio}$$

Ejemplo:

Si nuestros costos fijos son de $ 1.000.000 y los costos variables del orden del 50% del monto de ventas, las ventas mínimas que necesita la empresa para cubrir sus gastos totales será de $ 2.000.000 resultantes de aplicar dicha fórmula, o sea:

$$\frac{\text{Costos fijos}}{1 - \frac{\text{Costos variables}}{\text{Ventas}}} = \text{Punto de equilibrio}$$

$$\frac{1.000.000}{1 - \frac{500.000}{1.000.000}} = 2.000.000$$

La construcción gráfica del Diagrama de Punto de Equilibrio se realiza conforme al siguiente procedimiento:

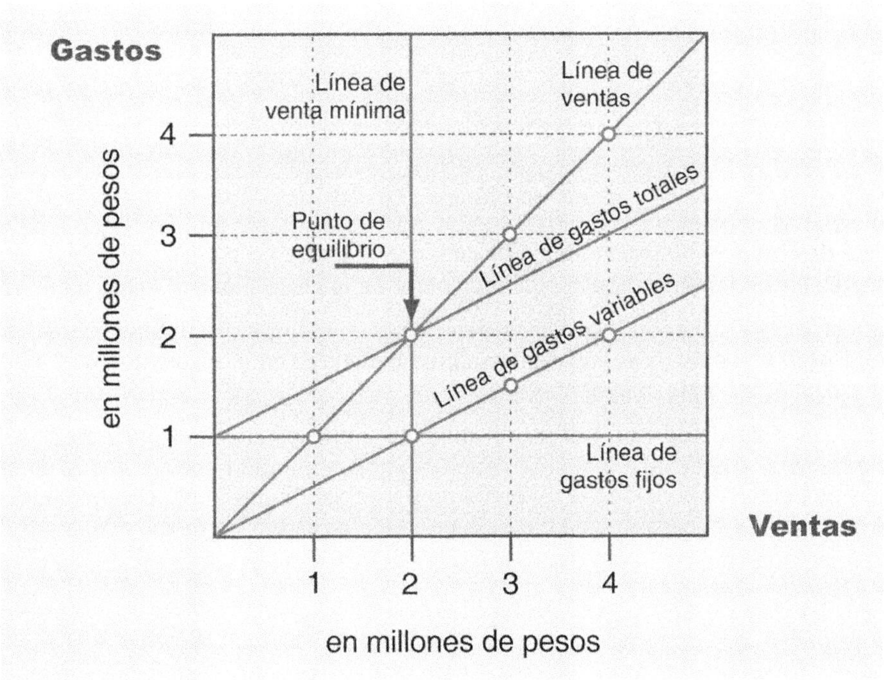

1. Sobre la línea horizontal inferior, denominada eje de las abscisas, se gradúan las distintas escalas que corresponden a las cifras de ventas.
2. Sobre la línea vertical izquierda, denominada eje de las ordenadas, se gradúan las distintas escalas que corresponden a las cifras de gastos.
3. A partir del punto en que se cruzan ambas líneas que llamaremos punto cero, se traza una línea con una inclinación tal que los puntos coincidan con la escala del eje de las abscisas y de las ordenadas, esto es, que aún punto de dicha línea le corresponda el mismo grado en una que en otra. A esta línea la llamaremos línea de ventas.
4. Teniendo en cuenta el volumen de gastos fijos, ubicaremos dicho monto en el eje de las ordenadas y trazaremos una línea horizontal paralela al eje de las abscisas.
5. Los gastos variables estarán representados por una línea que, partiendo del punto cero, se encuentre en relación con el monto de ventas de acuerdo con la escala indicada en el eje de las abscisas, dicha línea la llamaremos línea de los gastos variables.
6. Trazaremos una paralela a la línea de los gastos variables, pero haciendo coincidir el punto de origen con el que corresponde a la línea de gastos fijos.
7. El punto en que se cruza la línea de los gastos totales y la línea de venta dará el Punto de Equilibrio de la empresa, el que puede ser valuado trazando una línea vertical que cruce el eje de las abscisas en el cual puede leerse el valor correspondiente, conforme a la escala adoptada al comienzo.

Ejemplo:

A continuación transcribimos un cuadro que contiene los datos correspondientes a 4 empresas y referidos a sus gastos fijos y variables (incluidos insumos) a fin de determinar la venta mínima necesaria para cubrir los mismos:

Empresa	Gastos fijos	Gastos variables	Venta mínima
A	700.000	30%	1.000.000
B	1.000.000	33%	1.500.000
C	900.000	25%	1.200.000
D	1.300.000	35%	2.000.000

En los diagramas de la página siguiente se han volcado los datos anteriores y puede verificarse si la venta mínima determinada anteriormente coincide con el punto en que se unen las líneas de gastos totales y ventas en el cuadro respectivo preparado conforme al procedimiento antes mencionado.

Completados dichos diagramas podemos determinar el resultado a obtener en dichas empresas para distintos niveles de ventas y verificar si las cifras indicadas en el siguiente cuadro coinciden con cada uno de los diagramas correspondientes.

Este índice, es considerado un índice de absoluta imprescindibilidad para medir la factibilidad (desde el punto de vista comercial e industrial) que una empresa pueda dedicarse a la comercialización de uno o varios productos en función del rendimiento e inversión necesarios, determinando la cantidad o monto mínimo de ventas necesario para cubrir la inversión a realizar en función del rendimiento que le produce.

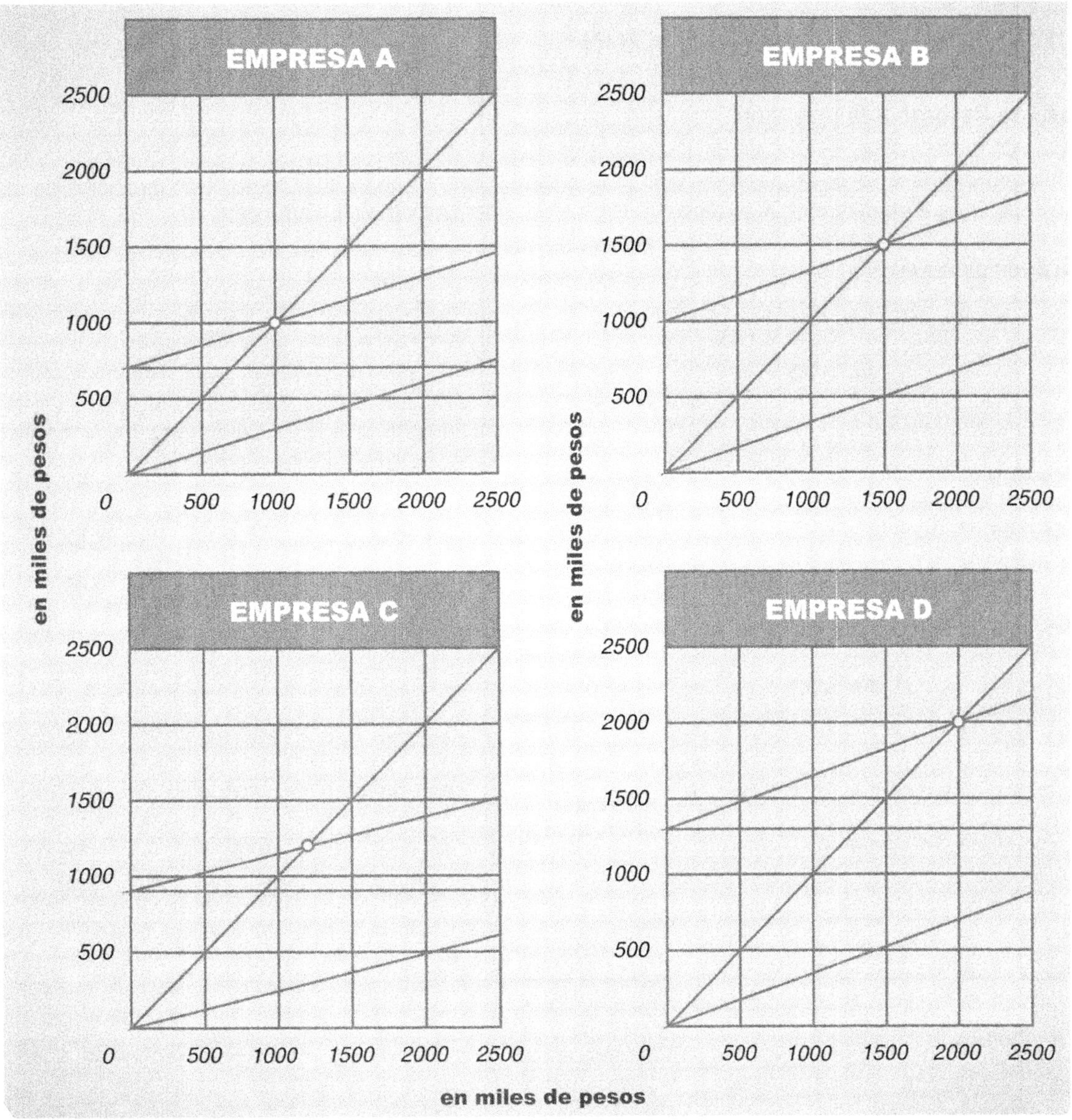

Si bien la tasa de retorno a la inversión y el punto de equilibrio que antes hemos estudiado nos permiten realizar una apreciación de conjunto, estos índices apoyan las decisiones generales y parciales que debe tomar todo ejecutivo a cargo de adoptar aquellas que afecten la rentabilidad o la capacidad de inversión de la empresa.

EJERCICIOS DE AUTOEVALUACIÓN

Tasa de Retorno a la inversión

Sobre la base de los datos de la siguiente información referida a los últimos tres ejercicios de una empresa, deberá determinar, para cada uno, la TASA DE RETORNO A LA INVERSIÓN.

BALANCE GENERAL

Conceptos	Ejercicio 1	Ejercicio 2	Ejercicio 3
ACTIVO			
Disponibilidades	10.000	15.000	5.000
Créditos	50.000	30.000	40.000
Bienes de cambio	50.000	60.000	70.000
Bienes de uso	100.000	150.000	160.000
Total del Activo	210.000	255.000	275.000
PASIVO			
Deudas	140.000	100.000	130.000
Capital, Reservas y Resultados	50.000	100.000	100.000
Ganancia del Ejercicio	20.000	55.000	45.000
Total del Pasivo	210.000	255.000	275.000

ESTADO DE RESULTADOS			
Conceptos	Ejercicio 1	Ejercicio 2	Ejercicio 3
Ventas	75.000	130.000	100.000
Costo de Ventas	40.000	40.000	30.000
Utilidad bruta	35.000	90.000	70.000
Gastos de ventas	10.000	25.000	15.000
Gastos generales	5.000	10.000	10.000
Utilidad neta	20.000	55.000	45.000

En base a los datos anteriores asentar en el siguiente cuadro las relaciones entre rubros de acuerdo con el procedimiento indicado para el cálculo de la tasa de retorno de la inversión

RELACIONES	Ejercicio 1	Ejercicio 2	Ejercicio 3
Ventas AC+PN			
Utilidad Ventas			

Una vez determinadas las relaciones anteriores calcular la tasa de retorno de la inversión en base a los resultados anteriores:

TASA DE RETORNO DE LA INVERSIÓN

Ejercicio 1	Ejercicio 2	Ejercicio 3

Diagrama de Punto de Equilibrio – Líneas representativas

El índice de apreciación global más utilizado es aquel que permite determinar cuál es la venta mínima necesaria con que una empresa pueda satisfacer sus gastos, aunque no obtenga beneficio alguno; es conocido como el Diagrama de Punto de Equilibrio.

Equilibrio y formado por rectas que representan sus gastos fijos, variables y totales enfrentados a sus distintos niveles de ventas para obtener el valor de la venta mínima que cubra sus gastos totales Para su construcción es necesario que, previamente conozcas qué representa cada una de sus rectas rodeando con una circunferencia la letra de la línea que a tu juicio corresponda en cada caso:

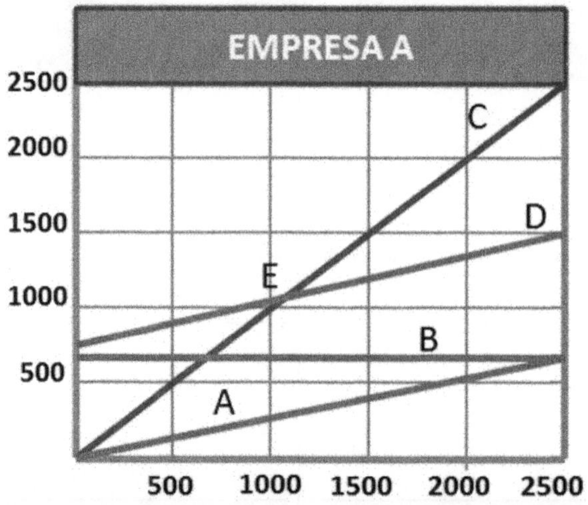

	LÍNEA				
Gastos fijos	A	B	C	D	E
Gastos variables	A	B	C	D	E
Gastos totales	A	B	C	D	E
Línea de ventas	A	B	C	D	E
Punto equilibrio	A	B	C	D	E

Diagrama de Punto de Equilibrio – Cálculo de los componentes

Completar el siguiente cuadro llenando los casilleros vacíos con la respuesta que corresponda.

Empresa	Gastos fijos	Gastos variables	Punto de equilibrio
A	192.000		960.000
B	288.000	60%	
C		70%	500.000
D	1.080.000		1.800.000
E		90%	1.600.000
F	840.000	30%	

Completado el cuadro anterior deberá transcribir sus datos en rectas representativas de los distintos conceptos correspondientes a las Empresas E y F.

en los respectivos gráficos; las escalas de las ordenadas y las abscisas se encuentran expresadas en miles de pesos; el punto de equilibrio marcarlo con un círculo.

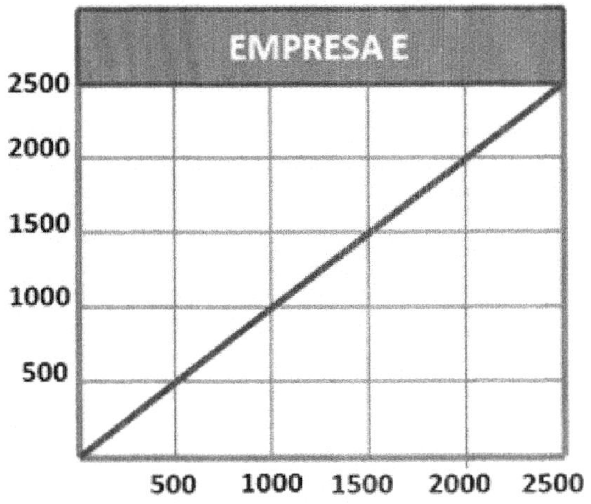

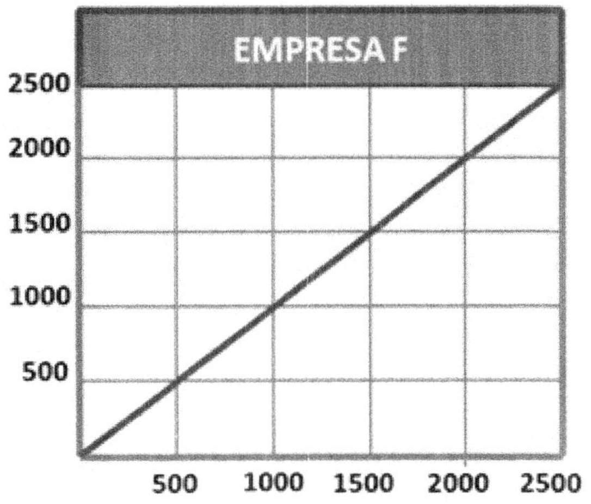

Diagrama de Punto de Equilibrio – Gráficos Empresas A, B, C y D

Con los datos del cuadro anterior transcribirlos en rectas representativas de los distintos conceptos en los gráficos siguientes correspondientes a las Empresas A, B, C y D

Las escalas de las ordenadas y las abscisas se encuentran en miles de pesos; marcar el punto de equilibrio con un círculo.

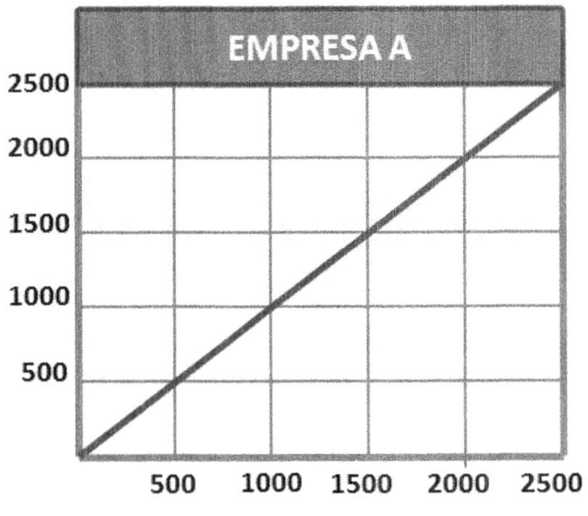

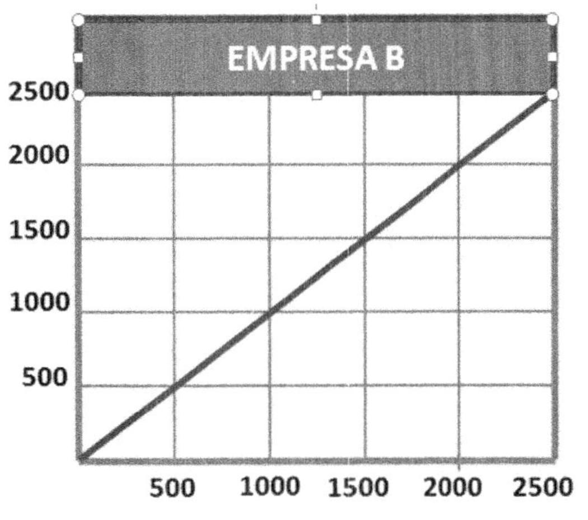

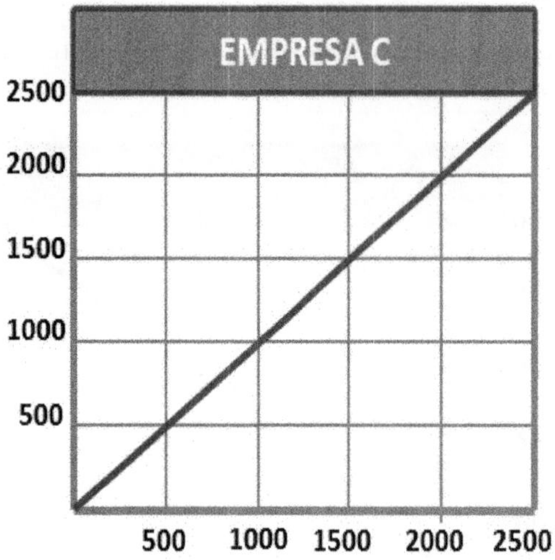
EMPRESA C
2500
2000
1500
1000
500
500 1000 1500 2000 2500

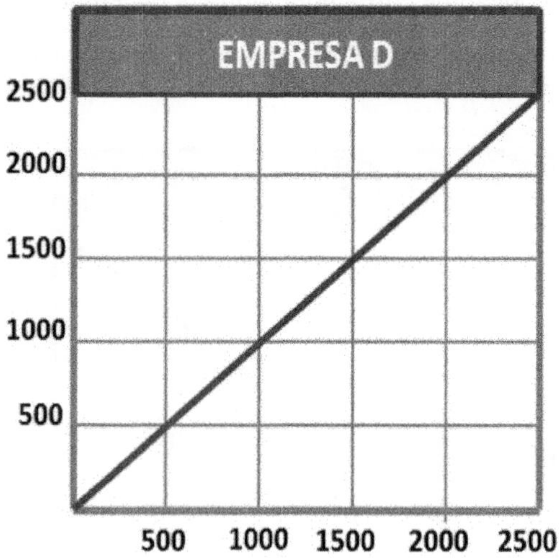
EMPRESA D
2500
2000
1500
1000
500
500 1000 1500 2000 2500

CAPÍTULO 15

Exposición de los estados contables

NECESIDAD DE INFORMACIÓN CONTABLE ÚTIL

Los estados contables constituyen uno de los elementos más importantes para la transmisión de información económica sobre la situación y la gestión de las empresas y organizaciones públicas o privadas, ya fueran estas con o sin fines de lucro.

Dado que los interesados en las informaciones que ofrecen los estados contables son tan numerosos y de variada gama existe un interés general en que los datos contenidos en los mismos se presenten adecuadamente, de modo que la información sea útil a todos ellos.

Por tal razón, se ha preferido que los estados contables básicos presenten en forma sintética la situación patrimonial y los resultados de la empresa u organización a que correspondan, para que ofrezcan una adecuada visión de conjunto.

Ello no obsta que en tales estados se incluya toda información complementaria, para facilitar la comprensión que surja de un modo de lectura conjunta.

Esa ha sido el motivo esencial que se hayan establecido normas generales de presentación de los estados contables, no solo para uso de los terceros interesados sino también para ser utilizados internamente por los directivos, propietarios y otros integrantes de la empresa u organización.

En esa forma dichas normas regulan la presentación de estados contables y sirven de marco de referencia para la elaboración de otras normas particulares que han sido necesarias para el caso de aquellas actividades especiales que las requieran.

EL MODELO CONTABLE Y LAS NORMAS CONTABLES PROFESIONALES

Las normas de exposición a que nos acabamos de referir han sido estructuradas de modo que sean compatibles con los principios de contabilidad generalmente aceptados, cuyo conocimiento resulta imprescindible para todo aquel que desee incursionar en la materia, lo cual nos obliga a su completa transcripción.

ENTE	Los estados financieros se refieren siempre a un ente donde el elemento subjetivo o propietario es considerado como tercero. El concepto de ente es distinto del de la persona ya que una misma persona puede producir estados contables de varios entes de su propiedad.
BIENES ECONÓMICOS	Los estados contables se refieren siempre a bienes económicos, es decir bienes materiales o inmateriales que poseen valor económico y, por ende, susceptibles de ser valuados en términos monetarios.

MONEDA DE CUENTA	En los estados contables se reducen todos los valores a una unidad de medida denominada moneda de cuenta. La moneda de cuenta a adoptar es la moneda de curso legal; no constituyendo ésta un patrón estable del valor, los estados deberán reflejar el efecto de las variaciones del poder adquisitivo de esa moneda, mediante los ajustes apropiados para que todos los rubros de dichos estados se expresen en términos de moneda de poder adquisitivo uniforme.
EMPRESA EN MARCHA	Salvo indicación expresa en contrario, se entiende que los estados contables pertenecen a una empresa en marcha, considerándose que el concepto que norma la mencionada expresión, se refiere a todo organismo económico cuya existencia temporal tiene plena vigencia y proyección futura.
VALUACIÓN AL COSTO	El valor de costo de adquisición o producción constituye el criterio principal y básico de valuación, que condiciona la formulación de los estados contables llamados de situación, en correspondencia también con el concepto de empresa en marcha, razón por la cual esta norma adquiere el carácter de principio.
EJERCICIO	Es una condición que los ejercicios sean de igual duración, para que los resultados de dos o más ejercicios sean comparables entre sí.
DEVENGADO	Las variaciones patrimoniales que deben considerarse para establecer el resultado económico son las que competen a un ejercicio sin entrar a considerar si se han cobrado o pagado.
OBJETIVIDAD	Los cambios en los activos, pasivos y en la expresión contable del patrimonio neto, deben reconocerse formalmente en los registros contables, tan pronto como sea posible medirlos objetivamente y expresar esa medida en moneda de cuenta.
REALIZACIÓN	Los resultados económicos solo deben computarse cuando sean realizados, o sea cuando la operación que los origina queda perfeccionada desde el punto de vista de la legislación o prácticas comerciales aplicables y se hayan ponderado fundadamente todos los riesgos inherentes a la tal operación. Deben establecerse con carácter general, que el concepto realizado participa del concepto de devengado.
PRUDENCIA	Significa que cuando se debe elegir entre dos valores para un elemento del activo, normalmente se debe optar por el más bajo, o bien que una operación se contabilice de tal modo que la alícuota del propietario sea menor. Ese principio general se puede expresar también diciendo: contabilizar todas las pérdidas cuando se conocen y las ganancias solamente cuando se hayan realizado. La exageración en la aplicación de este principio no es conveniente si resulta en detrimento de la presentación razonable de la situación financiera y el resultado de las operaciones.
UNIFORMIDAD	Los principios generales cuando fuere aplicable, y las normas particulares utilizados para preparar los estados contables de un determinado ente deben ser aplicados uniformemente de un ejercicio a otro. Debe señalarse, por medio de una nota aclaratoria, el efecto en los estados contables de cualquier cambio de importancia en la aplicación de los principios generales y de las normas particulares. Sin embargo, el principio de la uniformidad no debe conducir a mantener inalterables aquellos principios generales, cuando fuere aplicable, o normas particulares que las circunstancias aconsejen sean modificados.

MATERIALIDAD	Al ponderar la correcta aplicación de los principios generales y normas particulares debe necesariamente actuarse con sentido práctico. Frecuentemente, se presentan situaciones que no encuadran dentro de aquéllos y que, sin embargo, presentan problemas porque el efecto que producen no distorsiona el cuadro general. Desde luego, no existe una línea demarcatoria que fije los límites de lo que es y no es significativo, y debe aplicarse el mejor criterio para resolver lo que corresponda en cada caso, de acuerdo con las circunstancias, teniendo en cuenta factores tales como el efecto relativo en los activos o pasivos, en el patrimonio o en el resultado de las operaciones.
EXPOSICIÓN	Los estados contables deben contener toda la información y discriminación básica y adicional que sea necesaria para una adecuada interpretación de la situación financiera y de los resultados económicos del ente a que se refieren.

NORMAS COMUNES A TODOS LOS ESTADOS CONTABLES

En cuanto a la exposición de los estados contables también se han dictado normas que han tratado de uniformar los criterios a adoptar para al fin y se han elaborado modelos a utilizar adaptados a las mismas.

Entre dichas normas de carácter general referidas a la exposición de los estados contables aplicables para todo tipo de empresa u organización, cualquiera sea su finalidad, forma jurídica y circunstancias se encuentran las siguientes:

Básicos

Se consideran estados contables básicos obligatorios a los fines de su exposición los siguientes:

1. Estado de situación patrimonial o balance general
2. Estado de resultados (en los entes sin fines de lucro, estado de gastos y recursos)
3. Estado de evolución del patrimonio neto
4. Estado de variaciones del capital corriente o de origen y aplicación de fondos

Información comparativa

Se requiere la presentación de los estados contables del ejercicio comparados con los del precedente, todos expresados en moneda de la fecha de cierre de aquel, para que el lector pueda acceder a información contable más útil para la toma de decisiones con relación al ente.

La información contenida en los estados básicos debe presentares en forma comparativa con la del ejercicio inmediato anterior debe exponerse en dos columnas utilizando la primera para el ejercicio actual y la segunda apara el precedente.

La información complementaria debe presentarse en forma comparativa, excepto que la información del ejercicio anterior hubiese dejado de ser útil; en el caso que fuere necesaria la presentación en forma comparativa de estados correspondientes a períodos intermedios, la comparación se realiza con las cifras correspondientes al período equivalente del ejercicio inmediatamente precedente.

Coherencia

- Mejor ordenamiento del estado de resultados, para permitir segregar los resultados generados por los activos (o sea por el ente, con independencia del financiamiento) y los generados por los pasivos.

- Tratamiento general a dar a las modificaciones de ejercicios anteriores, sean ajustes de resultados de ejercicios anteriores u otro tipo de modificaciones.

Cuando existan modificaciones de la información de ejercicios anteriores sean ajustes de resultados u otras modificaciones, deben adecuarse las cifras correspondientes al ejercicio precedente al solo efecto de su presentación comparativa con las del ejercicio presente; esas adecuaciones no deben afectar a los estados contables del ejercicio anterior en las decisiones tomadas en base a ellos.

- Mejor ordenamiento de las causas de variación del capital corriente (o de los fondos).
- Mejoramiento y sistematización de la información complementaria, para su adecuada comprensión.

Comprende la información que debe exponerse y no está incluida en el cuerpo de los estados básicos, aunque forma parte de éstos; debe hacerse referencia en el rubro pertinente de los estados a este tipo de información que figure en notas o anexos.

Estado de situación patrimonial o balance general

Las normas existentes en materia de exposición de estados contables también han establecido determinadas condiciones que deben reunir los estados contables; en particular para el Estado General han establecido las siguientes:

CONCEPTO	En un momento determinado, el estado de situación patrimonial o balance general expone el activo, el pasivo y el patrimonio neto y, en su caso, la participación minoritaria en sociedades controladas.
ESTRUCTURA	Toda partida integra uno de estos tres capítulos: activo, pasivo y patrimonio neto. En el caso de grupos económicos, en los que existe participación minoritaria en las sociedades controladas, los estados consolidados deben incluir una partida o un capítulo que la refleje, de acuerdo con normas contables profesionales.
ACTIVO	Representa los bienes y derechos de propiedad del ente y las partidas imputables contra ingresos atribuibles a períodos futuros.
PASIVO	Representa las obligaciones ciertas del ente y las contingentes que deben registrarse.
PATRIMONIO NETO	Es igual al activo menos el pasivo y, en los estados consolidados, menos la participación minoritaria. Incluye a los aportes de los propietarios (o asociados) y a los resultados acumulados. Se expone en una línea y se referencia al estado de evolución del patrimonio neto.
CLASIFICACIÓN	Las partidas de resultados se clasifican en corrientes y no corrientes, y dentro de estos grupos, integran rubros de acuerdo con su naturaleza. Los rubros del activo corriente y no corriente se ordenarán -dentro de cada grupo- en función decreciente de su liquidez global considerada por rubros. Los pasivos corrientes y no corrientes se ordenarán -dentro de cada grupo- exponiendo primero las obligaciones ciertas y luego las contingentes.

Y, en particular, dichas normas se han extendido en amplias la conceptualización de los activos y pasivos corrientes (como indicamos en el siguiente cuadro), acerca de los cuales anticipamos sus características al estudiar los índices de solvencia en nuestro Capítulo 13, por la importancia de los mismos en todo análisis e interpretación de los estados contables:

ACTIVOS CORRIENTES	Los activos se clasifican en corrientes si se espera que se convertirán en dinero o equivalente en el plazo de un año, computado desde la fecha de cierre del período al que se refieren los estados contables, o si ya lo son a esta fecha. Por lo tanto, se consideran corrientes: a. Los saldos de libre disponibilidad en caja y bancos al cierre del período contable. b. Otros activos, cuya conversión en dinero o su equivalente se estima que se producirá dentro de los doce meses siguientes a la fecha de cierre del período al que corresponden los estados contables. c. Los bienes consumibles y derechos que evitarán erogaciones en los doce meses siguientes a la fecha indicada en el párrafo anterior, siempre que, por su naturaleza, no implicaron una futura apropiación a activos inmovilizados. d. Los activos que por disposiciones contractuales o análogas deben destinarse a cancelar pasivos corrientes.
ACTIVOS NO CORRIENTES	Comprenden a todos los que no puedan ser clasificados como corrientes, de acuerdo con lo indicado en el punto anterior.
PASIVOS CORRIENTES	Se consideran como tales: a. Los exigibles al cierre del período contable. b. Aquellos cuyo vencimiento o exigibilidad se producirá a los doce meses siguientes a la fecha de cierre del período a que correspondieran los estados contables. c. Las previsiones constituidas para afrontar obligaciones eventuales que pudiesen convertirse en obligaciones ciertas y exigibles dentro del período indicado en el punto anterior.

Estado de resultados

En cuanto al Estado de Resultados las normas existentes también han puntualizado las características fundamentales que deben contener en su exposición los estados contables que detallamos en el cuadro siguiente:

CONCEPTO	Suministra información de las causas que generaron el resultado atribuible al período.
ESTRUCTURA	Las partidas de resultados se clasifican en resultados ordinarios y resultados extraordinarios. • Resultados ordinarios: Son todos los resultados del ente acaecidos durante el ejercicio, excepto los resultados extraordinarios. • Resultados extraordinarios: Son los resultados atípicos y excepcionales acaecidos durante el ejercicio, de suceso infrecuente en el pasado y de comportamiento similar esperado para el futuro.

EJERCICIOS DE AUTOEVALUACIÓN

Encabezamiento de balance

Llenar el siguiente encabezamiento de balance

Por el ejercicio anual N° ... iniciado el .... presentado en forma comparativa con el ejercicio anterior.

Expresado en moneda constante (pesos) del .... fecha de cierre del último de ellos.

....

Denominación:

....

Domicilio legal:

....

Actividad principal:

....

Inscripción en el Registro Público de Comercio — Del estatuto o contrato social ....

De las modificaciones

....

Inscripción en la Inspección de Personas Jurídicas:

....

Fecha de vencimiento del estatuto o contrato social:

....

(a)

....

Denominación de la sociedad controlante:

....

Domicilio legal:

....

Actividad principal:

....

Participación de la sociedad controlante sobre el patrimonio:

....

Porcentaje de votos de la sociedad controlante: %

....

(b)

....

Información de los entes controlados en Nota N°.

....

Composición del capital:

....

Acciones (c)

Cantidad	Tipo	N° de votos que otorga cada una	Suscripto $	Integrado $

Cuestionario

1) ¿Cuáles son las diferencias entre activo y pasivo corriente y no corriente?
2) ¿Qué entiende por resultados ordinarios y extraordinarios?
3) ¿Cuáles son los estados contables básicos obligatorios a los fines de su exposición?

4) ¿Qué entiende por empresa en macha?
5) ¿Qué diferencias existe entre devengado y realizado?
6) ¿Porqué los principios generalmente aceptados deben aplicarse en ejercicios distintos?
7) ¿Cuál es la moneda de cuenta a aplicar en los estados contables?
8) ¿Cómo deben ser los ejercicios contables y porqué?
9) ¿Cómo deben computarse los resultados económicos?
10) ¿En qué consiste la aplicación del principio de uniformidad?
11) ¿Qué entiende por el principio contable de prudencia?

CAPÍTULO 16

El uso de la información

FINES QUE SE PERSIGUEN

Los estados contables constituyen el medio a través del cual se suministra información sobre el patrimonio de una empresa y su evolución, por medio de datos extraídos de los registros de las operaciones de la empresa, adecuados a la realidad económica y durante un período determinado llamado ejercicio económico.

Por lo tanto, el objetivo de los informes contables es brindar información, principalmente cuantitativa, sobre la empresa u organización que sirve a tal propósito, a efectos de ser utilizada tanto por los usuarios y terceros vinculados a ella, para servir a la toma de decisiones económicas y financieras.

Hemos visto a largo de este curso que entre los informes contables de uso más general hemos analizado los estados patrimoniales y de resultados, referidos respectivamente, a la presentación del patrimonio de una empresa y las variaciones sufridas por el mismo y a la conformación del resultado producido en un cierto período por las actividades por ella desarrolladas.

En realidad, esos estados además de los fines anteriores persiguen otros múltiples objetivos; una enunciación mínima aceptable de ellos es la de brindar información útil para:

- Servir de guía a los inversionistas interesados en comprar o vender su participación o realizar una inversión de capital.
- Ayudar a analizar la gestión de la dirección.
- Determinar la carga tributaria y para otros fines de política fiscal y social.
- Ser utilizados como fuente de información para la contabilidad nacional.
- Ser utilizados como una de las bases para la fijación de precios y tarifas.

CARACTERÍSTICAS MÍNIMAS QUE DEBE REUNIR LA INFORMACIÓN	
IMPARCIALIDAD	No debe reflejar prejuicio alguno y, por lo tanto, no contener desviaciones intencionales o puntos de vista distorsionados con la realidad.
VALIDEZ	Que sea significativa y relevante para el objetivo para el cual se encuentra destinada. Es decir, debe responder a la realidad para la cual se aplique, averiguando si existen otros factores que pueden haber ocasionado un cambio o una diferencia posterior a su consideración.

CONFIABILIDAD	Debe guardar la fidelidad de la imagen que la información intenta describir habiendo sido obtenida luego de una profunda investigación o importante encuesta de casos numerosos.
CONSISTENCIA	Debe basarse en datos homogéneos que guarden similitud en la comparación de los elementos necesarios para el objetivo deseado, o sea, que los factores en los que se basa sean los mismos para cada parte de la información.
ANTIGÜEDAD	Es uno de los factores más importantes pues debe referirse a acontecimientos o comparaciones recientes, pues cuanto mayor sea la antigüedad, tanto más será cuestionable su valor para los usuarios; el retraso puede ser el resultado del tiempo requerido para reunir y procesar los datos o lograr el acceso a la información.
PERTINENCIA	Debe relacionarse con la situación en cuestión. La información pertinente en un momento tal vez no lo sea en otro, si no acrecienta el conocimiento que necesita quien va a decidir.
INTEGRIDAD	Proporciona al usuario todos los detalles que necesita para entender la situación. Rara vez se encuentra la información completa (certidumbre).

DESTINATARIOS

En este punto es interesante transcribir el siguiente cuadro extraído de la obra de Lazzatti (El objetivo de los estados contables), que resume con toda claridad los fines de los estados contables respecto de los distintos usuarios de los mismos y los efectos que traen a ellos la información que dichos estados traslucen:

USUARIO	Efectos de la información sobre:
INVERSIÓN ACTUAL	• Vender su participación en la empresa (accionistas, etc.) • Disponer la distribución de la ganancia • Juzgar la gestión de la empresa
INVERSOR POTENCIAL	• Adquirir una participación en la empresa
GERENCIA	• Proponer la distribución de la ganancia • Juzgar su propia gestión • Percibir una participación en la ganancia
ACREEDOR ACTUAL (Proveedores, entidades financieras, etc.)	• Proteger su crédito
ACREEDOR POTENCIAL	• Conocedor del crédito
ORGANISMOS FISCALES	• Determinar la materia imponible
SINDICATOS	• Ponderar la rentabilidad y estabilidad de la empresa

EJERCICIOS DE AUTOEVALUACIÓN

Cuestionario

1) Entre las características mínimas que debe reunir la información ¿qué se entiende por consistencia, pertinencia y confiabilidad?
2) ¿En qué casos a un destinatario puede interesar informarse acerca del estado contable de una empresa y a qué efectos?
3) ¿Cuál es la razón por la cual un acreedor actual pueda tener interés en poseer información sobre el estado de la empresa a la cual es proveedor?
4) ¿Cómo definiría una información que sea significativa y relevante por la cual el destinatario de la misma tenga interés en conocer?

CAPÍTULO 17

Las decisiones empresariales

INTRODUCCIÓN

El éxito de las empresas depende de la adopción de decisiones que conduzcan al cumplimiento de sus objetivos y al logro de los mismos, con el fin de emplear los recursos mínimos necesarios para alcanzar los resultados que satisfagan las expectativas de sus directivos y ejecutivos, como así también todas aquellas que respondan a situaciones generadas por cambios que se sucedan en el entorno en que deben actuar.

¿QUÉ ES UNA DECISIÓN?

Dado la existencia de diversas alternativas que pueden presentarse durante su funcionamiento las decisiones que se adopten no son otra cosa que seleccionar aquellas que respondan a la mejor solución de todo problema que se presente; por lo tanto, contienen los siguieres elementos:

1. Un agente decisorio, que es la persona que selecciona las alternativas para su selección.
2. El objetivo que se pretende alcanzar con la decisión.
3. Los criterios que el agente decisorio utilizará para elegir la alternativa más adecuada.
4. La estrategia escogida para alcanzar el objetivo perseguido.
5. La información con que contará el agente decisorio para realizar la selección de la alternativa que ha de escoger finalmente.
6. El resultado de la selección de la o las alternativas, que constituye la decisión propiamente dicha.

Según puede observarse de los elementos expuestos anteriormente, se impone, en primer lugar, conocer las diversas alternativas disponibles, que, generalmente, se presentan en cualquier curso de acción, pues salvo excepciones, no existe una sola alternativa sobre la forma de hacer algo, pues en tal caso la decisión surgiría de la misma.

Por ello quien tenga a su cargo tomar una decisión debe contar con la capacidad necesaria para buscar o desarrollar alternativas partiendo de las existentes, lo cual dependerá de su ingenio y su sentido común y/o de la investigación y/o el asesoramiento que se disponga para tal fin, ya que una vez reunidas las alternativas posibles que resulten apropiadas al problema que se presente, corresponderá su evaluación y selección para elegir, luego, aquella que se considere más adaptable para su elección.

En efecto, si desearíamos evaluar los diversos problemas que pueden presentarse en las empresas en razón de su importancia y las consecuencias que ellos afectan a su equilibrio orgánico, afirmaríamos que la toma de decisiones es el único medio para lograr una solución efectiva a los mismos dado que sus efectos influyen tanto en su estructura como en su funcionamiento interno y en sus relaciones con el ambiente.

Herbert Simon, creador de la teoría de las decisiones, las utilizó como base para explicar el comportamiento humano en todas las organizaciones y las concibió como un sistema en el cual, cada persona participa conscientemente, tomando decisiones en base a diversas alternativas más o menos racionales de su comportamiento.

¿QUIÉNES TOMAN LAS DECISIONES EN UNA EMPRESA?

En realidad, todas las personas dentro de una empresa, en sus distintas áreas y niveles jerárquicos, como así también en todas las situaciones que les toca vivir, toman decisiones continuamente, sean relacionadas o no con su trabajo; de allí que la empresa suela definirse como un complejo sistema de decisiones.

Las diversas teorías de administración analizaron en forma distinta el comportamiento humano en las empresas en materia de toma de decisiones, recordando alguna de ellas como:

1. Las teorías clásicas, desarrolladas por Taylor y Fayol, consideraban que las personas que participan en las empresas son instrumentos pasivos, remunerados en base a su producción, pero carentes de influencia en las decisiones empresarias.
2. Mayo y Lewin en sus teorías de relaciones humanas otorgaban una mayor participación a las personas en las empresas como condición del logro de una mayor eficiencia, en razón de sus necesidades y objetivos personales.
3. En cambio, los behavioristas, defendieron la participación del personal en la empresa, como individuos que opinan, toman decisiones y solucionan problemas.

Con el surgimiento de la teoría de la decisión de Simon, los estudiosos del pensamiento administrativo destacaron que las decisiones son un elemento primordial para el éxito de toda empresa, elevando su importancia sobre cualquier otra acción que se desarrolle dentro de la dinámica empresarial.

Tal es así que, por ejemplo, la planeación no es otra cosa que una toma de decisión anticipada del estado futuro que representa la empresa e implica a su vez un conjunto de decisiones independientes a tomar en cada caso; es decir, es un sistema de decisiones que se encuentran interrelacionadas entre sí.

PROBLEMAS Y OPORTUNIDADES

En realidad toda decisión se toma frente a la existencia de un problema o dicho en otra forma, la decisión es la respuesta a un problema y este se presenta cuando una situación real resulta distinta a la deseada; por supuesto, si no existe un problema tampoco habrá necesidad de tomar decisión alguna.

Sin embargo, muchas veces, el problema que se presenta puede llevar consigo una oportunidad que haya que resolver, siendo ese el momento en el cual se tiene conocimiento del mismo; de allí la importancia que tiene que los directivos se encuentren en condiciones de detectarlo antes de su presentación, para adoptar las decisiones tendientes a solucionarlo con la debida anticipación.

William Pounds, sostiene que existen, generalmente, cuatro situaciones que permiten detectar esos problemas, a saber:

1. Cuando se produce una desviación de los hechos habituales que suceden comúnmente, de acuerdo con la propia experiencia.
2. Cuando se produce una desviación del plan que se hubiera establecido fijando la posible presentación de determinados hechos y acciones.
3. Cuando terceras personas presentan similares problemas con cierta frecuencia, lo cual permite vislumbrar su permanencia como tales.

4. Cuando la actuación de empresas competidoras produce situaciones que requieren ser resueltas antes que ellas afecten el funcionamiento de la propia empresa.

Sin embargo, no resulta tan fácil identificar los problemas con la anticipación debida, pues, muchas veces, pueden cometerse errores que impidan su solución, a los cuales Sara Kiesler y Leel Sproull los denominan trampas básicas las que pueden estar presentes:

1. Cuando se realiza una falsa asociación de los hechos que motivan el o los problemas.
2. Cuando existen falsas expectativas acerca de los mismos.
3. Cuando se crea una falsa percepción por parte de quién debe resolverlos.

Sin embargo, la presentación de un problema puede también convertirse en una oportunidad que obligue a tomar una decisión favorable para la empresa; entonces, es importante que una vez que se haya detectado o presentado, estemos en condiciones de identificar si el hecho es una oportunidad o un problema, dado que este último puede poner en peligro el logro de los objetivos, pero, en cambio, aquella ofrece la posibilidad de superarlos.

Para ello, se han realizado algunas investigaciones, no tantas como para detectar esas diferencias con cierta facilidad; el propio Drucker sostenía que detectar un problema era continuar con la situación actual, en cambio, detectar una oportunidad posibilita crear condiciones nuevas para el futuro en la empresa.

Llegado entonces el momento en que el problema o la oportunidad han sido detectados con la debida anticipación o se hubiera presentado, deberá adoptarse una decisión para lograr su solución.

EL PROCESO DECISORIO

La teoría de las decisiones que surgió con Herbert Simon, quien la utilizó en su conocida obra Comportamiento Administrativo, explicaba el comportamiento humano en las empresas, concibiendo el acto de decidir como un sistema, en el cual cada persona participa conscientemente, tomando resoluciones individuales relacionadas con alternativas más o menos racionales de comportamiento.

El proceso decisorio es, entonces, una secuencia de etapas que llevan a tomar una determinada decisión que según Simon está compuesto de 4 fases que distingue a las mismas de la siguiente manera:

Fase 1 Actividad de inteligencia	Recoger o encontrar los problemas u oportunidades que deben ser solucionados mediante la toma de una decisión.
Fase 2 Actividad de diseño	Crear, desarrollar y analizar los posibles cursos de acción a seguir antes de tomar una decisión.
Fase 3 Actividad de elección	Elegir el curso de acción a seguir dentro de los disponibles creados, desarrollados y analizados en la fase anterior.
Fase 4 Actividad de revisión	Evaluar las alternativas disponibles, y elegir aquella que será tomada en cuenta para tomar la decisión final.

Por supuesto, que todas las fases antes mencionadas requieren contar con toda la información necesaria proveniente de todos los canales de comunicación tanto internos como externos, sean éstos formales o informales.

Dicho proceso ha sido ratificado por Pedro Pavesi cuando afirma que:

"... decidir es realizar un proceso mental, deliberado, voluntario, sistemático, a través del ejercicio de raciocinio, con la finalidad de elegir un curso de acción (y sólo uno) entre un conjunto de cursos de acción alternativos...".

EVALUACIÓN DEL IMPACTO DE LAS MISMAS

Existen básicamente cuatro niveles de incertidumbre con los cuales deben convivir las empresas y la gerencia:

FUTURO CLARO	Cuando se pueden realizar pronósticos con pequeños márgenes de error no siendo la incertidumbre determinante de la toma de decisiones.	Permite utilizar la investigación de mercados, el análisis de costos, el análisis de la competencia, el análisis de la cadena de valor y las fuerzas de la competitividad de Porter, (herramientas "clásicas" que se enseñan en las escuelas de negocios).
ESCENARIOS ALTERNOS	Cuando se presentan pocos futuros probables que se eliminan mutuamente y que de presentarse uno u otro variarán la estrategia casi en su totalidad.	Se suele utilizar las herramientas clásicas antes mencionadas más los escenarios típicos (pesimista, optimista y más probable).
GAMA DE FUTUROS POTENCIALES	Cuando se identifican posibles futuros que pueden definirse por un número limitado de variables cuyo resultado puede estar en un amplio rango de posibilidades.	Las clásicas más análisis de escenarios, máximo 6 pero eliminando los redundantes y enfocándose en eventos que podrían resultar determinantes para que lleven a las variables a recaer en cierto punto del rango de posibilidades además de un poco de instinto.
TOTAL CONFUSIÓN	Cuando el futuro es virtualmente imposible de predecir, existiendo un número ilimitado de variables de posibilidades.	Todo lo anterior más otro poco de instinto más mucho análisis que permita detectar las variables que se pueden llegar a saber, por ejemplo, variables que determinarán cómo se comportará el mercado con el tiempo, tasa de penetración...

Previo a la toma de una decisión es indispensable evaluar las alternativas disponibles o desarrolladas para realizar su comparación y seleccionar aquella que ha de producir el mejor resultado o que responda mejor a las metas u objetivos que desean lograrse.

Esa decisión se lleva a cabo bajo tres condiciones posibles:

CON CERTEZA	Cuando se dispone de la seguridad absoluta de contar con una información previa completa; pocas veces se cuenta con ella. Lógicamente, que la situación ideal para quien deba tomar una decisión es aquella que sea lo más acertada posible, siempre que las diversas alternativas evaluadas para su selección sean ampliamente conocidas y cuenten con la mayor información posible; sin embargo, esta situación es más idealista que pragmática, ya que no es la que se presenta con mayor frecuencia.
CON INCERTIDUMBRE	Cuando no se conoce la probabilidad que se presente para producir el resultado esperado o no se cuente con la debida información. Agor, en su obra The Logic of Intuition p. 9, ha puntualizado con mayor precisión el estado de incertidumbre considerando como tal cuando: 1. No existen muchos precedentes para su fundamentación. 2. Las variables son menos previsibles en términos científicos. 3. Existe solo una cantidad limitada de datos. 4. Los datos no señalan con claridad el curso que se debe tomar. 5. Los daos analíticos no son de gran utilidad. 6. Se puede elegir de entre varias soluciones alternativas plausibles. 7. Cuando hay poco tiempo y presión por encontrar la decisión acertada.
CON RIESGO	Cuando se cuenta con una información completa y se realiza una estimación estadística sobre los resultados que se obtendrían con cada una de las alternativas; este es el caso más habitual. Cuando resulte imposible pronosticar con certeza la selección de una alternativa para tomar una decisión, aun cuando se cuente con suficiente información, siempre estamos en presencia de un riesgo, que es la más común de las situaciones, en las cuales debe estimarse la probabilidad que ocurran determinadas alternativas sujetas a elección, para lo cual debe disponerse de una experiencia personal previa o de una información eminentemente histórica.

Teniendo en cuenta las condiciones anteriores y la imposibilidad de contar, muchas veces, con la alternativa correcta, es posible que la decisión pueda también afectar positiva o negativamente otros objetivos por lo cual, en esos casos debe tratarse de elegir la decisión óptima para el caso que será aquella por medio de la cual puede obtenerse el mejor resultado en su aplicación; se considera así la que sustenta el mayor grado de racionalidad, es decir que la selección de la alternativa elegida sea consistente y puedan obtenerse los máximos valores de efectividad.

Dado que los supuestos que contiene toda decisión óptima son los mismos que aquellos que sustentan el principio de racionalidad, es importante que nos detengamos un momento en conocer con la mayor profundidad este último concepto.

El proceso de decisión, al cual nos hemos referido, supone ante todo el ejercicio de la racionalidad en todas sus fases o etapas, con el fin de tomar una decisión consistente, optimizando su valor dentro de las limitaciones con que se cuente para ello, para lo cual el responsable de dicha acción debe ser objetivo y lógico en toda su capacidad.

El cumplimiento absoluto de las premisas anteriores inducirán al lector la idea que la persona que toma las decisiones en una empresa es parecida a una supercalculadora; sin embargo, quien debe tomar las decisiones, debe enfrentarse, a veces, con situaciones no propicias para respetar dichas premisas y, no por ello, podría juzgarse de no racionales las decisiones que adopte, en razón de determinadas limitaciones que se oponen para poder respetar en forma absoluta dichas premisas.

En efecto, no todos los problemas son directos en los cuales se dispone de una completa información, los cuales podíamos llamarlos bien estructurados; en cambio, otros son poco comunes, disponiendo solo de una información ambigua o insuficiente, que podríamos decir que no se encuentran bien estructurados.

Tal el caso de no contar con claros objetivos o con pocas alternativas de elección y estar presionado por el tiempo y el costo de la decisión, por lo cual la persona que deba tomar la decisión deberá asumir diversos riesgos poniendo en juego su racionalidad, simplificando su decisión y extrayendo solo las características esenciales del problema planteado.

TIPOS DE DECISIONES

Introducción

Evidentemente, los problemas al ser diferentes unos de otros requieren a su vez distintos tipos de decisiones, algunas de las cuales deben ser tomadas de acuerdo con la política, procedimientos o normas, generalmente repetitivas, ya existentes en la empresa, por lo cual son denominadas decisiones programadas; en cambio, cuando aquellos problemas son poco frecuentes, excepcionales o imprevistos, requieren una decisión específica resultante de un proceso especial para el caso que se presente; son las llamadas decisiones no programadas.

También suelen clasificarse las decisiones según se orienten a los cursos globales de acción, determinando el funcionamiento y fijando el posicionamiento de la empresa (decisiones estratégicas), o aquellas que se refieren a la forma de instrumentar las actividades (decisiones tácticas) o, por último, aquellas de rutina referidas al desarrollo de las actividades normales (decisiones operativas).

Por último, es importante destacar que las decisiones pueden ser tomadas en forma individual por un solo agente decisor o un grupo, como sucede en la mayoría de los casos, por medio de comités o comisiones; en este último caso la idea es que la opinión de más de una persona sobre una determinada cuestión posibilita una decisión más acertada.

Decisiones individuales

Cuando se presenta una situación de incertidumbre en la cual no se está seguro de los resultados que se estiman o no se cuentan con estimaciones probabilísticas confiables, la situación de la persona que debe tomar una decisión es sumamente delicada por las consecuencias que puedan llegar a producirse.

Para comprender el acto de toma de decisión, teniendo en cuenta las especiales características que pueden presentarse al desear solucionar un problema o una oportunidad, debe tenerse en cuenta que el proceso decisorio se encuentra, en su mayoría, sujeto a un acto subjetivo de esa persona (agente decidor).

Sin embargo, a modo de paliativo, resulta de singular importancia el estado psicológico en que se encuentra el tomador de una decisión, que puede adoptar diversos estados de ánimo para conducir su comportamiento, entre los que se encuentran:

- Optimista, cuando supone que la decisión adoptada es la que corresponde, la más acertada y conveniente, o sea, sin lugar a dudas, la mejor.
- Pesimista, cuando adopta una posición conservadora, optando por la alternativa que, según él, obtiene es el resultado más satisfactorio pero, al mismo tiempo considera que no es la mejor de todas.
- Optimista ponderado, cuando opta por alguna de las alternativas que no sean más extremas, es decir que no sean ni optimistas ni pesimistas.

- Mínimo arrepentimiento, esta situación se presenta cuando, luego de adoptada la decisión, se experimenta una sensación de fracaso por no haber elegido la mejor de ellas; en este caso debe evaluarse cuál es la diferencia existente entre la elegida y la que hubiera resultado mejor para justificar que la elegida no ha sido la peor.
- Racional, es la que resulta de haber elegido la decisión que más se ajustaba a la lógica, por haber sido tomada en base a métodos científicos y racionales, de acuerdo con las circunstancias que se imponían en ese momento.

Decisiones en grupo

Entre las decisiones adoptadas por las empresas se encuentran aquellas que responden a ideas o sugerencias individuales de la persona que ejerce un cargo jerárquico compatible con la especialidad del asunto a decidir y que llamamos decisiones de carácter individual.

Sin embargo, numerosas decisiones suelen ser adoptadas por dos o más personas con el fin de aportar a las mismas una solución compartida y debidamente consensuada, considerándose que la opinión de más de una persona sobre una determinada cuestión posibilita una decisión más acertada, concepto que ha sido incorporado hace mucho tiempo en las grandes empresas, en determinadas instituciones o asociaciones civiles, deportivas, sociales, culturales y hasta en procesos judiciales.

Tal el caso del juicio por jurados que ha sido un componente esencial en el sistema jurídico de muchos países y se encuentra previsto en la última reforma de nuestra Constitución Nacional, como también las segundas instancias a cargo de las Cámaras de Apelaciones y así también los recursos superiores ante la Suprema Corte de Justicia en otras instancias judiciales; todas ellas constituyen otras tantas manifestaciones de la aceptación del principio de las decisiones colectivas.

En las grandes empresas las decisiones que suelen adoptarse por dos o más personas se encuentran, generalmente, a cargo de comisiones creadas al efecto, llamadas también, en la jerga administrativa, comités, juntas, consejos, etc. o sea grupos pequeños formados por personas que ocupan distintos niveles jerárquicos dentro de la empresa.

Gibson, Ivancevich y Donneley en su obra Las Organizaciones señala con claridad las características especiales que presentan los procesos de grupo para la toma de decisiones no programadas, que:

1. A la hora de establecer objetivos, los grupos probablemente superan a las personas debido a la gran cantidad de conocimientos de que disponen.
2. A la hora de identificar alternativas, los esfuerzos de cada uno de los miembros del grupo llevan a realizar un mayor trabajo de búsqueda en las distintas áreas funcionales de la organización.
3. A la hora de evaluar alternativas, la opinión colectiva del grupo, con su amplia gama de opiniones, para indicar que la decisión del grupo será superior a la de una persona que debiera tomar idéntica decisión.
4. A la hora de seleccionar una alternativa, la interacción del grupo y la obtención de consenso conllevan a la aceptación de mayores riesgos de los que estaría dispuesto a asumir una sola persona. Además, es más probable que se acepte la decisión del grupo como consecuencia de que hayan intervenido quienes se verán afectados por sus consecuencias.

Determinados dirigentes se encargan de ejecutar las decisiones, con independencia de que se hayan tomado en grupo o no; por consiguiente, exige una responsabilidad de tipo personal en cuanto a la ejecución de las decisiones de un grupo.

No deben confundirse estos grupos de personas con los grupos de trabajo que tienen a su cargo la realización de tareas que corresponden a una determinada unidad de producción, ya que se diferencian de aquellas por constituir grupos de carácter permanente.

Algunas de las agrupaciones antes mencionadas (comités, juntas, comisiones) desempeñan funciones administrativas o técnicas, otras estudian algún problema en especial, y otras formulan recomendaciones sobre los asuntos presentados a su análisis, siendo una excelente herramienta de trabajo para el desarrollo de ideas y de apoyo a las decisiones a adoptar dentro de la empresa.

Por supuesto, no tienen la característica de una autoridad de línea en la estructura funcional de las empresas, pudiendo definirse como un grupo de personas específicamente designadas para llevar a cabo un acto administrativo, previo o para la adopción de una decisión sobre la cuestión que les haya sido planteada.

En efecto, si bien existen situaciones en toda empresa que una decisión puede ser adoptada merced a un enfoque individual de algún nivel jerárquico que corresponda, en otras, la importancia, magnitud y especialidad del problema planteado, torna inapropiado o imposible una decisión individual, siendo necesaria la consulta y opinión de varios funcionarios de nivel jerárquico que puedan aportar mayores informaciones y sugerencias.

A este respecto es importante recordar que, por naturaleza, el ser humano evita todo enfoque totalitario o mandato dictatorial para resolver determinados problemas; tal es así que, como hemos dicho anteriormente, en determinadas instancias judiciales se recurre a los juicios por jurados para lograr una sentencia de culpabilidad o inocencia en algunos juicios penales y en los altos estrados de la justicia como la Suprema Corte, sus miembros interpretan en acordadas conjuntas, por unanimidad o por mayoría de sus componentes, determinados asuntos que les son sometidos por los tribunales inferiores e, inclusive, acerca de la constitucionalidad o inconstitucionalidad de las leyes.

Entonces no resulta extraño que se empleen procesos similares en las grandes empresas para decidir acerca de importantes problemas que requieren el mayor número de conocimientos, información y experiencia que puedan ser aportados por funcionarios de las mismas designados al efecto.

Por ello, en las empresas modernas, se ha popularizado la constitución de las comisiones formadas por funcionarios designados para dictaminar sobre determinados asuntos que requieren su participación en temas de interés para ellas.

En esa forma mejora el desempeño e incrementa la satisfacción de sus participantes asegurando una recomendación o una decisión más equilibrada de toda cuestión que sea sometido a su análisis.

En resumen, se disponen de dos clases de informaciones:

- Internas, originada dentro de la misma empresa y puede ser:
- Externas, proveniente de las obtenidas fuera de la empresa

Información interna

Entre las primeras se encuentran todas aquellas que surgen de los documentos comerciales emitidos y recibidos por la empresa, resultantes de todas las operaciones realizadas, que respaldan las mismas y son utilizados para su registro y comprobación; sobre ellos nos hemos referido en nuestro capítulo anterior.
Respecto de las informaciones externas pasamos a referirnos en particular.

Información externa

La información externa es aquella que se refiere a hechos o sucesos que se producen en el contexto de una empresa, los cuales son captados e interpretados por ella de acuerdo con las informaciones que recibe fuera de ella, en la medida que puedan afectar su actividad o sus objetivos y ser tenidas en cuenta en la toma de sus decisiones por parte de los responsables de la misma.
Entre esas informaciones que proceden fuera de la empresa, se encuentran las siguientes:

- Medios generales, informaciones provistas por empresas que participan en encuestas, medios de difusión, etc.

- Medios específicos, informaciones recogidas por las necesidades de sus compradores, proveedores, medios gráficos especializados, etc.
- Informaciones del mercado en el cual actúa.

En efecto, existe un importante número de publicaciones (comerciales, industriales, de gobierno, profesionales del campo de los negocios, etc.) que se encuentran disponibles sea por suscripción, consulta en bibliotecas, pedidos especiales y también las agencias gubernamentales que acostumbran brindar informaciones sobre una amplia variedad de temas que se encuentran disponibles a pedido quienes las requieran.
Tal es el caso de informaciones sobre cálculos demográficos, producto nacional bruto total y per capita como así también otras que son útiles a las empresas y constituyen fuentes importantes de información para relacionar sus datos con los que ellas trasmiten.

Tipos de información

Los directivos de las empresas, a los fines de tomar alguna decisión, cuentan, en general, con diversas fuentes de información, algunas de carácter formal, que surgen de su propia organización y, otras, informales o causales que recibe de otras fuentes.
Por ello, dado la amplitud y diversidad de las mismas, hemos extraído de la obra de Murdick, Sistemas de Información Administrativa el siguiente cuadro que las resume con bastante claridad.

FUENTES DE INFORMACIÓN PARA GERENTES		
	FORMALES	INFORMALES-CAUSALES
INTERNAS	Informes provenientes de gerentes del mismo rango. Informes provenientes de subordinados. Informes generados por la computadora. Interacción dentro de la computadora. Reuniones de personal staff programadas periódicamente.	Pausas para tomar café. Convivencia con otros empleados.
EXTERNAS	Investigación de mercadotecnia. Organización de estudio ambiental. Encuestas entre clientes. Correspondencia con el gobierno.	Medios de prensa. Amistades. Clientes y proveedores.
EXHIBICIONES MERCANTILES	Suscripciones a revistas de administración. Servicios de información comercial. Informes de la industria.	Programas de educación continua.

Sin perjuicio de ello, resulta necesario conocer también otras posibles fuentes de información que, en principio, podríamos clasificar de la siguiente manera:

- Informaciones primarias, son las que deben recabarse para un fin específico; por lo cual, cuando esa información tan necesaria (que llamamos primaria) no exista en ningún lugar conocido o accesible, debe tratarse de obtenerla de manera directa en alguna de las siguientes formas:

- Informaciones secundarias, en caso que, cuando por problemas de tiempo o de costos no puedan obtenerse las informaciones que consideramos primarias, siempre que sea factible y respondan al objetivo deseado, se suele también recurrir a las llamadas informaciones secundarias, en alguna de las siguientes fuentes:

1. Información interna de la propia compañía
2. Informaciones obtenidas de fuentes externas
3. Publicaciones e instituciones oficiales.

En realidad, tanto las informaciones de fuentes primarias como las de fuentes secundarias, proporcionan a los directivos de las organizaciones los elementos necesarios para ser utilizados en la solución de problemas y de la toma de decisiones.
La selección de una fuente en particular dependerá entonces de la información que se requiera y cómo será empleada; por lo tanto, no puede decirse que una fuente sea mejor que otra.

Relación e incidencia

Sin duda alguna, tanto las informaciones de fuente primaria como secundaria presentan sus ventajas y desventajas.
Es importante señalar aquellas que James A. Senn incluye en su obra Sistemas de Información para la Administración, que transcribimos a continuación:

FUENTES	Ventajas	Desventajas
A. PRIMARIA		
OBSERVACIÓN	Conocimiento de primera mano. Evita respuestas distorsionadas.	La observación puede no ser exacta.
EXPERIMENTO	Control sobre las variables de interés. Diseño del experimento.	Puede no ser representativo.
ENCUESTA	Modo eficiente de llegar a grandes grupos de personas. Diseño de cuestionario.	Tamaño de la encuesta.
ESTIMACIÓN	Información de los expertos. Puede ser la única manera de obtener alguna información.	La respuesta puede no ser confiable.
B. SECUNDARIA		
LA INFORMACIÓN DE LA PROPIA EMPRESA	Es específica para la situación. Relativamente poco costosa.	Puede no ser oportuna. Ya existe. Puede no estar integrada en forma adecuada o en forma útil.

INFORMACIÓN DE FUENTES EXTERNAS	No puede obtenerse de otro modo. Publicaciones.	Es costosa de adquirir. Puede tener deformación.
ORGANIZACIÓN DEL GOBIERNO	Imparcial. Gran volumen de datos.	Puede no ser utilizable.

Información relevante para la toma de decisiones

En realidad, la base de toda información son los datos, aunque no todos estos representan una información útil, salvo aquellos que sean concernientes a las necesidades de la dirección en cada momento determinado

Por ello, la mayor utilidad que presenta la información de una empresa, tanto de carácter interna obtenida en base a la documentación respaldatoria, que hemos visto en sus operaciones básicas (Capítulo 3), como aquella externa obtenida fuera de la empresa que hemos identificado anteriormente, es servir de apoyo a la toma de decisiones por parte de sus administradores.

Pero para ello es imprescindible la valoración de la misma por parte de éstos, a cuyo fin deben analizar si dichas informaciones reúnen las condiciones necesarias para servir a dichos propósitos.

Es que la decisión que tomen dichos administradores es un proceso por medio del cual las personas que sean responsables de un área, sección, departamento o gerencia de la empresa, deberá surgir de una elección entre las informaciones recibidas, a efectos de considerar la más apropiada, para resolver una determinada situación bajo su responsabilidad.

De allí que, los sistemas de información existentes en toda empresa colaboren en la comunicación y distribución de la información a todos los responsables de tomar decisiones en la empresa, proporcionando una asistencia insustituible a los mismos para llevar a cabo ese proceso de decisión.

No debemos olvidar que los sistemas de información que apoyan las decisiones constituyen la entrada (input) de un proceso de decisión, pero no pueden sustituir en forma alguna el juicio de valor que realiza el responsable de una empresa u organización que debe llevarla a cabo.

Es decir, que debe quedar bien en claro, que los sistemas de información proporcionan información a los directivos o gerentes de una empresa para que éstos puedan emitir juicio sobre las distintas situaciones que se presenten en la misma dicha información si bien es absolutamente necesaria también debe ser relevante a éstos para tales fines.

EJERCICIOS DE AUTOEVALUACIÓN

Tipos de decisiones

(Marcar con una X los caracteres en la o las columnas que correspondan la o las características que asumen las distintas fuentes de información indicadas)

Fuente de información	Formales	Informales	Internas	Externas
Reuniones periódicas con el staff				
Correspondencia con el Gobierno				
Medios de prensa				
Encuestas con clientes				
Informes de subordinados				
Informes de la industria				
Investigación mercadotecnia				
Programas de educación				
Servicios de información comercial				
Informes generados por computadora				
Estudios ambientales				
Exhibiciones mercantiles				
Informes de gerentes del mismo ramo				
Amistades				

Cuestionario

1) ¿Cuáles son los elementos de una decisión?
2) Defina las fases de un proceso decisorio
3) ¿Cómo evalúa los niveles de incertidumbre en una decisión?

4) ¿Cómo define el estado de mínimo arrepentimiento en un decisor?

5) ¿Cuáles son las características de un proceso decisorio en grupo?

6) ¿Qué entiende por información primaria necesaria para la toma de una decisión?

7) Ídem por información secundaria

8) ¿Cuándo se toma una decisión con riesgo y que efectos produce?

CAPÍTULO 18

Contabilidad ambiental

INTRODUCCIÓN

En nuestros días, la contabilidad no es una disciplina que pueda encontrarse aislada de un proceso que ha venido desarrollándose en forma vertiginosa a partir de fines del siglo XIX y ha modificado sustancialmente las organizaciones empresarias del cual se retroalimenta con dichos cambios.

Hoy día, a comienzos del siglo XXI, los conceptos de globalización, competitividad, calidad, productividad, alianzas estratégicas, empresas de clase mundial, libre comercio, valor agregado y reingeniería de procesos administrativos, son términos que han venido a enriquecer el vocabulario normal de un hombre de negocios y a incrementar el grado de dificultad en la operación de las empresas.

A ello debe agregarse la importancia que ha asumido el ambiente o entorno de la empresa, no solo por su influencia en las mismas en su propio radio de acción, sino también en toda la comunidad, no solo local sino regional y global, que ha obligado adoptar medidas especiales para su mantenimiento y lucha contra aquellos aspectos que la perjudican.

Por ello, no podemos ignorar las nuevas tendencias que se han presentado en una disciplina como la Contabilidad que registra y analiza todo lo inherente a la empresa y necesita producir las informaciones necesarias para lograr que las decisiones que se tomen en base a ellas cumplan con los objetivos establecidos en su constitución pero que también recojan las enseñanzas de un mundo mejor.

Bien es cierto que, desde sus comienzos, esta disciplina ha ido evolucionando dejando atrás su limitada función de registro histórico de operaciones, convirtiéndose en una productora de informaciones debidamente clasificadas y ordenadas para su mejor interpretación económica a fines de servir para la mejor toma de decisiones.

No olvidemos los aportes realizados por los Consejos Profesionales de la especialidad empresaria que han ido aportando principios y normas que la han enriquecido para el logro de una mayor eficiencia en la información y que las modernas técnicas de información y comunicación incorporadas han brindado una mayor seguridad y confianza en los resultados obtenidos.

En efecto, el gran desarrollo que esos mismos instrumentos han tenido, han posibilitado una mayor entrega de elementos de evaluación a los directivos de todas las empresas que, hoy día, disponen de mayores posibilidades para acercarse a la certeza de sus decisiones.

Pero, sin duda alguna, las nuevas tendencias que ofrece esta disciplina tratan de responder a una mayor intensidad a los requerimientos que presenta el alto nivel de competitividad existente y la necesidad de interiorizarse en las perspectivas futuras, en base a las tendencias que se vislumbran respecto de los datos conocidos del pasado.

También, todo ello ha traído como consecuencia una revalorización de las empresas fundada en el reconocimiento de determinados activos aparentemente sin medición cuantitativa, derivados de la importancia que hoy se concede al capital humano no solo en su aportación física sino también intelectual, que las ha colocado en determinados niveles que las distinguen entre sí por su estructura funcional y por la situación que han alcanzado en el mercado; nos referimos, en particular a su capital intelectual.

Justamente, sobre cada una de esas tendencias que ha alcanzado en la actualidad está nuestra disciplina, nos hemos de referir en el presente y siguientes capítulos de este último bloque de la obra, con el cual se completa la enseñanza de una de las modalidades de mayor aceptación y aplicación en el mundo moderno.

CONTABILIDAD AMBIENTAL

Conceptualización

La contabilidad ambiental identifica y mide el uso de los recursos de la em- presa, su impacto y los costos que incluyen la limpieza de lugares contaminados, el tratamiento de residuos y las llamadas externalidades ambientales, entendiendo por tales aquellos costos ambientales que no están incluidos en los libros contables, pero son soportados por toda la sociedad.

En razón de ello un sistema de contabilidad ambiental se compone de:

- Una cuenta ecológica, que mide el impacto que tiene el medio ambiente en una empresa en términos físicos (por ejemplo. kilogramos de residuos producidos, kilowatts de energía consumida).
- Una cuenta convencional adaptada que mide los impactos en el ambiente en términos monetarios.

Es decir que la contabilidad ambiental mide respectivamente los impactos no financieros y financieros que tales situaciones provocan, midiendo el costo que le representa tanto cuidar como no cuidar el ambiente.

Ámbitos de aplicación

Existen tres ámbitos en los cuales la contabilidad ambiental, al igual que la contabilidad convencional puede ser aplicada:

- **Contabilidad ambiental global**, es la que se aplica a escala planetaria y contempla aspectos energéticos, ecológicos y económicos en general y en el mundo entero. Es decir que la Tierra es el sistema en estudio y su presupuesto energético está basado en las recepciones y pérdidas de energía solar.
- **Contabilidad ambiental estatal**, basada en indicadores de los recursos naturales, emisiones, generación de residuos, etc. en una determinada área geográfica o de un país determinado. Incluye los recursos naturales en la toma de decisiones políticas que afecten a la economía; en realidad, dentro de un país, su indicador básico es el llamado Producto Bruto Interno (PIB), aun cuando para su análisis se tomen en cuenta algunos indicadores sociales y ambientales.
- **Contabilidad ambiental corporativa**, es aquella que se aplica en el ámbito de una empresa. Su objetivo es la identificación, análisis y uso de información relativa a flujos de energía, agua, materiales y residuos y toda aquella de carácter monetario que se encuentre relacionada con costos asociados a esas características.

En los últimos años, la preocupación por el cuidado del medio ambiente ha sido un factor importante en las decisiones, no sólo por la responsabilidad social que éstas tienen frente a la comunidad, sino también porque en la actualidad las leyes ambientales obligan a las compañías a mantener índices de contaminación bajos, leyes que si no son respetadas conllevan a altas multas que van en demérito de la empresa.

En efecto, en el lenguaje empresarial se ha impuesto un nuevo término para definir en una organización la creación de productos más eficientes para un mejor aprovechamiento de sus recursos y con menores costos, asegurando el cuidado del ambiente contra su contaminación; dicho término se conoce con la denominación de eco-eficiencia e incorpora tres ideas principales:

1. Mejoramiento del desempeño financiero y el esfuerzo ecológico de la empresa.
2. Mayor preocupación por las actividades de la empresa sobre el ambiente, considerándolo como un factor de competitividad.
3. Complementa y apoya al esfuerzo de las empresas por lograr un desarrollo sostenible (satisfacer las demandas actuales sin sacrificar la posibilidad que futuras generaciones puedan satisfacer las suyas).

CAPÍTULO 19

La Contabilidad Presupuestaria

INTRODUCCIÓN

En realidad, cuando nos referimos a nuevos posicionamientos en los Sistemas de Información Contable, estamos comprendiendo dentro de dicho concepto adecuaciones y/o modificaciones de los sistemas de registro convencionales mediante la utilización de nuevas técnicas o procedimientos que permitan obtener un determinado tipo de informaciones que, en la actualidad, son indispensables a las empresas para participar eficientemente en el proceso de globalización y competitividad que se viene desarrollando con el avance de las nuevas tecnologías de información y comunicación.

OBJETO

La Contabilidad Presupuestaria tiene por objeto llevar a cabo el registro de todos los gastos y recursos futuros a realizar, que permitan luego compararlos con los registros de las operaciones reales y determinar contablemente las diferencias que se hayan operado, por defecto o exceso, respecto de las previsiones efectuadas.

La Contabilidad de Costos incorporada a esta disciplina a partir del desarrollo industrial operado en la primera mitad del siglo XX, había considerado este tipo de registro en los llamados costos standard, que le permitían realizan las cotizaciones de los productos en forma previa a su elaboración, sobre todo en empresas dedicadas a la fabricación de un gran número de artículos dado que no podían disponer de sus costos reales previo a fijar sus respectivos precios de venta.

Pero, en la actualidad, las características dentro de las cuales desarrollan sus actividades las empresas, las obligan a planificar su acción con la debida anticipación y la contabilidad presupuestaria es el instrumento que les permite prever en forma anticipada la forma en que alcanzarán sus objetivos y los resultados probables que obtendrán en su futuro, considerando los eventos posibles, muchas veces imprevisibles, que puedan afectar sus resultados.

Hoy día, la elaboración de presupuestos y el control de ejecución de los mismos surgido de las operaciones realizadas y registradas en la contabilidad de la empresa, es una norma impuesta en las grandes empresas privadas, que tiende a generalizarse también en las medianas y pequeñas empresas, dado los nuevos instrumentos informáticos con que se cuentan, a raíz del avance tecnológico que facilitan su incorporación.

Uno de los presupuestos más importantes que suelen llevarse en casi todas las empresas es el atinente al movimiento de dinero con el fin de distribuir lo más acertadamente la aplicación de los recursos que se obtengan, conocido vulgarmente con el nombre de Flujo de Caja o Cash Flow y que ha sido incorporado en los modelos de estados contables establecidos para su exposición bajo la denominación de Estado de Origen y Aplicación de Fondos.

No obstante, también los presupuestos de producción y de ventas que suelen formularse en las empresas, permiten fijar las necesidades de materias primas y accesorios que permitan responder a las necesidades de comercialización, con el fin de evitar que, por falta de materiales, se obstaculicen los procesos de producción y comercialización, siendo la fuente informativa para el cálculo de los recursos necesarios con que afrontar los gastos que deban realizarse.

Sin embargo, la contabilidad presupuestaria es común en la administración de las instituciones públicas, en las cuales debe primar una autorización previa para que los responsables de las mismas, dado que administran recursos de terceros que pertenecen a una determinada comunidad y no a un grupo de personas.

¿QUÉ ES EL PRESUPUESTO?

Los pronósticos desempeñan un rol fundamental en la administración de las empresas, en forma tal que ninguna de ellas puede desarrollar sus actividades si no cuenta con un presupuesto que le permita prever sus recursos y posibilidades y los gastos e inversiones a realizar.

El presupuesto no es otra cosa que un plan evaluado en dinero, que establece un pronóstico de las ventas (origen de los fondos) y de los gastos proyectados (aplicación de los fondos) para una empresa o actividad durante un período preestablecido; esa previsión de resultados a que se llegue a través de la confección de un estado de esa naturaleza permite a la empresa prever la meta a alcanzar de acuerdo a los objetivos que se haya establecido.

No debe olvidarse que un desnivel entre sus recursos y gastos hará peligrar dichos los objetivos; de allí la importancia que presenta todo presupuesto que permita prever esa situación para adoptar con tiempo la solución de la misma.

¿CÓMO ELABORAR UN PRESUPUESTO?

Para lograr dicho propósito debemos tener presente:

a. La situación inicial de la empresa que marca el punto de partida de su actividad futura, o sea los recursos y compromisos que ya posee, que pueden ser resumidos así:

1. RECURSOS INICIALES
   a. Saldos en las cuentas bancarias
   b. Recaudación no depositada
   c. Créditos en descubierto autorizados y no utilizados
   d. Recaudación a realizar sobre las operaciones efectuadas, que surgirá de:
      - la cobranza de documentos que se encuentren en cartera
      - la cobranza de créditos en cuenta corriente según la antigüedad de sus saldos

1. COMPROMISOS INICIALES
   a. Saldos y gastos a pagar
   b. Documentos a pagar emitidos, vencidos y/o a vencer
   c. Compra en cuenta corriente a pagar de acuerdo a los plazos en que fue- ron contratadas
   d. Préstamos contraídos
   e. Estimación del compromiso eventual que puede presentarse por documentos de terceros que fueron descontados o endosados.

b. El análisis de los movimientos a producirse por el desarrollo de las actividades de la empresa.

Cualquier tipo de actividad que realice la empresa altera de inmediato su situación inicial y, por lo tanto, el presupuesto que se elabore debe adecuarse a las distintas posiciones reales que se vayan presentando que, en definitiva, se traducirán en desequilibrios favorables o desfavorables entre sus recursos y gastos.

A este fin trataremos de analizar en forma sintética cuáles son las variaciones que irán alterando esa situación inicial, motivadas por:

- Los Ingresos correspondientes a las ventas esperadas.
- Las adquisiciones a efectuar, de acuerdo a las necesidades de la venta y/o producción.
- Los gastos y demás erogaciones que se irán realizando o comprometiendo en el desarrollo de las actividades.

De la consideración de la situación inicial y de los movimientos que se produzcan en el desarrollo de las actividades de la empresa, irán surgiendo por compensación de importes, resultados favorables o desfavorables, superávits o déficits, que deberán ser determinados en una información centralizada, como indicamos en el siguiente ejemplo:

1. DISPONIBILIDADES INICIALES	$ 30.000
2. INVERSIONES A PLAZO FIJO INICIAL:	
Certificado vencimiento 31-10	$ 20.000
Certificado vencimiento 30-11	$ 20.000
3. Las ventas se cobran de la siguiente forma:	
Al contado	20%
A 30 días	40%
A 60 días	40%
4. Las compras se pagan de la siguiente manera:	
Al contado	40%
A 30 días	30%
A 60 días	30%
5. Los gastos se abonan de la siguiente forma:	
Al contado	80%
A 30 días	20%
6. Los impuestos vencen en el mes de febrero del año próximo.	
7. Las inversiones a plazo fijo iniciales son renovadas cada 30 días a un interés vencido estimado en el 1% mensual.	
8. Las inversiones a plazo fijo que se realicen durante el semestre lo serán en igual forma que las anteriores. Deberán invertirse sumas redondas por múltiplos de $ 10.000, debiendo retenerse como disponibilidades finales sumas no inferiores a $ 20.000.	
9. Los saldos de las cuentas a cobrar al 30% vencen en el mes de julio por $ 14.000 y en el mes de agosto por $ 15.000.	

La aparición de resultados desfavorables o déficits que surjan de la formulación de un presupuesto como el siguiente basado en una información similar a la indicada en el ejemplo anterior obligará a examinar su importancia, incidencia y oportunidad en que se presenta, a fin de realizar los ajustes necesarios para corregirlos, ya sea mediante la incorporación de recursos adicionales (por ejemplo un re- planteo en las condiciones de pago a los proveedores o en cuanto a las condiciones de cobro de las venta, la obtención de nuevos créditos bancarios, etc.) o mediante la revisión de los distintos gastos y precios de venta, sus plazos de pago y cobro respectivamente

Ejemplo:

PRESUPUESTO DE VENTAS, GASTOS Y RESULTADOS						
Concepto	Julio	Agosto	Setiembre	Octubre	Noviembre	Diciembre
1. Ventas a realizar	50.000	60.000	72.000	88.400,00	103.680,00	124.416,00
2. Costo	20.000	24.000	28.800	34.560,00	421.472,00	49.766,40
3. Utilidad bruta	30.000	36.000	43.200	51.840,00	62.208,00	74.649,60
4. Gastos de venta	7.500	9.000	10.800	12.960,00	15.552,00	18.662,40
5. Gastos generales	3.000	3.000	4.000	4.000,00	5.000,00	5.000,00
6. Utilidad	19.500	24.000	28.400	34.880,00	41.656,00	50.987,20
7. Impuestos	6.435	7.920	9.372	11.510,40	13.746,48	16,825,78
8. Utilidad neta mensual	13.065	16.080	19.028	23.369,69	27.909,52	34.161,42
9. Utilidad neta acumulada	13.065	29.145	48.173	71.542,00	99.452,12	133.613,54

Si bien la previsión de los resultados de una empresa a través de su Presupuesto de Ventas, Gastos y Resultados, constituye la meta a alcanzar por la misma, la preparación de un presupuesto de carácter financiero tiende a determinar los recursos que se valdrá la empresa para conseguir tal propósito.

Una vez confeccionado el presupuesto económico que nos brinda la posibilidad de conocer la rentabilidad de las operaciones presupuestadas en base a las ventas previstas y a los gastos posibles, estamos en condiciones de preparar un presupuesto financiero en el cual hemos de tener en cuenta el flujo de dinero que tendrá lugar, de acuerdo con la ejecución del presupuesto económico y en función de las posibilidades de ingresos y egresos de fondos en las fechas que correspondan, a cuyo efecto tendremos en cuenta la información anterior respecto de los plazos de cobros y de pagos indicados en cada caso.

En base a tales datos e informaciones estaremos en condiciones de analizar las distintas variantes que se presentarán a fin de preparar un presupuesto financiero como el que se indica a continuación y que contemple un período de actividades de un semestre en sus distintos períodos mensuales.

PRESUPUESTO FINANCIERO

PRESUPUESTO FINANCIERO						
Concepto	**Julio**	**Agosto**	**Setiembre**	**Octubre**	**Noviembre**	**Diciembre**
1. Disp. inicial	30.000	274.600	21.300	27.140	29.028	28.093,60
2. Pzo. fijo inicial	40.000	54.000	86.400	108.000	140.400	183.600,00
3. Cobranzas por ventas de:						
Saldos al 30-6	14.000	15.000				
Julio	10.000	20.000	20.000			
Agosto		12.000	24.000	24.000		
Setiembre			14.400	28.800	28.800	34.560,00
Octubre	94.000			17.280	34.560	41.472,00
Noviembre		128.600			20.736	24.883,20
Diciembre			166.100			312.608,80
Sub-total				205.220	253.524	
4. Pagos por compras de:						
Julio	8.000	6.000	6.000			
Agosto		9.600	7.200	7.200		
Setiembre			11.520	8.640	8.640,00	
Octubre				13.824	10.368,00	10.368,00
Noviembre					16.588,80	12.441,60
Diciembre						19.906,56
5. Pago por gastos de:						
Julio	8.400	2.100				
Agosto		9.600	2.400			
Setiembre			11.840	2.960		
Octubre	77.600			13.568	3.392,00	4.110,40
Noviembre		101.300			16.441,60	18.929,92
Diciembre			127.140			246.852,32
Sub-total				159.028	198.093,60	
6. Plazo fijo	50.000	80.000	10.000	130.000	170.000,00	220.000,00
7. Disp. final	27.600	21.300	27.140	29.028	28.093	26.852,32

VARIACIONES PRESUPUESTARIAS

Por constituir cifras estimadas y posibles los presupuestos anteriores (económico y financiero) no suelen ser registrados contablemente, constituyendo un instrumento de control extra contable, cuya efectividad estará dada por las operaciones realizadas y debidamente evaluadas y registradas en la empresa.

De la confrontación entre ambas cifras, las del presupuesto y las que arrojan los registros de la empresa surgirán diferencias que se conocen con el nombre de variaciones presupuestarias, las que suponen un exceso o defecto de las distintas previsiones efectuadas.

Tales variaciones, tendrán, en consecuencia, incidencia directa tanto en los resultados económicos que se desean obtener como en el desenvolvimiento financiero de la empresa, pudiendo provocar situaciones que afecten las actividades de la empresa en forma mediata o inmediata de acuerdo con las características de las mismas, de las cuales hemos tratado de resumir las que se suelen observar más comúnmente como así también los efectos económicos y financieros que ellas producen.

CUADRO DE INCIDENCIA DE LAS VARIACIONES PRESUPUESTARIAS		
Variaciones presupuestarias	Incidencia en los resultados económicos	Incidencia en el presupuesto financiero
AUMENTO EN LAS VENTAS	Tratándose de ventas con beneficio, incrementarán de inmediato la posición financiera.	Si las ventas son al contado o a un plazo inferior al que se realizan los pagos, mejorará.
DISMINUCIÓN EN LAS VENTAS	Tratándose de ventas con beneficio, ocasionan un decrecimiento de las utilidades. Produce de inmediato una repercusión desfavorable.	En forma inmediato se traduce en un desahogo financiero si se trata de ventas a crédito como consecuencia de la disminución de los gastos de ventas de pago contado (comisiones, acarreos, etc.) pero sus consecuencias posteriores provocarán una menor recaudación.
AUMENTO EN LAS COMPRAS	Si es provocado por aumento proporcional de las ventas, incrementarán las utilidades.	Si dicho aumento se opera para incrementar el stock, traerá una inmovilización del capital disponible.
DISMINUCIÓN EN LAS COMPRAS	Si es provocado por una disminución proporcional de las ventas, ocasionará una baja en las utilidades.	Si dicha disminución es debida a una racionalización del stock, manteniendo de venta actual, se producirá un desahogo financiero.
AUMENTO EN LOS GASTOS	Producen una disminución en las utilidades.	Siempre ocasionan déficits financieros.
DISMINUCIÓN EN LOS GASTOS	Incrementan las utilidades.	Facilitan el desenvolvimiento financiero.

PRESUPUESTO PARTICIPATIVO

Conceptualización

El presupuesto participativo es considerado una herramienta que permite incidir o tomar decisiones referentes a inversiones que excedan el marco limitado de una empresa dado que, generalmente, se encuentran destinadas a servir a una comunidad de menor o mayor amplitud.

Por lo tanto, cada una de las empresas participantes se hace cargo de una parte del proyecto de inversión.

Generalmente, el régimen de presupuesto participativo ha sido de competencia de instituciones públicas, aun cuando en algunos casos hayan participado empresas de carácter privado, sobre todo en el caso de inversiones de carácter local o regional.

Al referirnos a la Contabilidad Presupuestaria nos hemos mencionado su aplicación preferente en las instituciones públicas, dado la necesidad de evaluar la responsabilidad de sus administradores al manejar recursos que pertenecen a toda una comunidad.

En efecto, en los estados federales como el nuestro, compuesto de un Gobierno Central y Gobiernos Regionales y Locales, debe existir una interrelación entre los mismos a fin que determinadas acciones que beneficien a toda una comunidad o a comunidades comunes se desarrollen de manera articulada.

Para ello será importante que, desde cada ámbito y nivel de gobierno, se adopte una visión nacional, regional y local, para todo acuerdo que se logre para llevar a cabo acciones en común tendiente a beneficiar a la comunidad de la cual dependen; o sea que en sus presupuestos incorporen esos objetivos para ser afrontados por las partes beneficiadas.

PARTICIPATIVO	Reconoce la multiplicidad de actores y roles de la sociedad debidamente organizada y permite la participación de quienes no ostentan el mandato popular, en un marco institucional con arreglo a Ley, en el proceso de toma de decisiones y en la ejecución conjunta de las acciones destinadas a alcanzar los objetivos considerados en el Presupuesto y en los Planes de Desarrollo Concertados.
RACIONAL Y COHERENTE	Están equilibrados entre ingresos y gastos enmarcados en las acciones priorizadas relacionadas a la consecución de los objetivos establecidos en el Plan de Desarrollo Concertado y la efectiva disponibilidad de recursos.
FLEXIBLE	Pues el proceso debe adaptarse a los cambios políticos, sociales y económicos que afecten a la Región o el Municipio al está dirigido.
MULTIANUAL	Las acciones, generalmente, trascienden el año fiscal, de acuerdo con los objetivos del Plan de Desarrollo Concertado.
CONCERTADO	Pues se lleva a cabo mediante un acuerdo con la interacción de múltiples actores sociales con diversidad de enfoques, identificar los intereses, problemas, soluciones y potencialidades de desarrollo de un determinado territorio y/o grupo social.
GRADUAL E IRREVERSIBLE	El proceso participativo debe desarrollarse hasta alcanzar la totalidad de las inversiones proyectadas.

Estas son las características de los presupuestos participativos, dado que aseguran una mejor calidad de aquellos proyectos de esa naturaleza que puedan ser viables y sostenibles; es decir que satisfagan las necesidades básicas de la población en el ámbito de la competencia de cada nivel de gobierno, avanzando en forma progresiva hacia la mejora del bienestar y la equidad social.

Participación ciudadana

El proceso de globalización actual ha creado desafíos llamados a transformar- los en oportunidades por lo cual la participación ciudadana en la gestión pública constituye una de las iniciativas desarrolladas en las últimas décadas para construir un nuevo desarrollo económico sostenible.

En este marco, la acción de dos o más instituciones públicas se ha trasformado en un mecanismo idóneo para lograr ese desarrollo, tanto desde el punto de vista regional como local, a través de su participación en proyectos con ese destino.

De allí que en ese proceso participativo puedan señalarse dos aspectos importantes:

- Plan de Desarrollo Concertado, pues por medio de la planificación se formulan instrumentos orientados al desarrollo y se definen los cambios necesarios para la ejecución de inversiones a mediano y largo plazo, orientadas a la mejorar la calidad de vida de las personas. En este marco corresponde al Gobierno Regional y al Gobierno Local, garantizar las condiciones favorables para promover la inversión privada y la confianza de los ciudadanos para generar un cambio económico y social.
- Presupuesto Participativo, que es el medio de articular la participación de los sectores beneficiados el Plan anterior, a cuyo efecto, en sus propias áreas de actuación incluirán en sus respectivos presupuestos el monto del aporte que, en conjunto con los demás permitirán el logro de la ejecución del Proyecto ideado.

Características del Proceso

En realidad, el Presupuesto Participativo es una forma de concertación por el cual las autoridades de los Gobiernos Regionales y/o Locales, así como las instituciones privadas, debidamente representadas, definen las decisiones adoptadas para llevar a cabo un determinado proyecto de bien público a través de un proceso que podríamos dividir en sucesivas etapas que hemos tratado de resumir en las siguientes:

PARTICIPACIÓN	Los Gobiernos Regionales y Gobiernos Locales promueven la participación de la sociedad civil en sus planes de desarrollo y en el presupuesto participativo.
TRANSPARENCIA	Toda la comunidad debe tener información suficiente acerca de los asuntos públicos y colectivos que se decidan y ejecuten.
IGUALDAD DE OPORTUNIDADES	La sociedad debidamente organizada debe participar, sin discriminación de carácter político, ideológico, religioso, racial, género o de otra naturaleza.
TOLERANCIA	Es la garantía de reconocimiento y respeto a la diversidad de opiniones, visiones y posturas de quienes conforman la sociedad, como un elemento esencial para la construcción de consensos.
EFICIENCIA Y EFICACIA EQUIDAD	Los Gobiernos Regionales y Gobiernos Locales deben optimizar los recursos presupuestarios orientados al logro de metas y objetivos del Plan de Desarrollo Concertado. Debe existir igual acceso a las oportunidades e inclusión de grupos y sectores sociales que requieran ser atendidos de manera especial.
COMPETITIVIDAD	Los Gobiernos Regionales y Gobiernos Locales deben orientar su gestión hacia la competitividad, promoviendo la inversión privada y orientando las acciones públicas hacia la promoción del desarrollo.
CORRESPONSA-BILIDAD	Entre el Estado (gobierno regional y gobierno local, universidades, otros) y la sociedad civil (organizaciones de base, Colegios profesionales, asociaciones civiles, empresariales, juveniles; y otros), en la identificación de oportunidades, solución de los problemas de la comunidad; ambos relacionados a la priorización de proyectos de desarrollo, respetando los contenidos y alcances de los PDC y PP.

SOLIDARIDAD	La disposición de todo agente participante para asumir los problemas de otros como propios, sin intereses particulares.
RESPETO A LOS ACUERDOS	La participación ciudadana en los asuntos públicos se fundamenta en el compromiso de llevar adelante, por parte de todos los actores, las decisiones concertadas. Estas decisiones no pueden ser modificadas unilateralmente.

EJERCICIOS DE AUTOEVALUACIÓN

Presupuestos

Presupuesto económico

Este Presupuesto Económico es previo al Financiero ya que se utiliza para calcular, en base a las resultas de éste, la forma en que los recursos y gastos influirán en la entrada y salida de fondos

Entre los elementos de información que deben servir para su elaboración que el alumno deberá tener en cuenta inicialmente como cifras estimativas las siguientes:

1. Ventas, se presumen se incrementarán un 20% respecto del mes anterior.
2. Compras, sus aumentos serán en una proporción igual a las ventas.
3. Gastos de venta, también se incrementarán en función al incremento en las ventas.
4. Gastos generales, para este ejemplo estimamos que permanecerían fijos en el primer trimestre y se incrementarían en un 10% en el segundo trimestre, respecto al que resulte al final del tercer mes (setiembre).
5. Impuestos, estarán en función de las ventas en una proporción estimada en el 30%.

Concepto	Julio	Agosto	Setiermbre	Octubre	Noviembre	Diciembre
Ventas a realizar						
Costo de Ventas						
Utilidad bruta						
Gastos de venta						
Gastos generales						
Utilidad neta						
Impuestos						
Utilidad neta mensual						
Utilidad neta acumulada						

Presupuesto financiero

Como expresáramos anteriormente, una vez elaborado el Presupuesto Económico debe prepararse el Presupuesto Financiero que tiene por objeto estimar los ingresos y egresos de dinero (de allí el nombre utilizado de Cash-Flow) que se irán produciendo en la empresa para hacer frente a sus compromisos; ello depende de las condiciones en que se realicen sus operaciones cuyas estimaciones, para este ejercicio serán las siguientes que deberán ser tenidas en cuenta por el alumno al confeccionar las planillas que siguen:

1. Disponibilidades iniciales $ 30.000
2. Inversiones a plazo fijo:

   Certificado vto. 31/10 $ 20.000

   Certificado vto. 30/11 $ 20.000
3. Las ventas se cobran de la siguiente manera:

   Al contado 20%

   A 30 días 40%

   A 60 días 40%

4. Las compras se pagan de la siguiente manera:

   Al contado 30%

   A 30 días 30%

   A 60 días 30%

5. Los gastos se abonan de la siguiente manera:

   Al contado 80%

   A 30 días 20%

6. Los impuestos vencen en el mes de febrero del año próximo.
7. Las inversiones a plazo fijo iniciales son renovadas cada 30 días a un interés vencido estimado en el 1% mensual.
8. Las inversiones a plazo fijo que se realicen durante el semestre serán en igual forma que las anteriores. Se invertirán sumas redondas por múltiplos de $ 10.000 debiendo retenerse como de disponibilidades finales sumas no inferiores a $ 20.000.

   Los saldos de las cuentas a cobrar al 30/6 vencen en el mes de julio por $ 14.000 y en el mes de agosto por $ 15.000

Concepto	Julio	Agosto	Setiermbre	Octubre	Noviembre	Diciembre
Disponible inicial						
Plazo fijo inicial						
Cobranzas por ventas						
Saldos al 30/6						
Julio						
Agosto						
Setiembre						
Octubre						
Noviembre						
Diciembre						
Pagos por compras						
Julio						
Agosto						
Setiembre						
Octubre						
Noviembre						
Diciembre						

Concepto	Julio	Agosto	Setiembre	Octubre	Noviembre	Diciembre
Pago de gastos						
Julio						
Agosto						
Setiembre						
Octubre						
Noviembre						
Diciembre						
Sub-total						
Plazo fijo						
Disponible final						

CAPÍTULO 20

Contabilidad de gestión

¿QUÉ ES LA GESTIÓN EMPRESARIAL?

Es aquella función desarrollada por los distintos niveles jerárquicos de una empresa tendiente a mejorar su productividad y su competitividad que con una administración eficiente brinde buenos resultados mediante la adopción de decisiones que influyan su éxito mediante el concurso de personal especializado y debidamente capacitado que ayuden a identificar todos sus problemas y aporten las soluciones y estrategias que correspondan.

Cuatro son las funciones fundamentales para que la gestión de una empresa se lleve a cabo como administración eficiente que le permita alcanzar los objetivos propuestos y producir tales resultados satisfactorios:

- Planificar, o sea la acción de distribuir sus recursos y proyectar sus gastos e inversiones.
- Organizar, o sea diseñar una estructura funcional que permita determinar los responsables de cada una de las áreas involucradas promoviendo el trabajo en conjunto y en línea, para obtener de ellos un mejor aprovechamiento.
- Establecer una comunicación permanente entre todas las personas que desempeñan tareas en las distintas áreas, con el fin de disponer de un buen clima de trabajo y así aumentar la eficacia.
- Controlar la administración de la empresa y todos sus niveles, para cuantificar la ejecución del orden planificado.

CONTROL DE LA GESTIÓN

El control de gestión de una empresa es un proceso que sirve para guiarla hacia los objetivos establecidos y constituye asimismo un instrumento para evaluarla, aunque existen diferencias importantes entre las concepciones clásica y moderna del mismo, pues:

- La concepción clásica incluye únicamente el control operativo a través de un sistema de información que se encuentra relacionado con la contabilidad de costos.
- La concepción moderna, integra muchos más elementos y amplía su acción con una continua interacción entre todos ellos.

En efecto, este último concepto del control de gestión centra su atención tanto en la planificación como en el control, aportando también una visión estratégica al accionar de la empresa que dote de mayor sentido a sus aspectos más operativos.

Es por ello que, en el caso de la Contabilidad de Costos ha orientado últimamente su metodología en el establecimiento de los Costos por Actividad, planificando su acción basada en la valoración de los Activos Intangibles no registrados que son los que dan un real valor a la empresa, los cuales han sentado las bases de su Capital Intelectual, hoy superior a sus activos físicos y financieros, para crear un nuevo modo de estrategia con la información provista por los actuales Cuadros de Mando.

Sobre cada uno de esos nuevos posicionamientos de los Sistemas de Información Contable nos hemos de referir en particular, en los párrafos que siguen:

COSTO BASADO EN LA ACTIVIDAD (ACTIVITY BASED COSTING)

Generalidades

La globalización, el nuevo nivel de competitividad, el desarrollo de la tecnología y los nuevos sistemas de producción, han impuesto un cambio total en la acción de las empresas y, en consecuencia, en sus sistemas productores de informaciones que han debido adaptarse al ritmo impuesto por el nuevo orden empresarial durante el presente siglo.

Por ello, tales sistemas de información deben adecuarse a las necesidades que impone ese mundo moderno con el fin de no solo satisfacer aquellas de carácter tradicional (reportar información en base a los datos recogidos), sino también analizar todas sus actividades, cuyo costo ha de ser soportado por los productos que elabore la empresa, a efectos de determinar con la mayor exactitud y realidad el valor que ellos representan y que ha de ser tomado en cuenta para calcular los precios de venta que de ellos resulten, con los cuales se ha de competir con otras empresas.

De allí que entre los diferentes objetivos de toda gestión empresarial se encuentre establecer cuál es el sistema que debe aplicarse para asignar los costos a cada uno de los distintos productos y/o servicios que se produzcan que es, quizás, el problema más importante e ineludible a resolver con el fin de disponer la información más confiable, oportuna y precisa posible para tomar la decisión que sea más correcta.

En efecto, el cálculo de los costos que se realice a tales fines no puede basarse solamente en asignar los insumos o gastos que demande la elaboración de un pro- ducto aplicando un determinado coeficiente para distribuir los gastos indirectos a fin de resolver la valorización de los inventarios, elaborar sus estados contables o liquidar impuestos, sino que tal operación debe convertirse en una verdadera herramienta de gestión empresarial para conocer la realidad que dichos costos simbolizan, a fin de competir con sus productos en el mercado global.

Evidentemente, la Contabilidad de Costos tradicional que dio a luz de manera científica con el inicio de la Revolución Industrial de fines del siglo pasado, basada en la necesidad de conocer el costo unitario de cada uno de los productos que se elaboraran, no satisfizo las necesidades que se fueron creando como consecuencia del desarrollo de la tecnología y de los medios informáticos que se disponen actualmente.

Por tal motivo, aquellos mecanismos que se ajustaron inicialmente a los principios contables establecidos en cuanto a su objetividad, verificabilidad y materialidad, a los efectos de determinar los resultados generales de la empresa, no han sido mayormente útiles como soportes de la gestión empresarial y la toma de decisiones estratégicas.

Antecedentes

En realidad, los sistemas tradicionales de costos fueron diseñados en una época en que sus componentes básicos (mano de obra directa e insumos) y los gastos generales de las empresas constituían la base misma de la producción y eran cargados a todo el proceso productivo; por lo tanto, el costo de los productos que se elaboraban estaba formado por su costo directo (mano de obra directa e insumos) y por su costo indirecto (participación en los gastos generales).

Sin embargo, dos defectos importantes se observaron en la aplicación de ese procedimiento:

1. La incapacidad de determinar los costos unitarios de cada uno de los productos que se elaboraban con un margen razonable de exactitud y equidad.
2. La incapacidad de proporcionar una información útil para la administración de la empresa a los efectos del control de las operaciones y del establecimiento de estrategias competitivas.

Ello ha sido debido a que las nuevas tecnologías han ido remplazando la mano de obra directa por medio de equipos automatizados que, incluso, elevaron considerablemente la productividad, produciendo un desplazamiento de los costos directos hacia los costos indirectos por una parte y, por la otra, incrementando estos últimos (respecto de la unidad de cada producto) en la medida que los productos se diversificaban o aumentaba el volumen de su producción.

En consecuencia, la fijación de los precios de venta basados en la aplicación de aquellos métodos tradicionales de determinación de los costos de producción y el cálculo de las utilidades esperadas no permitían establecer valores que pudieran servir con precisión a la fijación de precios de venta competitivos en la lucha que se libra en un mercado totalmente globalizado como el actual.

Sin duda alguna, esa situación era debido, en particular, a que la contabilidad tradicional determinaba los costos en base a los productos y al volumen de su producción, utilizando determinados parámetros para distribuir los costos indirectos a los fines de su afectación a cada unidad, como el número de horas de mano de obra directa, el costo de la misma, las horas de máquina, el costo de los materiales directos, etc.

En efecto, para solucionar en parte dicho problema se recurría a alguna de las siguientes alternativas, que tampoco garantizaban su correcta asignación, por cuanto algunos productos podían sobrevaluarse o subvaluarse, favoreciendo o perjudicando algunos de ellos respecto de otros, en términos de costo:

- Aplicando una tasa predeterminada única para toda la empresa, en el caso que esta sea pequeña o mediana o el proceso productivo sea relativamente simple, que presentaba la limitación de encontrarse atada al comportamiento de una determinada base de distribución (generalmente los insumos, las horas de mano de obra directa, las horas-hombre, las unidades producidas, etc.).
- Aplicando múltiples tasas predeterminadas, muy común en las grandes empresas que existen varias secciones productivas o se elabora una variedad de productos con diferentes volúmenes, tamaños de lote y complejidad en el diseño, lo cual obliga al cálculo de diversas tasas para la mejor distribución de los gastos indirectos.

Por supuesto que, si la empresa fabrica un solo producto, lo vende a pocos clientes, con reducidos canales de distribución y puntos de venta no se justifica apartarse del cálculo tradicional de costos unitarios.

Pero cuando se trata de empresas que elaboran una amplia gama de productos y deben adoptar decisiones por medio de las cuales establezcan sus precios de venta en un mercado globalizado y deban competir con otras que ofrecen sus productos a menores precios por disponer de menores costos de producción, resulta necesario agudizar los cálculos de costos unitarios para que éstos sean lo suficientemente reales.

Situaciones del mercado

Sin embargo, las empresas también pueden encontrarse en alguna de las siguientes situaciones en un mercado globalizado:

- De alta competencia de precios, en cuyo caso deben contar con una información precisa sobre sus costos de elaboración para determinar sus precios de venta, de manera tal que les permita eliminar o abrir líneas de productos y centros de distribución, promover y desarrollar nuevos productos y/o buscar reducciones de los mismos.
- De competencia basada en la diferenciación de sus productos, en cuyo caso deben contar con un sistema de costos que permita la asignación precisa de sus costos directos e indirectos a cada

unidad con la mayor exactitud, para poder establecer las comparaciones que justifiquen la fijación de un precio de venta competitivo (mayor o menor).

De allí que, como alternativa de solución a los problemas que se planteaban por la aplicación de los métodos tradicionales de costeo, ha surgido un nuevo mecanismo que ha sido llamado Costo Basado en las Actividades que, si bien, al igual que los métodos tradicionales, realiza el mismo proceso de acumulación de los costos indirectos, se diferencia de ellos que lo realiza teniendo en cuenta las actividades necesarias para la elaboración de los productos, que constituyen la base de aplicación del parámetro que será elegido para su distribución y asignación posterior a las distintas unidades de los productos elaborados.

¿Qué es el Costeo Basado en Actividades?

El costeo basado en actividades, denominado comúnmente ABC (siglas de su ex- presión en el idioma inglés: Activity Based Costing) se desarrolló como una herramienta práctica para satisfacer la necesidad de contar con una mejor información para resolver los problemas que se presentaban y que han de presentarse en la mayoría de las empresas actuales, como consecuencia del avance del proceso de globalización y del nivel de competitividad que el mismo impone.

Fue dado a conocer a mediados de la década de los 80 del siglo pasado por sus promotores: Cooper Robin y Kaplan Robert, siendo una metodología destinada a asignar los costos y los gastos de una empresa a los diversos productos que elabora, sosteniendo que el costo de los productos comprende el costo de las actividades necesarias para fabricarlos y venderlos, más el costo de sus insumos (materias primas) y mano de obra.

En efecto, en el costeo tradicional los costos indirectos son asignados a los distintos productos en base a determinados métodos de distribución teniendo en cuenta, en general, la incidencia que en ellos tienen los materiales y la mano de obra directa que constituyen la base de cálculo y de distribución de los mismos; en cambio, en este nuevo mecanismo (ABC) los costos indirectos no deben ser asignados a los productos sino directamente a las actividades que se llevan a cabo para producirlos.

Dicho en otros términos, la tradicional contabilidad de costos mide lo que cuesta hacer una tarea; en cambio, la contabilidad basada en la actividad, registra además el costo de no hacer, como el costo del período de indisponibilidad de máquina, de espera de una herramienta, de reprocesado, etc. y estos costos de no hacer, frecuentemente, igualan y a veces exceden a los costos de hacer.

Operatoria

A los fines de su aplicación en el Sistema de Costeo Basado en las Actividades la asignación de los costos se llevan a cabo:

1. A las distintas actividades teniendo en cuenta cómo éstas utilizan los recursos disponibles de la empresa.
2. A los objetos de costos, teniendo en cuenta cómo éstos utilizan las actividades.

Ahora bien, el proceso de asignación de esos costos, tanto a las actividades como a los objetos de costo, se realiza en base a la adopción de determinados criterios para su distribución a los distintos productos (llamados drivers, generadores o inductores de costo) que establecen una relación lógica entre dichos elementos.

Como puede observarse este sistema de costeo es un modelo más bien gerencial (que sirve para la adopción de decisiones estratégicas) y no un modelo contable (destinado únicamente para valorizar los inventarios, elaborar los estados contables o pagar los impuestos), por medio del cual se analiza a la empresa en su conjunto, en la cual sus recursos (costos y gastos) son consumidos por las actividades y estas, a su vez, son consumidas por los objetos de costos.

Para su mejor comprensión trataremos de brindar una conceptualización lo más clara posible de los términos utilizados:

- Recursos, son los elementos utilizados o aplicados en la realización de actividades que se reflejan en toda contabilidad por medio de los conceptos de gastos y/o costos (mano de obra, materiales, etc.)
- Actividades, es el conjunto de tareas relacionadas que tengan un sentido económico relevante para el negocio. (planificación, facturación, venta, etc.).
- Objetos de costos es el motivo por el cual se realiza una actividad (productos, servicios, etc.).
- Drivers, es el criterio adoptado para asignar costos, para lo cual se requiere conocer las relaciones existentes entre los recursos, las actividades y los objetos de costos, pudiendo ser:

a. Drivers de recursos, es el criterio utilizado para transferir los costos de los recursos a las actividades.

b. Drivers de actividad o costos es el criterio utilizado para transferir costos de una actividad a uno o varios objetos de costos.

¿En qué casos debe aplicarse?

El Costo basado en la Actividad es una metodología distinta de la utilizada por la contabilidad tradicional para asignar los costos y los gastos de una empresa a cada una de las unidades de los diversos productos que elabora ya que, como hemos dicho, no es un nuevo método de contabilidad, aún cuando en el análisis que realiza de las actividades se utilicen las mismas cifras contenidas en el sistema contable.

Por ello, se define como una herramienta de estrategia empresarial más que un sistema contable formal, pues ayuda a la empresa en su administración o gestión, sobre todo cuando deben adoptarse decisiones fundamentales en un mercado globalizado y de alto nivel competitivo.

En consecuencia, su implantación, a los de tomar de decisiones mediante la utilización de esta metodología y de los resultados obtenidos en base a ella, debe ser lo más acertada posible y provista de una base informativa real que permita afrontar con éxito sus ventajas comparativas en el mercado global.

En principio, podemos esbozar las siguientes características que deben reunir las empresas para que la implantación del Costeo Basado en las Actividades obtenga los fines esperados ya que, como hemos dicho anteriormente si una empresa fabrica un solo producto, lo vende a pocos clientes, con reducidos canales de distribución y puntos de venta, no se justifica apartarse del cálculo tradicional de costos unitario:

- Empresas en las que se observe un crecimiento constante en sus costos indirectos. y/o con un alto volumen en sus costos fijos respecto de sus gastos generales.
- Empresas en las que la asignación de los costos indirectos a los pro- ductos individuales sea proporcional al volumen de elaboración de sus productos.
- Empresas sometidas a una fuerte competencia.
- Empresas en las que exista una gran diversificación de productos y/o de procesos de fabricación y en las que, además, sus volúmenes de producción varíen constantemente.
- Cuando el sistema de cálculo de costos unitarios no asegure una correcta distribución de los gastos generales y los costos indirectos.

ACTIVOS INTANGIBLES

Los recursos y capacidades de una empresa comprenden tanto los recursos tangibles como los recursos intangibles, constituyendo la base de las ventajas competitivas que toda empresa ostenta en función de la estrategia adoptada, que le permiten ocupar un lugar de privilegio en el mercado en el cual actúa.

En consecuencia, podemos afirmar que tales recursos y capacidades constituyen el capital con que cuenta la empresa para llevar a cabo esa estrategia y, por lo tanto, desde el punto de vista contable, representan la totalidad de sus activos; ellos son los términos habituales con que se los designa en el lenguaje empresarial, aunque se reserva el nombre de capital intelectual para limitarlo exclusivamente a los activos intangibles.

Esa aclaración nos permite incursionar en el desarrollo de esos conceptos universalmente aceptados (activos tangibles e intangibles y capital intelectual), a los fines de su interpretación y para precisar el alcance de cada uno de ellos.

¿Qué son los activos intangibles?

En las últimas décadas del siglo pasado se ha llegado a la conclusión que toda empresa posee más activos que los reflejados en sus estados contables y financieros, surgiendo así la idea de clasificarlos al igual que sus recursos y capacidades en tangibles e intangibles.

Es decir, que además de los recursos físicos, materiales y financieros y algunos pocos de carácter inmaterial que se registran en la contabilidad tradicional (como marcas, patentes, etc.), toda empresa posee también otros recursos que son los que le dan valor a la misma.

Nos referimos a aquellos basados en la información y el conocimiento compartido de todas las personas que trabajan en ella, sus relaciones con los clientes, proveedores, instituciones, terceros en general, etc. y su propia estructura organizativa, que los identificamos como activos invisibles e intangibles pero que, en realidad, representan recursos que le permiten a toda empresa gozar una ventaja competitiva respecto de las demás, dado que son recursos propios, escasos y valiosos, poco sustituibles y difíciles de imitar.

Es decir que hoy existe un nuevo modelo sobre la forma de competir entre las empresas, pues se trata a las mismas como un conjunto de recursos y capacidades, en el cual se encuentran comprendidos todos sus activos, tanto tangibles como intangibles, que suponen una ventaja competitiva para la misma y que permiten determinar la elección de su estrategia.

Es que la estrategia de los negocios de las empresas tradicionales se ha basado siempre en sus activos tangibles o sea sus activos físicos y financieros y, en algunos casos, otros activos intangibles registrados en sus libros e incorporados a sus estados contables.

En cambio, en los actuales momentos, deben afrontarse los nuevos desafíos de la globalización, la competitividad y el cada vez mayor desarrollo de las tecnologías de la información y las comunicaciones, por lo cual las empresas modernas deben incorporar a su valoración todos aquellos activos intangibles e invisibles que permiten que sus activos tangibles obtengan las ventajas competitivas necesarias para el logro de rendimientos satisfactorios.

Así lo sostiene Peter Drucker, uno de los más notables especialistas en administración de empresas, cuando afirma que las grandes transformaciones sociales se iniciaron cuando la información y el conocimiento comenzaron a convertirse en el elemento central del funcionamiento de la economía; en efecto, su recurso económico básico (el medio de producción), los recursos naturales (Naturaleza) y la mano de obra: (Trabajo) no representan hoy la totalidad de su capital actual sino que el saber o el conocimiento de todas las personas que desarrollan su actividad en ella (sus activos intangibles) son, en la actualidad, otro elemento aquellos que se sumará a aquellos para conocer su valor real.

Es decir que el referente histórico de la Economía: Capital-Trabajo-Naturaleza, al cual antes se había sumado la Empresa, con motivo de la revolución industrial de fines del siglo XIX, se completa hoy con el de la Información y el Conocimiento.

Por ello, ante esta nueva situación las empresas deben explotar al máximo esta nueva fuente de ventajas competitivas, administrando o gestionando eficientemente esos activos intangibles no registrados ni valuados que constituyen el llamado Capital Intelectual, difícil de identificar e imitar por parte de sus competidores.

Este nuevo escenario económico, ha de obligar a las empresas a medir y valorizar esos activos intangibles que cobran cada vez mayor importancia, por lo cual se está produciendo un movimiento generalizado en todo el mundo para incorporarlos a las normas contables establecidas para el registro y exposición de la situación patrimonial de las empresas.

Si bien se han aducido algunas razones técnicas para rechazar su reconocimiento como activos a esos intangibles, por su dificultad de poder medir su costo o su valor razonable en el mercado, se han formulado numerosas propuestas para tales propósitos, entre las cuales se ha planteado también la vía de la inclusión de informaciones complementarias a los estados contables que se elaboren, con comentarios de carácter cualitativo acerca de la gestión realizada.

Es lo que ha sido llamado un reporte narrativo, acerca del cual se encuentran en la actualidad realizándose estudios e investigaciones para incorporar ese requisito a las normas internacionales de contabilidad: se trata con ello de trasmitir una mejor información acerca de esa riqueza invisible que se denomina capital intelectual.

Características

Los activos intangibles a que hacemos referencia presentan características muy específicas que los distinguen de los activos tangibles, las que deben analizarse para su correcta distinción con éstos últimos; a continuación, trataremos de enumerar algunas de las más distintivas:

- Invisibilidad: pues no tienen soporte físico.
- Dificultad de cuantificación: pues al basarse en la información y el conocimiento resulta muy difícil su medición y/o evaluación.
- Omisión en los estados contables: dado que salvo algunos activos intangibles posibles de valuación o por haber sido adquiridos a un valor determinado, los restantes activos intangibles no son registrados de manera cuantitativa y, por lo tanto, no son incorporados a los estados contables,
- Apreciados por el uso: ya que a medida que son utilizados incrementan su valor, contrariamente a los activos tangibles (sobre todo los fijos), que se deprecian por el uso.
- Inexistencia de mercado: pues no existe un mercado de compra-venta de activos intangibles por su dificultad de medición y evaluación y esta solo cabe de manera subjetiva a un adquirente o a un inversor de una empresa.
- Acumulación lenta: su valor se acumula por la experiencia en su utilización y con el transcurso del tiempo.
- Falta de protección legal: dado que su propiedad es exclusiva de la empresa y resulta difícil definir sus derechos ante terceros para ser oponibles.
- Valor de liquidación nulo: dado que al estar íntimamente ligados a la actividad empresarial, cuando esta desaparece pierden totalmente su valor.

La contabilidad tradicional y los activos intangibles

Según hemos dicho, el valor real de las empresas no surge de sus estados contables, pues ellos han sido elaborados a partir de los datos extraídos del registro de las operaciones realizadas, no incluyendo la mayor parte de los activos de carácter intangible, como ser el conocimiento de las personas que se desempeñan en ella, su estructura organizativa y las relaciones que tiene con su entorno (clientes, pro- veedores, etc.) que constituyen lo que ha sido en llamarse un activo invisible que, sin embargo, son la fuente esencial de sus ventajas competitivas.

Si tratáramos de representar esa situación en una ecuación matemática podríamos hacerlo con la siguiente:

$$VR=VL+VNR$$

donde:

VR = Valor real de la Empresa

VL = Valor de libros

VR = VL + VNR

VNR = Valor no registrado en los libros

La incógnita a resolver (VNR) en dicha ecuación representa justamente el valor de esos activos intangibles no registrados contablemente, salvo el caso del conocido como fondo de comercio que representa el valor de la empresa cuando ha sido adquirida a terceros y las marcas y patentes que se adquieren o registran.

No obstante ello, las empresas deberán explotar al máximo la fuente de sus ventajas competitivas administrando o gestionando eficientemente los activos intangibles que constituyen su capital intelectual y, en particular, aquellos que resulten más difíciles de identificar e imitar por parte de sus competidores; por lo tanto, también deben obligarse a valorizarlos, dado que cobran cada vez mayor importancia, por lo cual se está produciendo un movimiento generalizado en todo el mundo, destinado a encontrar la forma de incorporarlos a las normas contables establecidas para su registro y exposición en la situación patrimonial de las empresas.

Las normas contables internacionales

La autoridad máxima internacional en materia profesional, responsable del dictado de normas globales que establecen metodologías y procedimientos comunes para la exposición de estados contables, se ha enfrentado ante esa inevitable realidad de la economía de la actualidad que es reconocer la importancia de los intangibles en el funcionamiento de las empresas encontrando profundas diferencias con las normas que proceden de instituciones similares en los órdenes locales.

A medida que transcurre el tiempo, las consecuencias de la globalización, la competitividad y el avance de la tecnología, han hecho adquirir a los activos intangibles una mayor relevancia como creadores del valor de las empresas y, por lo tanto, se hace cada vez más necesario apoyar la tesis que deben ser reconocidos y evaluados como activos por la especial incidencia que tienen en los beneficios de las empresas.

Evidentemente, esta situación ha producido actualmente una problemática a la ciencia contable como parte del sistema de información empresarial, en razón que los ejecutivos tratan de ser competitivos en el mercado o en la industria dentro de los cuales desarrollan sus actividades, pues deben insertarse en este mundo globalizado donde la competitividad y la búsqueda de beneficios económicos son las características actuales de toda empresa.

Y, a su vez, los profesionales contables que brindan a ellos su asesoramiento en la especialidad a que se dedican, deben tener conocimiento de la relación que existe entre los valores que surgen de la contabilidad y el real que representa la empresa en el mercado, pues así pueden conocer la información que ellos manejan, pues será determinante para la toma de decisiones por parte de los distintos niveles estratégicos de las empresas.

Pero, lamentablemente, las normas contables profesionales que han sido establecidas para homogeneizar el registro de las operaciones empresariales y la exposición de los estados contables no han introducido hasta la fecha disposiciones expresas que permitan determinar una real valorización de los activos intangibles, si bien se han dictado algunas que solo contemplan aspectos parcializados de los mismos sin establecer una forma determinada, no solo para su valuación sino también para su registro y exposición.

No obstante, trataremos de referirnos a aquellas normas existentes en materia internacional, de las cuales han extraído algunos de sus conceptos determinados Consejos Profesionales locales o regionales, entre las cuales se encuentra la Norma de Contabilidad Internacional No. 38, que ha incorporado numerosos conceptos en materia de algunos activos intangibles que permiten identificarlos y establecer un valor desde el punto de vista contable a través de la adopción de métodos específicos para permitir ser registrados e incorporados a los estados contables, aun cuando todavía no se haya dictado ninguna norma expresa respecto de mecanismos de valorización de los otros activos intangibles que hemos llamado de carácter invisible.

A. Definición

En principio, la norma mencionada define a los activos intangibles de la siguiente manera:

- Son aquellos identificables de carácter no monetario y sin apariencia física

La característica de la definición dada para que un activo intangible sea perfectamente identificable, no indica que el mismo sea un activo que deba tener el carácter de no separable, siempre que la empresa pueda alquilarlo, venderlo, cambiarlo o distribuir los beneficios económicos futuros, atribuibles a tal activo y disponer de los beneficios del mismo tipo, aunque pertenezcan a otros activos y sean utilizados en la misma actividad generadora de ingresos.

Sin embargo, la separabilidad no es una condición necesaria para la identificabilidad, puesto que la empresa puede ser igualmente capaz de identificar un activo de distintas formas.

Por ejemplo, si un determinado activo intangible se adquiere conjuntamente con otros activos, la transacción puede suponer la transferencia de derechos legales, permitiendo a la empresa identificar cuál de ellos es un activo intangible.

En forma similar, si mediante un proyecto interno la entidad pretende crear derechos de carácter legal para su utilización, la naturaleza que posean tales derechos puede ayudar a la empresa en la identificación del activo intangible, que ha sido generado internamente.

Por otra parte, si un cierto activo genera beneficios económicos sólo cuando está en combinación con otros activos, el mismo será identificable siempre que la empresa sea capaz de identificar, a su vez, los beneficios económicos futuros que procedan del activo en cuestión.

- Deben cumplir los siguientes requisitos para su reconocimiento final en el balance como un activo

  1. Considerarlo como un activo intangible, o sea cuando:

     a. Sea un recurso controlado por la empresa.

     b. Se esperen de él obtener beneficios económicos futuros.

        Entre los beneficios económicos futuros que puede obtener un activo intangible se incluyen los ingresos procedentes de la venta de productos o servicios, los ahorros de costo y otros rendimientos que se deriven del uso del activo por parte de la empresa; también el uso de una licencia, dentro de un proceso de producción, puede reducir los costos de producción futuros, en lugar de aumentar los ingresos futuros.

     c. Ser independientemente identificable o proceder de derechos legales o contractuales.

  2. Ser reconocido en el Balance empresarial, para lo cual es necesario:

     a. Que sea probable que los beneficios económicos reviertan en la empresa.

     b. Que pueda estimarse el valor del activo de forma fiable.

No reuniendo estas condiciones o características no se considera un activo intangible para ser registrado en los estados contables, por lo tanto, todo desembolso que se realice para un intangible debe ser cargado a los resultados del ejercicio.

Es importante destacar que algunos activos intangibles pueden estar contenidos en, o contener, una esencia de naturaleza tangible, como es el caso de un disco compacto (en el caso de programas informáticos), de documentación legal (en el caso de una licencia o patente) o de una película.

Por ello, para evaluar un activo que incluya elementos tangibles e intangibles, es necesario determinar cuál de los dos elementos tiene un peso más significativo; así, por ejemplo, los programas informáticos para una máquina herramienta controlada por una computadora, que no puede funcionar sin un programa específico, representan una parte integrante de ese equipo, y deben ser tratados como elementos del mismo.

En cambio, cuando los programas informáticos no constituyan parte integrante de un equipo, deben ser tratados directamente como activos intangibles; igual concepto es de aplicación, entre otros, a los desembolsos por gastos de publicidad, a los de formación del personal, a los de puesta en marcha de la actividad o de la empresa, y los correspondientes a actividades de investigación y desarrollo.

En este último caso, las actividades de investigación y desarrollo están orientadas al desarrollo de nuevos conocimientos; por tanto, aunque de este tipo de actividades puede derivarse un activo con apariencia física (por ejemplo, un prototipo),

la sustancia tangible del elemento es de importancia secundaria con respecto a sus componentes intangibles, que vienen constituidos por el conocimiento incorporado al activo en cuestión.

B. Valor registrable

Respecto de las normas generales de valuación se considera, en general, que los activos intangibles deben ser registrados por su costo de adquisición o su costo de producción.

En los siguientes casos, la valuación de dichos activos deberá ajustarse a las normas que se indican a continuación para cada uno de ellos:

- Cuando el activo intangible es adquirido a terceros deberá contabilizarse a su precio de adquisición el que se incrementará con los aranceles e impuestos no recuperables y los desembolsos adicionales directamente atribuibles en los que la empresa haya incurrido hasta la puesta en marcha del bien.
- Cuando son adquiridos a título gratuito a través de subvenciones del Gobierno, deberán registrarse a su valor simbólico o su valor razonable.
- Cuando ingresan a la empresa como consecuencia de su intercambio con otros activos intangibles, se valuarán de acuerdo a su naturaleza en la siguiente forma:

a. Si son de naturaleza distinta, se les asignará valor razonable del activo adquirido.

b. Si son de naturaleza similar, deberá asignarse al activo adquirido el valor de costo de adquisición o producción del activo entregado

- Cuando los activos intangibles son generados internamente y existe plena dificultad para estimar de forma fiable su valor, pues la incertidumbre se encuentra asociada a los beneficios económicos futuros, se procede de la siguiente manera:

    1. En caso de desembolsos derivados de la investigación, la norma no permite la capitalización de los mismos; por lo tanto, deben ser cargados de inmediato al resultado del ejercicio.

       Se entiende por Investigación todo estudio original y planificado, emprendido con la finalidad de obtener nuevos conocimientos científicos o tecnológicos.

    2. Cuando dichos desembolsos son derivados del desarrollo deben ser capitalizado cuando se cumplan los criterios de viabilidad técnica, financiera y comercial.

El Desarrollo es la aplicación de los resultados de la investigación o de cualquier otro tipo de conocimiento científico, a un plan o diseño en particular para la producción de materiales, productos, métodos, procesos o sistemas nuevos, o sustancialmente mejorados, antes del comienzo de su producción o uso comercial.

La norma mencionada no permite reconocer las marcas, cabeceras de periódicos o revistas, los sellos o denominaciones editoriales, las listas de clientes y otras partidas similares.

- Cuando sean procedentes de una adquisición de empresas, serán reconocidos en el balance de la empresa adquirente siempre que se disponga de una valoración fiable de su valor razonable (precio de mercado, operaciones de compra-venta similares o aplicación de técnicas de valoración aceptadas).

C. Valor razonable

El valor razonable es el importe por el cual puede ser intercambiado un activo entre un comprador y un vendedor adecuadamente informados, en una transacción libre y al precio de mercado en el cual se dan las condiciones siguientes:

- Que los activos intangibles en cuestión que se intercambian sean homogéneos.
- Que se pueden encontrar en todo momento compradores o vendedores para ese activo intangible.
- Que los precios se encuentren disponibles para todo comprador o vendedor.

d. Amortización

La norma actual ratifica anteriores recomendaciones tanto internacionales como nacionales respecto de amortizar los activos intangibles hasta un plazo máximo de 20 años, período que se considera presuntivamente rentable para los mismos, pero ha incorporado la eliminación de la amortización para activos intangibles con una vida indefinida, pues considera que algunos de ellos no pierden valor en forma progresiva y permiten continuar logrando beneficios durante períodos indefinidos de tiempo.

La anterior disposición, había merecido un rechazo por parte de numerosos autores y, en el caso nuestro, también habíamos adherido a él, por considerar que el incremento constante del capital intelectual de la empresa es una característica esencial de esta que hace al objeto mismo de su existencia, por lo cual la incorporación de dicha eliminación no ha sido otra cosa que satisfacer la necesidad de adecuar su valor a la realidad económica.

e. Revalorización

La norma que comentamos ha anticipado un futuro reconocimiento de los activos intangibles cuando acepta la revalorización de los mismos, aunque lo dependiza de su valor de mercado, el cual es difícil encontrar en estos casos.

No obstante, también admite el deterioro de valor de aquellos que se encuentren registrados y la reducción de su valor en función del que se estime recuperable en el tiempo, considerando estas pérdidas como irreversibles.

f. Información complementaria

Por último, la reciente norma contable internacional demanda una información mucho más detallada de los activos intangibles no registrados, lo cual ha de suponer un notable ampliación de la información que revelen las Memorias adjuntas a los Estados Contables, presumiendo así un reconocimiento futuro a los mismos.

g. Diferencias

Resumiendo, las nuevas normas contables internacionales presentan notables diferencias con las anteriores respecto de la consideración de los activos intangibles, las que pueden resumirse así:

- Importancia del valor razonable.

- Nuevo tratamiento de los gastos de investigación y desarrollo.
- Cálculo y tratamiento contable de las pérdidas de valor.
- Revalorización de activos intangibles.
- La eliminación de la amortización del fondo de comercio y de los activos intangibles con una vida útil indefinida.
- Aumento de los requisitos de información a revelar en la Memoria.

EL CAPITAL INTELECTUAL

Conceptualización

Entre los activos intangibles se encuentra el conocimiento que poseen las personas que trabajan en una empresa, mejorado por el aprendizaje que ellas reciben en la ejecución de sus tareas y el aporte de creaciones e innovaciones que le suman nuevos conocimientos, todo lo cual constituye la base de su capital intelectual, el cual es el que le permite lograr un mayor nivel competitivo y elaborar una estrategia que le otorgue mayor satisfacción a sus clientes e inversionistas.

Sin embargo, el capital intelectual comprende también otros activos considerados intangibles como la propia estructura organizativa de la empresa y las relaciones que mantiene con todo su entorno exterior, por medio de la posición en el mercado adquirida a través del tiempo, que pueda ser más relevante y con mayores ventajas competitivas que otras empresas.

En realidad, el capital intelectual no es un concepto nuevo, dado que cuando debe determinarse el valor de una empresa, sobre todo en caso de transferencia o adquisición de la misma, se establece un determinado valor, que no se encuentra contabilizado en sus registros, llamado indistintamente Llave de Negocio o Fondo de Comercio, representado por la diferencia entre las posibilidades que ofrece la empresa para realizar negocios con rendimientos satisfactorios y los activos físicos o financieros que posee.

Por lo tanto, el capital intelectual de una empresa agrupa las ideas, los inventos, las tecnologías, los programas informáticos, los diseños, las técnicas de tratamiento de datos, los procesos, la capacidad de crear e innovar, etc. que posee a través de las personas que la dirigen y ejecutan todos sus actos, posibilitándole el mejor empleo de los recursos que dispone.

Dicho en otros términos, el capital intelectual se entiende como todo el conocimiento que puede convertir en beneficios la utilización de los recursos físicos y financieros de una empresa; por lo tanto, ninguna empresa puede funcionar sin la existencia de ese capital intelectual, que es el que impulsa su actividad, aun cuando el mismo no sea valorizado ni asentado en sus registros contables.

En realidad, dado su importancia, el Capital Intelectual es un verdadero activo empresario que debería registrarse al igual que los demás dado que, generalmente, representa un valor mayor que el de sus activos físicos y financieros; es decir que tanto uno como otros representan la realidad económica de la empresa; pero, lamentablemente, dado la dificultad que presenta el capital intelectual de ser valorado mediante procedimientos similares a dicho activos, no son incluidos los activos intangibles que representa en la contabilidad tradicional, en iguales términos.

Ello no obsta la posibilidad de medir y evaluar el Capital Intelectual para tener una idea aproximada de su valor como un activo intangible y poder determinar si el mismo mejora o no la posición de la empresa frente a la valoración que terceros puedan asignarle, sea en caso de transferencia de la totalidad o parte de la empresa o para la realización de aportes o inversiones a la misma.

El Capital Intelectual incluye entre sus componentes:

- Capital Humano, es el que da origen a los otros dos tipos de Capital Intelectual (Estructural y Relacional).

Su característica distintiva es que la empresa no lo puede comprar, sino contratarlo durante un tiempo determinado y utilizarlo durante ese período, dado que es propiedad exclusiva de cada una de las personas que lo posean; por lo tanto, cuando ellas dejan de pertenecer a la empresa, se llevan consigo todos sus conocimientos (tanto los propios como los que hubieran adquirido dentro de la misma).

Una de las características que define la más eficiente utilización del capital humano consiste en el aprovechamiento de las cualidades del personal de la empresa ubicándolas en el lugar que les corresponda para lograr la mayor eficacia en las tareas que les sean encomendadas: también incluye todos aquellos conocimientos que dichas personas adquieren como consecuencia del aprendizaje organizacional y en la propia ejecución de dichas tareas (conocimiento implícito).

La existencia del capital humano en toda empresa explica el por qué sus activos físicos y financieros, por sí solos, no pueden obtener rendimientos satisfactorios realizar uso eficiente de los mismos o el manejo de las estrategias de comercialización, sino por el desarrollo y aprovechamiento que de ellos realiza el personal de la propia empresa.

Para un mayor análisis debemos puntualizar que dentro del capital humano suele distinguirse el:

1. EMOCIONAL	Se refiere a las actitudes que mantienen los individuos e incluye aspectos relativos a los sentimientos y a las motivaciones que fundamentan su integración dentro de la empresa; por ejemplo, la forma de comportamiento, la lealtad, la amistad, la conducta. etc.
2. OPERATIVO	Recoge las aptitudes que poseen los recursos humanos referidas a la capacidad de los individuos que ellos ponen al servicio de la empresa; por ejemplo, la habilidad técnica, la formación técnica, la experiencia la capacidad para trabajar en grupos.

- Capital relacional, que comprende el valor de todas aquellas relaciones que ha mantenido la empresa durante el tiempo de su existencia con sus clientes, proveedores y otras empresas o instituciones, sus propios accionistas, etc. que le han posibilitado el mantenimiento de una continua interrelación brindando una alta satisfacción a sus clientes por medio de la calidad y precio de sus productos, el cumplimiento de sus obligaciones hacia sus proveedores e instituciones bancarias, la aplicación de las más actualizadas tecnologías de producción, el trato con su personal, etc., todo lo cual le da una imagen favorable a la empresa en el contexto en el cual actúa.

Entre los distintos aspectos que incluye el capital relacional se encuentra la cartera de clientes, las relaciones con los proveedores, bancos y accionistas, a los acuerdos de cooperación y alianzas estratégicas, tecnológicas de producción y comerciales, y las marcas comerciales y a la imagen de la empresa.

Dentro del capital relacional se distinguen:

1. AGENTES EXTERNOS	Integrado por las relaciones con todos aquellos con los cuales la empresa tiene algún tipo de vínculo y que pueden tener influencia en su actuación competitiva (clientes proveedores, competidores, administraciones públicas y otros agentes).

2. AGENTES INTERNOS	Accionistas, directivos y trabajadores Incluye los conocimientos explicitados por la empresa. Integrado por: a. Clientes: o sea los activos relacionados con los compradores de los productos de la empresa. b. Organización interna, compuesta por: procesos: o sea la forma en que la empresa añade valor a través de las diferentes actividades que desarrolla.
3. CAPITAL DE MERCADO	Aspectos genéricos a partir de los cuales se represente ante su entorno imagen, reputación, ética, marca, logotipo

- Capital estructural, es la organización que ha adquirido la empresa, tanto desde el punto de vista formal como informal, que le permite llevar a cabo su actividad y es el medio por el cual los restantes capitales (humano y relacional) se desenvuelven en el mercado y se interrelacionan entre sí, aun cuando cada uno de ellos pueda actuar en forma interdependiente.

Los activos intangibles que forman parte del capital estructural son propiedad de la empresa y algunos de los cuales pueden protegerse legalmente (como marcas, denominación comercial, etc.); por ello, es de mucha importancia en aquellas empresas que tienen o han tenido una estrecha comunicación con el exterior durante un lapso importante de tiempo, cuyos productos o servicios gozan de una preferencia inusual de sus consumidores.

Al igual que el capital relacional el estructural es considerado de propiedad de la empresa que, en algún caso puede ser protegidos legalmente (como la denominación comercial) que puede ser a su vez:

1. ORGANIZATIVO	Integra todos los aspectos relacionadas con la Teoría de las Organizaciones referidos a diseño estructural, mecanismos de coordinación, comportamiento grupal, rutinas organizativas, cultura, sistemas de planificación y control, etc.
2. TECNOLÓGICO	Comprende todos los conocimientos técnicos o industriales disponibles en la empresa, patentes, know how, secretos industriales, experiencias técnicas.
3. CAPACIDAD DE INNOVACIÓN	Comprende la posibilidad de mantener el éxito de la empresa a largo plazo por medio del desarrollo de nuevos productos o servicios.

CUADROS DE MANDO

Generalidades

El proceso de globalización ha posibilitado la ampliación del radio de acción de las empresas, produciendo un acercamiento con las de todo el mundo, que ha permitido intercambiar entre ellas productos homogéneos reconocidos y apreciados fuera de su lugar de producción, motivando así la realización de inversiones en distintos países.

Ese proceso operado durante todo el siglo anterior, comenzó con operaciones de importación y exportación, continuando con el establecimiento de empresas multinacionales dirigidas por sus administraciones centrales que, luego, se fueron transformando en transnacionales a raíz de la realización de importantes inversiones en aquellos países con los cuales se deseaba contratar, creándose nuevas necesidades de información para adecuarlas a esa apertura económica y a los requerimientos de sus inversionistas, a fin que estos puedan evaluar con la mayor precisión y confiabilidad la actuación de los responsables que designaban para el manejo y colocación de sus respectivos capitales.

Por ello, no se consideraron suficientes los resultados que traducían los indicadores conocidos, tanto parciales como globales, calculados en base a los respectivos estados contables convencionales elaborados de acuerdo con los datos extraídos de la contabilidad tradicional, dado que éstos solo brindaban una información circunscripta totalmente al pasado o a lo realizado, pero no permitían anticipar las tendencias futuras de la empresa a la cual se referían.

Tampoco se consideraron suficientes para medir el futuro rendimiento de las inversiones, a realizar o realizadas, los indicadores conocidos más salientes como el Diagrama de Punto de Equilibrio o los métodos de índices globales como la Tasa de Retorno de la Inversión, la Pirámide de ratios o el Valor Económico Agregado, siendo necesario crear un sistema mucho más integral que permitiera también conocer con mayor anticipación y eficacia la gestión de su porvenir.

Sin duda alguna, el avance incesante de las nuevas teorías esbozadas acerca de los recursos y capacidades y de la gestión del conocimiento que han dado nacimiento al nuevo concepto de capital intelectual, como así también las tentativas de medición de este último para cuantificar su valor como activo intangible, trajo aparejado el cuestionamiento de la utilidad de la información provista por la contabilidad tradicional (centrada en el registro de operaciones realizadas), frente a las necesidades resultantes del desarrollo de las nuevas estrategias que imponían un mayor nivel de competitividad.

Acorde con esas necesidades actuales que, seguramente, se han de imponer definitivamente en el nuevo milenio, se ha tratado de encontrar soluciones eficaces para ello, surgiendo diversos modelos de medición del capital intelectual que satisfagan esos nuevos requerimientos de información, algunos de los cuales fueron puestos en práctica por diversas empresas.

Muchas de las empresas que han aplicado esos modelos de medición, utilizando los clásicos indicadores financieros y no financieros, para evaluar sus operaciones con sus clientes y algunas de sus líneas más importantes de comercialización, sobre todo en sus operaciones a corto plazo, han tratado de satisfacer necesidades de información específicas de su propia actividad.

Pero también, sin perjuicio de utilizar esos indicadores convencionales, se elaboró y construyó el llamado Cuadro de Mando, conocido también con el nombre de Tableau de Board, que es un documento que resume o sintetiza los datos más importantes de una empresa, a fin de aportar a directivos y ejecutivos la información necesaria para el control de las distintas áreas bajo su responsabilidad.

Dicho Cuadro de Mando complementa aquellos indicadores tradicionales que representaban el pasado o lo ya realizado, introduciendo los llamados inductores que tratan de vislumbrar la situación futura de la empresa, de acuerdo con los objetivos a lograr.

Uno de los más fervientes impulsores de esta nueva herramienta de gestión ha sido Oriol Amat, quien ha recomendado para su construcción cumplimentar las siguientes etapas.

1. Objetivos, para conocer el destino a aplicar al cuadro de mando, ya que no es lo mismo un cuadro de mando para controlar la política comercial de una empresa que para controlar su situación financiera o su proceso productivo.
2. Información necesaria, la cual debe referirse a las variables claves del negocio en el cual opera la empresa, dado que debe ser lo más simplificada posible, por lo cual debe seleccionarse la información de mayor interés.
3. Confección, utilizando al efecto ratios, gráficos, esquemas, datos históricos, etc. que pueden resumirse en los siguientes:

- · Estados contables, analizados en valores y porcentajes.
- · Cuadros de financiación, para comprobar las inversiones en dinero y la forma en que han sido aplicadas.

- · Análisis de márgenes, situación fiscal y previsional, etc.
- · Pirámide de datos.

Quizás uno de los mayores inconvenientes que presentaba el Cuadro de Mando, en cuanto a los inductores utilizados, era que su forma de cuantificación podría distorsionar los resultados finales o no hacerlos lo suficientemente confiables; de allí el deseo de otros investigadores y autores en materia administrativa, de tratar de encontrar un mecanismo más realista que permita lograr una más exacta medición de los resultados de las empresas para el futuro, inquietud que se vio cristalizada posteriormente con el llamado Cuadro de Mando Integral o Balance Scorecard, sobre el cual nos extendemos a continuación.

El Cuadro de Mando Integral

Ha sido una iniciativa inspirada en David Norton, líder de la misma y en Robert Kaplan su asesor académico quienes elaboraron El Cuadro de Mando Integral, conocido como Balanced Scorecard o Anotador Balanceado, cuyos fundamentos fueron publicados por primera vez en un artículo titulado "The Balanced Scorecard - Mensures Chat Drive Perfomance" en la Harvard Business Review del primer bimestre de 1992.

Dicho Cuadro se constituyó en una parte esencial de un sistema de información de empresa, utilizable por todo su personal en sus distintos niveles con el fin que lleguen a comprender las consecuencias financieras de sus decisiones, dado que se deriva de un proceso vertical impulsado por el objetivo y la estrategia de cada unidad de negocio transformados en indicadores tangibles.

A tal fin dicho proceso se organiza en torno a cuatro perspectivas muy precisas: la financiera, la del cliente, la interna y la de innovación y formación, construyendo así un modelo que integra, por una parte, los indicadores financieros (del pasado) y, por la otra, los no financieros (del futuro) para medir los resultados obtenidos esperados por la empresa, en el cual se observan las distintas interdependencias entre sus elementos constitutivos, al igual que su estrategia y la visión de la empresa, según puede observarse a continuación del contenido de sus componentes:

- Perspectiva Financiera, incluye los indicadores financieros (rentabilidad sobre capital, flujos de caja, análisis de rentabilidad de cliente y producto, gestión de riesgo, entre otros).

  Dichos indicadores no sustituyen las restantes informaciones, sino que los complementan para reflejar en conjunto la realidad de la empresa; esta perspectiva responde a los requerimientos de los accionistas que invierten su dinero en la empresa y esperan, en forma legítima, un rendimiento adecuado.

- Perspectiva de Cliente, trata de identificar todo lo relacionado con sus clientes, dado que éstos incrementan la capacidad competitiva de la empresa.

  Define con inductores (indicadores del futuro) el segmento del mercado en el que se pretende competir, valorando el producto y el servicio que se ofrece (indicadores de imagen y reputación de la empresa, su calidad, la relación con el cliente, los atributos de los servicios o productos, la. cuota de mercado que sirve y el nivel de lealtad o satisfacción de sus clientes.

- Perspectiva de Procesos Internos de Negocio, analiza el nivel de adecuación de los procesos internos de la empresa para obtener la mayor satisfacción del cliente y obtener altos niveles de rendimiento financiero.

  Entre esos procesos se encuentran los siguientes:

a. De Innovación, para determinar la relación existente entre los productos nuevos o marcas adquiridas con relación a los lanzados por la competencia,

b. De Operaciones, analizando su calidad, costos, tiempos y flexibilidad de los procesos.

c. De servicio postventa, para determinar los tiempos de respuesta a los requerimientos de sus clientes, asesoramiento a los mismos, etc.

- Perspectiva del Aprendizaje organizacional, cuyos indicadores se refieren a la habilidad para mejorar y aprender a manejar el conjunto de activos disponibles, lo cual se considera como una inversión y no como un gasto, según así lo califica la contabilidad tradicional.

Como puede observarse El Cuadro de Mando Integral, refleja un equilibrio entre los objetivos a corto y largo plazo de la empresa, entre las medidas financieras y no financieras, entre los indicadores previsionales e históricos y entre las perspectivas de actuación externas e internas.

Se trata así de complementar los indicadores tradicionalmente usados para evaluar el desempeño de las empresas, combinando los indicadores financieros con los no financieros, logrando así un balance entre el desempeño de la organización día a día y la construcción de un futuro promisorio, cumpliendo así su misión organizacional.

Los activos intangibles que forman parte del capital estructural son propiedad de la empresa y algunos de los cuales pueden protegerse legalmente (como mar- cas, denominación comercial, etc.); por ello, es de mucha importancia en aquellas empresas que tienen o han tenido una estrecha comunicación con el exterior durante un lapso importante de tiempo, cuyos productos o servicios gozan de una preferencia inusual de sus consumidores.